幼儿园教师教育丛书

幼儿园

社会教育与活动设计

许卓娅/主编　严仲连/编著

长春出版社

全国百佳图书出版单位

图书在版编目(CIP)数据

幼儿园社会教育与活动设计 / 严仲连编著. —长春：长春出版社,2013.8
(2019.8 重印)

(幼儿园教师教育丛书 / 许卓娅主编)

ISBN 978-7-5445-3024-8

Ⅰ.①幼…　Ⅱ.①严…　Ⅲ.①社会教育–学前教育–教学参考资料　Ⅳ.①G611

中国版本图书馆 CIP 数据核字(2013)第 178563 号

幼儿园社会教育与活动设计

编　　著:严仲连
责任编辑:王　莹
封面设计:庄宝仁

出版发行 长春出版社　　　　　　　总编室电话:0431-88563443
　　　　发行部电话:0431-88561180　邮购零售电话:0431-88628787
地　　址:吉林省长春市建设街 1377 号
邮　　编:130061
网　　址:www.cccbs.net
制　　版:荣辉图文工作室
印　　刷:吉林东曼印务有限责任公司
经　　销:新华书店

开　　本:787 毫米×1092 毫米　1/16
字　　数:219 千字
印　　张:17.25
版　　次:2013 年 8 月第 1 版
印　　次:2013 年 8 月第 1 次印刷
　　　　2019 年 8 月第 2 次印刷
定　　价:34.50 元

前　言

　　本套教材的宗旨在于力争将这些年来幼儿园教育教学改革的一些理论理想落实到教师的具体教育教学的行为中，将这些年来幼儿园教育教学改革的一些实际经验与理论理想相互衔接成为一体。

　　在本教材中，我们重点要体现的理论理想有：

　　1. 将学科或领域教学全面整合于促进幼儿学科或领域知识技能、社会情感和学习品质全面发展的核心目标之下。

　　2. 将以上全面发展的教育贯穿渗透于幼儿园的一日生活之中。

　　3. 用"学以致用"的原则统领学科或领域之间的自然整合，并使学科或领域的知识技能自然应用于幼儿的真实生活。

　　4. 将观察模仿学习、探究创造学习、问题解决学习和反思批判学习和谐结合，形成相互支持相互促进的关系。

　　5. 将说理和案例自然结合，帮助在职学习者更好地学以致用。

　　我们的教育信念和相关的实践经验，都已经体现在这套教材的整体结构以及其中的说理和案例之中，希望学习者不但能够反复对照理论和案例来理解教材中的观点，而且还同时能够通过自己的亲身体验和独立思考来验证和进一步完善自己的教育教学实践。

目 录

社会适应

基本原理

第一章　幼儿园社会领域目标

　　幼儿园社会领域目标的确定是完成幼儿教育活动过程的步骤之一,它与内容、方法、评价等共同组成幼儿社会活动。幼儿社会教育目标是确定教师实施社会教育活动的依据之一,有时甚至成为教师设计和实施幼儿社会教育活动的出发点。

第一节　儿童社会教育的目标

一、确定儿童社会教育目标的依据

　　现代课程理论认为,影响课程目标的因素主要有三个:学习者的情况与需要、当代社会生活的需要和学科发展的需求。这也被认为是确定课程目标的依据。[①]我们在制定儿童社会教育活动目标时一般也需要研究儿童、研究社会、研究社会领域的知识,并从这三个方面寻找相关的信息。具体指的是:研究儿童的社会性发展水平与儿童的社会性发展需要,研究社会主流的价值观念与社会对人的发展要求,研究幼儿社会领域的学科体系要求。

(一)儿童的社会性发展水平与儿童的社会性发展需要

　　研究儿童的发展水平,主要是指"目前的发展"与"可能的发展"。儿童"目前的发展"是指发展现状或发展水平;"可能的发展"则是指发展要达到的目标。

　　儿童的发展需要有两种:一种认为是缺失需要,即儿童应该达到某种水平但现实却没有达到,从这种观点出发,主要是针对儿童发展中的问题;另一种观点认为是发展需要,即儿童可能达到的发展程度,这主要是以现行儿童发展心理学的

---

　　① 施良方.简论课程目标的三种取向[J].课程·教材·教法,1995(6):60—62.

研究成果为依据,以此确立儿童的社会性发展水平,制定儿童社会教育目标。

从对儿童发展需要的不同观点出发,对儿童发展中的"目前的发展"和"可能的发展"就存在不同的定位。如果认为"目前的发展"是缺失需要的话,"目前的发展"应该存在不足,"可能的发展"就是指向正常发展;如果认为"目前的发展"是正常发展的话,"可能的发展"则是理想的状态。现实中,教师在分析"目前的发展"与"可能的发展"时,一般存在这样的倾向:一些教师喜欢把个体的发展与缺失需要相联系,把班级群体发展与正常发展状态、理想状态相联系。

不管是哪一种理解,教师都要以观察幼儿作为前提,需要掌握幼儿社会性发展的特点和需求,根据他们的发展进程确定目标。幼儿园社会教育目标的制定当然也需要把握幼儿社会学习的不同年龄阶段的特点,有的放矢地制定幼儿园社会教育活动的目标。经常观察儿童,以便真正地了解幼儿的社会性发展水平,有助于教师制定出科学的、合理可行的社会教育活动目标。

(二)社会主流的价值观念与社会对人的发展要求

实施幼儿教育的目的在于为国家人才未来的发展打下良好基础,幼儿阶段的教育质量直接影响着基础教育的质量,进而影响国民素质。教师在设计幼儿教育目标时必须考虑社会对人才的需求,关注社会的发展动态与社会生活。

在我国社会的城市化进程加快与人们的生活水平显著提高的同时,也为儿童的发展带来一些不便,如城市化进程中的小区,在一定程度上影响着儿童的社会化。特别是封闭的小区与三口之家的核心家庭,影响着当代儿童的社会性发展,诸如与人交往的能力、习惯,特别是儿童的发展机会受到了影响。在此基础上,社会对人的发展要求便指向合作分享、乐于助人、爱护环境等。目前一些农村青年到城市打工,农村中留下了许多留守儿童。由于缺少来自父母的关爱,留守儿童的身心发展在一定程度上已经受到了影响。学会尊重、关爱就成为农村留守儿童社会性发展的重要目标。因此,制定幼儿社会发展目标,还需要考虑社会生活变迁对儿童产生的影响。[①]

(三)幼儿社会领域的学科体系要求

幼儿社会领域的学科体系是一个相对的概念,它从属于学前教育学科,而学前教育学科本身也只是教育学学科下面的二级学科。因此,与其说我们是讨论幼儿社会领域的学科体系,不如说是在探讨幼儿社会领域的教育体系。

对幼儿社会领域的学科体系研究,目前主要集中在与人交往方面,而人与人之间的关系一般发生在社会成员之间。目前幼儿社会领域的要求,主要是从人际交往、社会适应两个方面展开,具体涉及儿童与同伴、成人的交往。结合社会发展

---

① 梁志燊.学前教育学[M].北京:北京师范大学出版社,2002:15—16.

的要求,从交往和爱的角度进行讨论的主题涉及交往、依恋、合作、协商、关爱、尊重、爱国、爱家等,从社会秩序的角度讨论的主题涉及乐群、秩序、诚实、责任心等。从这里可以看出,幼儿社会领域的学科体系要求相对简单、粗浅,充分考虑到了儿童的身心发展特点。

二、幼儿社会教育的目标

根据《幼儿园工作规程》,幼儿社会教育的领域目标应该是:萌发幼儿爱家、爱祖国、爱集体、爱劳动、爱科学的情感,诚实、自信、好问、友爱、勇敢、爱惜公物、克服困难、讲礼貌等良好的品德行为和习惯,以及活泼开朗的性格。2012年教育部发布的《3－6岁儿童学习与发展指南》进一步确立了幼儿园社会领域目标,旨在增强幼儿的自尊、自信,培养幼儿关心、友好的态度和行为,促进幼儿个性健康发展,主要内容有:

1. 喜欢参加游戏和各种有益的活动,活动中快乐、自信。
2. 乐意与人交往,礼貌、大方,对人友好。
3. 知道对错,能按基本的社会行为规则行动。
4. 乐于接受任务,努力做好力所能及的事。
5. 爱父母、爱老师、爱同伴、爱家乡、爱祖国。

《3－6岁儿童学习与发展指南》也从人际交往和社会适应两个方面讨论了幼儿社会性发展问题,把与自己的关系、与他人的关系,适应社会、遵守秩序,对家庭、国家有归属感和认同感等内容整合在一起形成了幼儿社会领域发展的重要目标。除此之外,《3－6岁儿童学习与发展指南》还强调各领域间的渗透,这也可以理解为社会性发展的一个方面或要求之一。

第二节　幼儿园社会教育的年龄目标和活动目标

一、幼儿园社会教育的年龄目标

幼儿园教育的目的与任务主要是通过班级活动来完成的,我国幼儿园班级的分类以年龄为依据。这主要是考虑到年龄相仿的儿童在身心方面的发展程度大致相同,因此在班级活动中,班级整体发展目标主要通过年龄目标来呈现。年龄目标一般从小班、中班、大班三个阶段展开。根据部分幼儿园社会教育的活动设计,结合讨论《3－6岁儿童学习与发展指南》中的部分要求,我们尝试性地划分了

不同年龄阶段的目标①，以供参考：

（一）小班（3—4岁）社会领域发展目标

◇3—4岁儿童在"人际交往"方面的目标：

· 喜欢和小朋友一起游戏。

· 喜欢与熟悉的长辈一起活动。

· 想加入同伴的游戏时，能友好地提出请求。

· 在成人指导下，不争抢、不独霸玩具。

· 与同伴发生冲突时，能听从成人的劝解。

· 能根据自己的兴趣选择游戏或其他活动。

· 为自己的好行为或活动成果感到高兴。

· 自己能做的事情，愿意自己做。

· 喜欢承担一些小任务。

· 长辈讲话时能认真听，并能听从长辈的要求。

· 身边的人生病或不开心时表示同情。

· 在提醒下能做到不打扰别人。

◇3—4岁儿童在"社会适应"方面的目标：

· 对群体活动有兴趣。

· 对幼儿园的生活好奇，喜欢上幼儿园。

· 在提醒下，能遵守游戏和公共场所的规则。

· 知道不经允许不能拿别人的东西，借别人的东西要归还。

· 爱护玩具和其他物品。

· 知道和自己一起生活的家庭成员及与自己的关系，体会到自己是家庭的一员。

· 能感受到家庭生活的温暖，爱父母，亲近与信赖长辈。

· 能说出自己家所在街道、小区（乡镇、村）的名称。

· 认识国旗，知道国歌。

（二）中班（4—5岁）社会领域发展目标

◇4—5岁儿童在"人际交往"方面的目标：

· 喜欢和小朋友一起游戏，有经常一起玩的小伙伴。

· 喜欢和长辈交谈，有事愿意告诉长辈。

· 会运用介绍自己、交换玩具等简单技巧加入同伴游戏。

· 对大家都喜欢的东西能轮流分享。

· 与同伴发生冲突时，能在他人帮助下和平解决。

---

① 见《3—6岁儿童学习与发展指南》。

- 活动时愿意接受同伴的意见和建议。

- 不欺负弱小。

- 能按自己的想法进行游戏或其他活动。

- 知道自己的优点和长处，对自己感到满意。

- 自己的事情尽量自己做，不愿意依赖别人。

- 敢于尝试有一定难度的活动和任务。

- 会用礼貌的方式向长辈表达自己的要求和想法。

- 能注意到别人的情绪，并有关心、体贴的表现。

- 知道父母的职业，能体会到父母为养育自己所付出的辛劳。

◇4—5岁儿童在"社会适应"方面的目标：

- 愿意并主动参加群体活动。

- 愿意与家长一起参加社区的一些群体活动。

- 感受规则的意义，并能基本遵守规则。

- 不私自拿不属于自己的东西。

- 知道说谎是不对的。

- 知道接受了的任务一定要完成。

- 在提醒下能节约粮食、水电等。

- 喜欢自己所在的幼儿园和班级，积极参加集体活动。

- 能说出自己家所在地的省、市、县（区）名称，知道当地有代表性的物产或景观。

- 知道自己是中国人。

- 奏国歌、升国旗时能自动站好。

（三）大班(5—6岁)社会领域发展目标

◇5—6岁儿童在"人际交往"方面的目标：

- 有自己的好朋友，也喜欢结交新朋友。

- 有问题愿意向别人请教。

- 有高兴的或有趣的事愿意与大家分享。

- 能想办法吸引同伴和自己一起游戏。

- 活动时能与同伴分工合作，遇到困难能一起克服。

- 与同伴发生冲突时能自己协商解决。

- 知道别人的想法有时和自己不一样，能倾听和接受别人的意见，不能接受时会说明理由。

- 不欺负别人，也不允许别人欺负自己。

- 能主动发起活动或在活动中出主意、想办法。

- 做了好事或取得了成功后还想做得更好。

- 自己的事情自己做,不会的愿意学。
- 主动承担任务,遇到困难能够坚持而不轻易求助。
- 与别人的看法不同时,敢于坚持自己的意见并说出理由。
- 能有礼貌地与人交往。
- 能关注别人的情绪和需要,并能给予力所能及的帮助。
- 尊重为大家提供服务的人,珍惜他们的劳动成果。
- 接纳、尊重与自己的生活方式或习惯不同的人。

◇5—6岁儿童在"社会适应"方面的目标:

- 群体活动中积极、快乐。
- 对小学生活有好奇和向往。
- 理解规则的意义,能与同伴协商制定游戏和活动规则。
- 爱护公物,用别人的东西时也知道爱护。
- 做了错事敢于承认,不说谎。
- 能认真负责地完成自己所接受的任务。
- 爱护身边的环境,注意节约资源。
- 愿意为集体做事,为集体的成绩感到高兴。
- 能感受到家乡的发展变化并为此感到高兴。
- 知道自己的民族,知道中国是一个多民族的大家庭,各民族之间要互相尊重,团结友爱。
- 知道国家一些重大成就,爱祖国,为自己是中国人感到自豪。

二、幼儿园社会教育的活动目标

幼儿园社会教育的具体活动目标在一定程度上应充分反映整个社会教育的目标,但由于各种因素,特别是师资力量、儿童发展水平以及幼儿园的资源条件等可能会影响到幼儿园社会教育具体活动目标的制订与落实。具体活动目标与整个社会教育目标相比是否具有对应性,是否存在空缺或无效重复,都会在一定程度上影响幼儿园社会教育的质量,影响幼儿社会认知、社会情感和社会行为的发展。教育活动目标一般由教师自己根据实际情况来制订,其最主要的特点是可操作性强,可以通过具体的教和学的行为,通过师幼及环境的相互作用得以实现。[①]

由于幼儿园活动主要通过教学来完成,活动目标通常也被称为教学目标,一般从领域内目标、学习品质目标、其他领域目标三个方面来表现。其中,领域内目标主要体现幼儿园社会领域的要求,学习品质目标与其他领域目标则呈现出综合

---

① 张明红.学前儿童社会教育[M].上海:华东师范大学出版社,2008:99.

性特征。如"大风和树叶"的活动目标,包括三个方面:使幼儿在游戏中遵守游戏规则,自然地形成根据规则调节自己的行为的能力(属于社会领域目标);可以根据信号做出相应的动作(属于学习品质目标);锻炼幼儿跑、走交替的能力(属于健康领域目标)。而案例"巫婆与黑猫"的活动目标也包括三个方面(详见第四章第四节相关案例),但社会目标只是其中之一:在师幼交流互动中尝试阅读图书,使幼儿体验文学作品中和谐相处的含义;通过对比、猜测等方法寻找图书线索,并进行表达;知道当我们愿意站在别人的角度考虑问题时,人与人相处就会很愉快。

案例　大风和树叶(中班)

活动目标

1. 锻炼幼儿跑、走交替的能力。

2. 可以根据信号做出相应的动作。

3. 使幼儿在游戏中遵守游戏规则,自然地形成根据规则调节自己的行为的能力。

活动准备

1. 教师使幼儿熟悉故事内容:没有风的时候,小树叶们是怎样的? 起风了,小树叶们开始做什么? 一阵大风吹过来,小树叶们又是什么样子?

2. 熟悉信号和相应的动作:起风前,"小树叶们"要蹲在地上,静静地等待;起风时,"小树叶们"要站起来,慢步走;大风来了,"小树叶们"开始轻轻地跑;风小了,"小树叶们"就慢慢地走;风停了,"小树叶们"要蹲下。

活动过程

1. 教师导入故事《大风和树叶》,让幼儿熟悉故事内容,并能够按照内容的指示,做出相应的动作。幼儿扮演小树叶,在场地上分散开,教师扮演大风。

2. 游戏开始。教师说:"起风了!"张开双臂轻轻地绕着幼儿走。这时候,幼儿站起来开始走动。教师说:"大风来了!"同时,两臂张得更大,并发出"呼呼呼呼"的刮风声,幼儿开始轻轻地跑步。教师又说:"风小了!"并渐渐放下双臂,幼儿就慢慢地走,这样重复几次后,教师说:"风停了!"幼儿蹲下,蹲下的姿势持续半分钟,幼儿不能变换姿势,否则停止游戏1分钟。(第一次活动中幼儿做蹲下姿势的时候,教师和幼儿一起数30个数,然后教师说"起风了",幼儿站起来;之后的三次活动,幼儿自己默念数字,等待教师的下一个口令)

3. 教师小结:"小树叶们"都很听话,能够根据"大风"来变换自己的姿势,为我们的远行做好准备,希望我们的"小树叶们"能够在平常的生活和学习中进一步保持这种积极的状态,按照老师的指导认真学习和游戏!

故事内容

大风和树叶

小树叶们和树妈妈一起经过了春天和夏天,进入秋天后,小树叶们开始要为离开树妈妈做远行前的准备了,他们静静地依着妈妈,等秋天的风来带他们飞向远方。起风了,小树叶们开始摇摆小手,和妈妈、朋友告别。一阵大风"呼呼呼呼"地吹过来,带着小树叶们离开了树妈妈,飞向远方,飞向未来的家。

(案例提供:河南师范大学新联学院　冀永慧)

第二章　儿童社会性发展与教育

　　幼儿社会性发展是受一定因素影响的,特别是社会环境因素。本章结合时代背景分析,讨论幼儿园社会教育的特殊性,并在此基础上讨论儿童社会教育的手段与途径,以及幼儿园社会教育的相关原则与设计等内容。

第一节　儿童社会教育的时代背景与特殊性

一、儿童社会教育的时代背景

　　经济快速发展和全球经济一体化,对公民的素质提出了新的要求。经济的发展与科技的进步分不开,社会经济的发展从传统的农业经济、工业经济走向了知识经济时代。创新与合作成为时代的两个关键词。这成为当代教育发展的一个主要社会背景。[①]

　　在当代社会,人们的生活压力普遍比较大,城市和农村家庭都面临不同的生活压力。受物价等因素的影响,城市中的生活成本增加,城市父母可能会花更多的时间在工作或者兼职上,陪伴子女的时间相对减少。农村父母则出现打工热,他们的子女或者带在身边或者留守,随父母进城的儿童,普遍缺少接受正规学前教育的机会,而留守儿童多数与祖父辈一起生活,由于祖父辈在教育方法、教育理念上普遍存在一些不足,这些儿童在学前阶段的家庭教育上显然不到位。

　　此外,社会的多元化趋势加快,人们的价值观更加多元化,这主要受以下几个方面的影响:一是社会经济形态的变革。从全民集体经济时代迈入市场经济时代,社会对人才的需求标准也日趋多元化,既有传统的价值观,又有受西方文化影响的价值观。二是人口素质的普遍提高。人们对教育问题的看法多元化,在教育上的追求也日趋多元化。家长的价值观念直接影响着家庭的教育行为与子女的

---

　　①　梁志燊.学前教育学[M].北京:北京师范大学出版社,2002:17.

家庭质量。[①]

与社会在整体上呈现的多元价值观相伴随的是中国社会的独生子女政策。"一个家庭一个孩子"在客观上已经形成了当代儿童成长的家庭生态,这在一定程度上会影响到儿童的社会性发展。这种影响主要通过两个方面来呈现:一是儿童社会性发展的家庭环境,儿童的社会交往能力主要是在环境中、在日常生活中形成的;二是家长的教育行为,目前的独生子女家庭结构已经影响到家长的教育行为。尽管一些研究曾经表明,独生子女政策对儿童发展的影响不是太大,但越来越多的例子说明,独生子女家长在对待子女教育问题上存在着不理智的行为,宠爱、娇惯过多。

另外一个背景是当代社会对人性的重视,强调以人为本。这在一定程度上对当代各级各类教育提出了尊重人性的要求,包括尊重人的主体性要求。这对当代的道德教育提出了新的要求,并对传统的道德教育进行了批判。

二、儿童社会教育的特殊性

儿童社会领域的学习与其他领域的学习有所不同,模仿以及同伴交往在儿童社会领域的学习中占有重要地位。

(一)模仿是儿童获得社会技能的重要来源

模仿与好奇是儿童的天性,儿童对成人生活充满了好奇,而且喜欢模仿成人的生活。成人在社会交往过程中的言行举止都会潜移默化地影响儿童。儿童在幼儿园进行的角色扮演游戏,在一定程度上都是模仿成人的生活,模仿成人如何处理与他人的关系。在模仿过程中,儿童会逐渐加深对相关社会认知的理解,与此同时,会进一步提高相关的社会技能。

(二)同伴交往是儿童获得社会性发展的主要手段

同伴交往是儿童演练未来社会生活实践的现实领地,是锻炼造就儿童社会认知、社会态度、社会能力的最重要的课堂。这一点首先表现在提高儿童的社会认知,其次表现在促进儿童社会态度的转变和交往技能的发展。在皮亚杰(Jean Piaget)看来,同伴互动为儿童更好地认识自己的观点与他人观点间的差异提供了机会,使儿童能够了解自己和他人在活动过程中对活动内容和相关问题可能存在的不同观点。因此,儿童的同伴交往和互动能促进儿童去除自我中心的意识和增强观点采择能力的发展。事实上,儿童对他人、自我、社会关系和社会规则的认知都是在交往过程中发生与实现的。[②]

---

① 张明红.学前儿童社会教育[M].上海:华东师范大学出版社,2008:28.

② 庞丽娟,田瑞清.儿童社会认知发展的特点[J].心理科学,2002(2):144—147.

儿童在获得对他人、社会关系、社会规则的认知以后,也会在与同伴交往过程中,习得并练习相关的交往技能,从而促进儿童的社会性发展。儿童在与同伴进行交往时,学会与人合作,学会处理矛盾,学会保持活动的有效性和同伴关系的稳定性,通过吸取大量的间接经验,增强规则意识和归属感,培养社会责任、友谊等方面的情感。

三、儿童社会性教育的特征

从国内外幼儿园社会教育的现状来看,幼儿社会教育呈现出以下特征:

(一)重视儿童的主体性

这是儿童社会教育的重要发展趋势,儿童不再是被动接受有关秩序、制度等方面的教育。个体的主体性,主要体现在个体的能动性、创造性等方面,个体不再是被动地接受相关教化与规训。教师在组织相关活动时,应在纪律要求、班级秩序与儿童主体性之间达到平衡,不能因为班级秩序的要求、纪律的维护而扼杀儿童的主体性。

儿童的社会教育多与儿童的生活相联系,教师在日常生活活动中发挥儿童的主体性时,应尽可能做到让儿童自己体验、参与相关活动,尽可能让儿童有选择与决策的机会,以此发挥儿童的主体性。

在传统的道德教育或社会教育中,儿童被当作是会说话的"容器",是一个什么都不懂,任人作画的白纸!现代的社会教育则逐步走向对儿童的理解上,即认为儿童也是一个活生生的人,一个有自己意见的主体。[①]

当然这并不意味着教师的主体性就没有了,教师的主体性除体现在材料的组织、活动的引导外,还体现在:让儿童的主体性得到充分的展现,同时引导其发展。教师并不是事先设计一个天衣无缝的程序,然后按部就班地实施,教师是根据现场的情景来进行,把教育的目标融入一个整体的活动中,达到育人的效果(不是通过说教得到的)。如在设置小山羊落水的情景后,教师提问:"如果你是小白兔,你会怎么救小山羊?"在小动物选美比赛中,"这次谁都没有得到冠军,那么下次碰到类似的情况,你有什么办法得到冠军呢?"一句句问话,启发了儿童的思维,让儿童的主体性得到展现。

(二)强调社会教育的渗透性

幼儿园社会领域的教育表现出一定的渗透性,主要体现在两个方面:一是社会教育的生活化;二是课程内容的领域渗透。生活化有两种表现:一是内容来自

---

①　严仲连,严留芬.当代幼儿道德教育的问题及走向——以几个社会领域活动为例[J].上海教育科研,2004(11):52—54.

于儿童的生活;二是将教育过程渗透到幼儿日常生活活动中,并不是仅仅局限于专门的社会活动。强调幼儿生活与幼儿社会教育的有机融合,这也是幼儿社会教育的目的要求,幼儿社会教育的目的并不局限于社会认知方面,还包括幼儿的社会情感与社会技能。

幼儿社会教育活动的领域渗透主要体现在对幼儿进行的社会教育,而不仅仅局限于专门性的社会活动,还可以在其他领域活动中展开,如音乐活动、美术活动、科学活动、语言活动等,在这些活动中都可以对儿童展开相关的社会认知、社会情感、社会技能方面的教育,以促进儿童社会化的发展。如:在体育活动中训练儿童的自我控制能力,在音乐活动中让儿童学会情绪调节技能,在科学活动中让儿童体验到合作的乐趣等等,实际上都是在相关领域中对儿童进行社会教育。

幼儿社会教育的渗透性主要是由幼儿园课程的综合化发展趋势以及道德教育的生活取向两种因素决定的。幼儿园课程的综合化强调不同领域活动有机联系,强调相互渗透,而道德教育的生活取向,强调幼儿社会教育的目的是为生活服务,并落实到幼儿的日常生活中。幼儿园课程的综合化与生活化往往也是联系在一起的,真正综合化的课程往往也是生活化的,真正生活化的课程也经常体现出一定的综合性质。特别应关注儿童生活中的事件,通过事件使不同领域的活动有机地联系在一起。①

(三)强调家庭与幼儿园的合作

儿童的生活环境主要是家庭和幼儿园。幼儿园和家庭共同完成儿童的保、教任务。家庭是幼儿出生后的第一个保育和教育环境,父母或其他家长在家庭里对儿童进行保育、教育;幼儿园是为儿童建立的专门性的保育和教育环境,有专门的师资。②

由于幼儿园社会教育的内容来源于生活,并在日常生活中完成相关的社会教育,使儿童在一日生活的各环节中自然而然地习得相关的社会认知,获得相应的社会技能,体验一定的社会情感。这些在幼儿园获得的认知、技能、情感在理论上也应该在家庭中延续,使儿童的社会性知识、能力可以持续发展。但儿童对父母情感上的依恋关系,以及父母对儿童的放纵与娇惯,通常使得对儿童的这种正常的合理的社会性发展要求被忽略,造成幼儿园教育与家庭教育的不一致。这是目前幼儿园教育与家庭教育不一致的常见表现。

我们也能看到幼儿园教育存在的失误,如由于教师的教育方法不适当而对儿童心理造成一定损害时,家庭教育却能在一定程度上进行弥补。特别是儿童在初

---

① 严仲连,严留芬.当代幼儿道德教育的问题及走向——以几个社会领域活动为例[J].上海教育科研,2004(11):52—54.

② 张明红.学前儿童社会教育[M].上海:华东师范大学出版社,2008:116.

入园时对教师的恐惧以及由于班级儿童多、教师少等原因,儿童的需要不能得到及时满足而导致一定的焦虑,这时就需要家庭的合理介入,帮助儿童消除恐惧与焦虑。

儿童社会教育的目的在于帮助儿童适应社会,处理好自己与他人的关系。在幼儿园,教师的引导有助于儿童的社会化,帮助儿童获得相关的社会性发展。但在家庭以及社区生活中,儿童在与同龄伙伴的交往中就需要家长的合理引导,通过促进儿童的社会性发展,帮助儿童养成良好的个性与健全的人格。

(四)对多元观点的尊重,尊重儿童的不同选择,允许有不同的声音

特别是在全球经济一体化的时代,由于多种文化的存在,在道德教育领域里尊重其他民族的文化成为当今教育的又一趋势。儿童的主体性是多样的,每个儿童主体性的发挥必然导致多元观点的存在。教师不强求儿童服从某一观点,这也是一种民主的体现。[①]

其实在许多领域,在不同文化背景下,人们对于同一问题可能存在不同的认识。人们认可儿童思维的多样性,一方面可以发展儿童的主体性,另一方面还可以在儿童的头脑中播下民主的种子,达到对不同文化背景下的不同看法的尊重,从而有利于儿童的可持续发展。

第二节 儿童社会性教育的手段与途径

一、影响儿童社会性发展的手段

在儿童社会性发展过程中,幼儿园和家庭承担了主要任务。教师和家长对幼儿社会性发展的影响主要是通过直接干预、引导和间接影响等途径完成的。

(一)成人的直接教导

教师和父母通常在日常生活中直接教导儿童应该遵守的规则和简单的道理,让儿童知道对与错,如对小弟弟、小妹妹要谦让,对人要有礼貌等。这些与人交往的规则或行为一般由父母或教师直接传达给儿童。这种直接教导旨在向幼儿传递正确的认知。只不过教师的直接教导通常与游戏或情境相联系,并能以儿童乐于接受的方式(如讲故事、情境表演)进行。教师的教导一般带有说理性质,通过向幼儿解释什么行为是正确的,什么行为是不正确的,使幼儿获得丰富的关于社

① 严仲连,严留芬.当代幼儿道德教育的问题及走向——以几个社会领域活动为例[J].上海教育科研,2004(11):52—54.

儿童社会性发展与教育

会行为规范的信息。如果要达到良好的效果,除了直接教导外,教师还需要在行为上予以指导,使儿童的社会认知和实际行为达到一致。

案例 学做好宝宝(小班)

设计意图

小班幼儿虽然判断是非对错的能力相对较弱,但已有了自己独立的判断能力。本次活动通过布偶情景剧的导入,在活动过程中以观察图片、幼儿讨论、游戏表演等形式展开,让幼儿在了解基本的"对和错"的前提下明白什么是应该做的,并且让幼儿对"对和错"有初步的情感体验,明白做了对的事会受到表扬,自己也会高兴;反之做错事会受到批评,自己也会感到伤心难过。

活动目标

1. 幼儿能初步判断"对"与"错",并且了解什么是应该做的。

2. 幼儿对"对"与"错"产生初步的情感体验,知道做了对的事会受到表扬,自己会感到高兴;做了错的事会受到批评,自己也会伤心难过。

3. 教师引导幼儿建立起初步的规则意识。

活动准备

情景表演所需的布偶及背景图片;"对和错"行为的相关图片;多媒体课件。

活动过程

1. 导入环节:教师表演布偶情景剧。

指导语:小熊吉吉和小兔贝贝在草地上开心地搭积木,忽然小狗旺旺跑过来一脚将吉吉和贝贝搭好的积木踢飞了……

教师请幼儿一起来说一说情景剧里谁做的是错的?

2. 教师出示图片,引导幼儿分析图片中的一些常见行为的对和错。

(1)教师出示第一张图片。

图片内容:吃饭时,亮亮一会儿把菜扔到了桌子上,一会儿又把汤洒到了地上,而明明则安静地吃完了饭。

幼儿集体来讨论谁对谁错,教师告诉幼儿做得对的小朋友会受到表扬,做错的小朋友会受到批评。

(2)教师出示第二张图片。

图片内容:上厕所时,所有小朋友都在排队,只有亮亮横冲直撞地来到了队伍最前边。

幼儿集体观察图片并讨论。

（3）教师出示第三张图片。

图片内容：户外活动时，小朋友都排好队一个一个玩滑梯，只有小明又推又挤，还头朝下玩滑梯。

幼儿集体观察图片并讨论。

3. 教师总结"对和错"的行为，并在表演中强化"对"的行为，让幼儿产生积极的情感体验。

教师将布偶情景剧及图片的内容快速地回放一次，让幼儿再次感受"对和错"的行为，并请个别幼儿表演出对的行为及做了对的行为之后的心情，如受到表扬之后开心地笑等等。

活动延伸

1. 幼儿园：户外活动时请幼儿注意观察哪些行为是对的，哪些行为是错的。

2. 家园配合：家长多给幼儿渗透一些对错的概念，引导幼儿积极地做一些对的事情，感受做了对的事情后的积极的情感体验。

领域渗透

1. 语言领域：教师搜集有关对错方面的故事，在故事中让幼儿感受"对和错"的不同情感体验；让幼儿一起分享自己身边有关"对和错"的小故事，锻炼幼儿的口头表达能力。

2. 音乐领域：教师搜集一些判断对错的歌曲，让幼儿在音乐活动中感受"对和错"的不同情感体验。

（案例提供：山西省朔州经济开发区机关幼儿园　任芳）

（二）树立榜样

家长和教师在儿童心目中具有非常重要的影响力，是儿童模仿的对象。儿童不仅通过家长和教师的直接指导接受社会规范，丰富相应的社会认知、经验，发展自己的社会性，而且还通过观察家长、教师与他人交往中的言行，接受来自于家长和教师的示范性影响。一般来说，儿童在家里模仿父母，在幼儿园里模仿教师。现实中，也存在儿童把这种来自于成人的言行举止表现在另外的场所，如在幼儿园里模仿家长，在家里模仿教师。由于家长和教师对儿童社会性发展的作用具有一定的隐性特征，许多家长和教师并不能意识到自身行为对儿童社会性发展的影响。[①]

（三）强化

为了鼓励儿童对社会规则的理解与认同，教师和家长经常用语言、表情、动

① 梁志燊. 学前教育学[M]. 北京：北京师范大学出版社，2002：213.

作、物品等,向儿童传递对其特定行为的肯定或否定信息,以达到影响儿童行为的目的,这就是强化在儿童社会发展中的应用。在心理学上,强化可以分为正强化、负强化、直接强化和替代强化。教师和家长对儿童在社会发展方面的积极行为予以表扬、鼓励等肯定性反馈,使儿童内化这种被肯定的社会规范,强化相应的行为,这就是正强化。如果教师和家长对儿童消极的社会行为予以批评、否定等反馈,那么会使儿童减少、消除对教师和家长不认同的消极行为,这就是负强化。正强化在儿童社会性发展中起主导作用,负强化一般起辅助作用。教师和家长对儿童某种行为的肯定和赞扬常常会引发、强化儿童积极发出这种行为的强烈动机,那些未得到正强化或受到负强化的行为,会逐渐减少乃至消失。[①]

此外,干预、矫正这类手段主要针对已经在社会性发展方面存在着不适合社会要求的儿童。成人对儿童的干预一般发生在儿童的日常生活与交往中,通常是在儿童的冲突中,教师通过积极耐心地引导,引发儿童思考,使儿童加深对冲突的认识,获得解决冲突的方法与技能。

二、幼儿园社会教育的途径

幼儿园社会教育的途径在不同层次上有不同表述。在宏观层次上,幼儿园社会教育主要通过幼儿园、家庭以及社区三种途径来完成;在微观层次上,根据教师组织并实施活动的计划性,幼儿园社会教育活动途径主要有专门性的教育活动与非专门性的教育活动。[②]

(一)专门性的教育活动

专门性的教育活动是根据幼儿发展需要、社会要求和幼儿园的实际条件(师资与课程资源)进行选择或设计并予以实施的有目的、有计划的活动。这类活动的类型主要有主题教育、方案教育、旅行教育、劳动教育等。

1. 主题教育

主题教育一般结合儿童周围的社会生活,以社会领域的内容为主题,适当渗透其他领域的内容,俗称综合教育或渗透教育。从现实情况来看,幼儿园的五大领域之间是相互渗透、边际交融的。幼儿园社会领域中渗透着其他领域的教育目标和内容,其他领域中也必然渗透着社会领域的教育目标和内容。

教师在设计主题时,需要重视儿童的生活,把主题与生活紧密地联系起来,这种主题教育包括社会领域在内的五大领域要素。由于儿童生活在与他人共存的社会,儿童的生活本身也就被赋予了社会的价值期待。儿童通过体验与教师、同伴共同生

---

① 张明红.学前儿童社会教育[M].上海:华东师范大学出版社,2008:172—173.
② 张明红.学前儿童社会教育[M].上海:华东师范大学出版社,2008:113—115.

活的乐趣,从中学会人际交往的技能,学会自律和尊重他人,形成对他人、社会亲近与合作的态度,朝着社会所期待的方向发展,从而完成社会性发展的目标。

2. 方案教育

以方案教育的形式完成社会领域的内容,通常是对社会领域的某个小主题或某个项目进行深入探究,这种活动类似于项目活动。以方案教育的形式进行社会领域内容的活动,需要以儿童的兴趣作为出发点,吸引儿童主动参与,并在完成相关项目或在方案活动过程中获得与他人交往的知识与技能,体验与人交往、合作的乐趣。由于教师选择的方案或项目反映了儿童的兴趣和需要,能激发儿童的主动性,并为每个儿童提供有意义的学习机会。因此,这一形式在规模和时间上比较灵活,可以是儿童个体的活动,也可以是小组或班级活动;可以是一周的活动,也可以是几周的活动;可以只探究一个方案,也可以探究多个方案。

3. 旅行教育

旅行教育是幼儿园户外活动的一种,在范围上,突破了幼儿园的户外环境的范围,以一定距离的空间位置变动为基础,以社会生活的观察为目的。因此,幼儿园旅行教育是教师把儿童带到一定的公共场所,让儿童直接面对现实生活,接触真实世界,了解与人、事、物相关的粗浅知识,拓宽儿童的社会性知识和情感经验。由于活动范围的扩大,教师需要合理选择旅行地点,既要考虑到安全性,又要考虑到距离的远近。在可能的情况下,教师需要事先考察要参观的场所,并做好相关的沟通工作。有时还需要家长配合,如家长陪同,或配备相关的旅行用品。旅行活动让儿童了解的知识是直接的,而且能增进儿童对社会生活的兴趣,如:带儿童到邮局参观工作人员的工作,了解信件的邮寄过程;带儿童到超市,了解售货员的工作特点,丰富儿童的生活经验;带儿童到立交桥附近观察桥上行驶的车辆,了解立交桥的作用;带大班儿童去学校,与小学生共同活动,了解小学生活,激发儿童的入学愿望;带大班儿童去小班教室,可以激发儿童保护弟弟妹妹的责任感。除此之外,让儿童到邮局寄信,到商店购物,到电影院买票找座位,到农村参加劳动,到敬老院慰问,请残疾儿童一起活动等,都可以起到相应的教育作用,从而促进儿童的社会性发展。

4. 劳动教育

劳动教育主要指教师选择适合儿童身心特点,在日常活动中有计划地安排儿童参加力所能及的自我服务活动和劳动,让儿童体验劳动带来的快乐。如进餐、穿衣、收拾玩具等。让儿童知道自己的事情自己做,培养儿童的独立性、自主性以及劳动过程中的合作性。在进行劳动教育时,教师要注意儿童的安全,防止有损儿童身心的、劳动强度大的、带有安全隐患的活动。

(二)非专门性的社会教育

非专门性的社会教育活动虽然有时也有计划性和目的性,但计划性和目的性

不如专门性的教育活动强。这类活动主要是通过日常生活活动、其他领域中的随机教育活动以及区角活动和自由游戏活动来完成。

1. 日常生活活动

在幼儿日常生活中进行相关的社会性教育,主要是以社会公德、言谈举止、待人接物等为内容,旨在培养儿童自觉遵守社会公德和行为规范,使儿童养成良好的道德品质和行为习惯,一般在日常生活中随机进行。在早晨来园和下午离园时,教师可以让儿童使用基本的礼貌用语,如"老师早""老师好""爸爸再见""老师再见"等;在活动结束后,教师让儿童自己动手搬凳子或者收拾玩具;盥洗和上厕所时,教师让儿童排好队;进餐时,教师让儿童养成良好的进餐习惯,如吃饭不说话等。教师应有在日常活动中进行随机教育的意识,提高在日常生活中进行随机教育的能力,对儿童实施有效的生活习惯、社会行为方面的教育。

2. 其他领域中的随机教育活动

随机教育除了在日常生活中进行以外,还可以在其他领域中进行。如在音乐领域中,有关打击乐的活动,可以结合乐器种类多、数量相对有限的特点,引导儿童产生轮流玩的想法。如果一个儿童很想玩其中的一种乐器,教师可以设计互相交换乐器的环节,提升儿童适当的交往与沟通技能。在户外体育活动中,儿童相互间发生了身体碰撞后,教师也可以引导儿童学会道歉。在故事讲述中,也可以让儿童结合故事情节,评价相关的人或事,引导儿童产生对社会规范的认识。

3. 区角活动和自由游戏活动

区域教育是指教师以活动区的方式布置班级环境,把社会领域的教育活动要求内在地与活动和材料相联系,儿童在活动区里进行选择、探索时,自然地习得某些社会性技能与知识。特别是在相关的角色扮演游戏中,就隐含着社会的价值取向,如儿童在娃娃家、超市、医院等区角进行活动时,虽然儿童是重复着他们观察到的行为,实际上也是体验着成人的社会生活。教师根据儿童的发展需要,通过材料的增减、规则的变换,间接地对儿童实施社会性教育。

三、幼儿社会教育的方法

根据幼儿园的实际,幼儿社会教育的方法可以大致分为言语指导类与行为实践类。言语指导类方法多以语言为载体,行为实践类方法多强调活动。

(一)言语指导类方法

1. 表扬鼓励法

表扬鼓励法主要采用强化原理,肯定儿童的行为,帮助儿童明辨是非,增强儿童的信心和上进心。如果表扬鼓励中含有尊重、相信儿童的因素,那么对调动儿童的主动性和积极性便具有良好效果。教师对儿童的表扬鼓励一般有这样几种形式:口头表扬鼓励,肢体语言表扬鼓励(包括眼神、表情、手势等),物质表扬鼓励(小红花、小贴纸等),权力方面的表扬鼓励(如当选小组长、小班长等),文字表扬鼓励(列入红花栏或光荣榜)。① 对儿童的表扬鼓励在集体中进行最有效果,有时也可结合小组进行。对进步大的儿童的表扬鼓励应多以个别表扬的方式进行。

2. 讲故事法

教师以讲故事的形式向儿童传授有关社会价值的观念,多以英雄、科学家的事迹(或成长过程),或者虚拟的动物世界的相关事件为内容。故事要有情节,言语简单、容易理解,并符合儿童的年龄特点,这样才容易吸引儿童的注意力。通常情况下,教师配以图片、幻灯、录像,用讲故事、表演故事、续编故事的方式进行。②

3. 情境讨论法

教师根据儿童生活、学习、游戏中的现实情景或创设的情境,组织和启发儿童针对情境中的相关现象发表自己的看法,并与同伴和教师交换观点。这种方法以提高儿童的认知能力为目标,一般对儿童的言语能力要求比较高。通常在中、大班应用的比较多。在小班或中班应用这种方法时,需要教师的引导,通常以教师为主、儿童为辅的方式展开,可以由教师通过情境创设或描述,先呈现问题引发讨论,然后由儿童补充。在表现日常生活中的情景时,教师可以引导儿童发表不同看法,让儿童感受矛盾,分析争论,最后由教师给予概括。由于生活情景的变化性很大,教师需要在捕捉到这些信息以后,通过某种方式(如图片或语言描述)呈现给儿童。情境讨论法主要是针对儿童现实生活、学习、游戏中的问题,充分发挥儿童的主体性,让儿童通过对具体事物的讨论,明白行为的对错、好坏,提高认识水平和辨别能力。这种方法既能提高儿童的言语表达能力,又能促进儿童思维的发展,是一种比较受肯定的社会教育方式。③

案例 谁的行为好(中班)

设计意图

中班的幼儿已初步具备辨别是非的能力,对好与坏、对与错有一个基本的认识。但由于中班幼儿年龄小,对是非、好坏的判断还不是很到位,所以仍需要成人的正确引导和帮助。通过本次活动,教师将引导幼儿正确理解什么是好事,什么是错事,增强幼儿的是非观念,让幼儿知道人做了好事大家都会感到满意,而做了

① 梁志燊.学前教育学[M].北京:北京师范大学出版社,2002:189.
② 同上。
③ 张明红.学前儿童社会教育[M].上海:华东师范大学出版社,2008:106.

错事受到批评后会感到羞愧。带领幼儿感受做了好事、错事后相应的情感体验，以此来鼓励幼儿在生活中做自己力所能及的好事，促进幼儿的社会性发展。

活动目标

1.引导幼儿了解什么是好事，什么是错事，培养幼儿正确的是非观念。

2.让幼儿知道人做了好事后大家都会感到满意，而做了错事受到批评后会感到羞愧。

3.通过情境表演，带领幼儿感受做了好事、错事后相应的情感体验。

活动准备

图片、情境表演的道具。

活动过程

一、观察图片，引出活动话题，引导幼儿了解什么是好事，什么是错事。

1.教师出示图片，让幼儿说说图片中的小朋友在做什么？这样做好不好？

第一幅图片：两个小朋友在一起玩玩具，这样做很好，因为他们不吵不闹，一起玩。

第二幅图片：两个小朋友抢玩具，这样做不好，是不对的。

2.结合图片，幼儿谈谈自己做过什么好事？做过什么错事？

二、将图片中的内容编成完整的故事，通过故事激发幼儿相应的情感体验。

1.讲述故事，引导幼儿分析。

(1)指导语：故事中的××做得好吗？做了这件事后，他会怎么样？（幼：受到老师和同伴的表扬，自己心里会很高兴，很自豪。别的小朋友都很羡慕他，他自己也会很满意。）

(2)指导语：故事中的××这样做对吗？那他做了错事后会怎么样？（幼：不对，他会受到批评，被别人批评后自己会不开心，会感到愧疚。）

2.组织幼儿分组讨论。

指导语：请小朋友和自己的同伴说说在生活中做过什么好事，做了好事后心情怎么样，做了错事后心情又会怎么样，并表演给自己的同伴看。

三、在情境表演中让幼儿亲自感受做了好事和错事后相应的情感体验。

情境一：桌子上散乱地放着好多玩具，你要怎么做？

情境二：你旁边的小椅子倒了，你要怎么做？

1.个别幼儿表演完后，教师要和其他小朋友一起评价。

指导语：他这样做好吗？他做得这么棒，我们应该怎么样？（幼：好，表扬他。）

2.教师引导受表扬的幼儿说说自己的感受，并将自己高兴的、自豪的、满意的情感表达出来。

结束语:我们每个小朋友都是最棒的,都喜欢被别人表扬,那我们回去帮爸爸妈妈多做一些好事,这样你就会特别高兴,特别自豪。

活动延伸

活动侧重于帮助幼儿感受做了好事与错事后相应的情感体验。在本次活动后,可以提供新情境进行练习,让幼儿加深对好事、错事的理解,以积累其相应的情感体验。活动后,教师鼓励幼儿要在日常生活中做一些力所能及的好事,并能主动、大胆地将自己做完好事的感受表达给同伴和教师。

领域渗透

在日常生活中,教师要鼓励幼儿敢于表达自己的情感体验,可以采取师幼对话、幼幼对话的形式谈论做了好事与错事后的不同感受。在表达的过程中教师要适当地丰富幼儿的词汇,以增强幼儿的语言表达能力。

(案例提供:山西省朔州经济开发区机关幼儿园　张凤凤)

(二)行为实践类方法

对幼儿进行社会性教育时,一般忌讳纯粹的说教,因为单纯的说服或说理性教育存在忽视儿童主体性的倾向,忽略了幼儿教育的特点。因此,在幼儿社会教育活动中强调游戏和活动的应用,这类强调儿童参与游戏和活动的方法一般有三种:角色扮演法、行动操练法、自我展示法。

1. 角色扮演法

儿童社会教育中的角色扮演有不同的方式:一种是模拟社会情境,让儿童扮演其中的社会角色,尝试从角色的立场上分析问题、处理问题,并体验社会角色在不同情境状态下的内心情感[①];还有一种是结合相关的故事讲述来进行。对年龄较小的儿童,通常是在故事讲解之后,儿童对故事比较熟悉的情况下应用的;对年龄较大、语言表达能力比较强的儿童,可以结合故事创编来进行。这种方法既可以促进儿童进一步理解并掌握故事中的相关道理,从而促进儿童认知能力的发展,同时也能强化儿童相关的社会交往技能,有利于培养儿童良好的行为习惯。此外,这种方法也符合儿童活泼好动的特点,容易吸引儿童的注意,是幼儿园社会性教育经常使用的方法。

2. 行动操练法

行动操练法是指教师组织儿童反复练习一定的动作或活动的方式,从而巩固

---

① 张明红.学前儿童社会教育[M].上海:华东师范大学出版社,2008:111.

知识,形成简单的技能和行为习惯[①],通常应用在幼儿园的各个领域。社会领域的行动操练指向儿童的道德行为习惯练习,一般与言语指导法、角色扮演法等结合起来应用。如,教师通过言语告诉儿童需要借用其他小朋友的玩具时所需要掌握的沟通方法后,即可结合情境或故事表演让儿童练习相关的技能。

3. 自我展示法

自我展示法也称表演法,指儿童在一定情境下,向家长、教师或同伴围绕某个话题,表达自己的观点。主要目的是为儿童提供表现自我、反思自我的机会,如"我会做家务","我包的粽子真好吃"等。

第三节 幼儿园社会教育活动的设计与实施

一、幼儿园社会教育活动设计的原则

(一)目标性与针对性原则

这主要指幼儿园社会活动设计需要根据《幼儿园教育指导纲要》和《3-6岁儿童学习与发展指南》对幼儿园社会教育的要求,考虑到儿童的现实需要与身心发展水平,以及地方资源与文化差异,有针对性地设计出幼儿园的活动目标。在设计活动目标与内容时,既要考虑到《幼儿园教育指导纲要》和《3-6岁儿童学习与发展指南》中提到的幼儿社会发展的各个方面(如合作、乐群、责任、自信、自尊等),还要充分考虑到地方课程资源与可能出现的问题。特别要把这些具体的要求与幼儿的需要以及本地的实际相结合,这样设计的活动才既有目标性又有针对性。[②] 如大班活动"没有不方便"的目标之一就是引导幼儿感受残疾人的不方便,教育幼儿要尊重、平等对待残疾人,其主旨就是让幼儿学会关心他人。

但是我们在活动设计中还需要防避另一种只重视目标不考虑儿童需要的倾向。如果单纯地考虑目标,而不考虑儿童的需要,不考虑当地的实际,那么设计出来的活动就不可能吸引儿童的兴趣,最后只能变成单纯的说教,这就有可能影响社会领域教育的有效性。

(二)活动性和实践性原则

活动性原则是指设计社会教育活动时要为幼儿创设活动的机会与条件,引导幼儿在各种活动中与人交往,积极主动地发展社会性。它强调的是幼儿社会领域

① 梁志燊.学前教育学[M].北京:北京师范大学出版社,2002:184.
② 张明红.学前儿童社会教育[M].上海:华东师范大学出版社,2008:118—119.

的"实践",也称实践性原则。幼儿园里实施的社会教育,表面上看是教师对幼儿实施一定教育影响的过程,但从根本上说,它是幼儿自己学习的过程。在儿童的社会性形成过程中,社会道德规则的传递不能自动作用于幼儿,也不能间接传递给幼儿,必须是幼儿在活动和交往中,亲身感受它、体验它,才能逐渐掌握它。因此,教师在设计社会活动时,要为幼儿创设活动的空间;要始终考虑到幼儿是活动的主体,为幼儿提供自主活动的机会和时间;要根据幼儿在活动中的水平与表现,引导并激发幼儿的兴趣、主动性和积极性。

(三)渗透性原则

一是各领域间的相互渗透。幼儿园社会性教育不仅仅存在于专门性的社会领域,还应该存在于语言、科学、音乐、美术、健康等领域。如:通过故事教学可以让幼儿明白简单的处世道理,体育活动可以培养幼儿勇敢的品质,科学中的合作可以让幼儿体验尊重、合作的快乐等。二是幼儿园社会教育应体现在幼儿一日生活的各个环节中。如:在"千人糕"活动中,教师通过让儿童了解蛋糕的制作过程,理解"千人糕"的真正含义,进而将理解食物的来之不易、学会尊重他人劳动成果、爱惜粮食的意识渗透在故事讲述中。

(四)整体性原则

一是与智育、体育、美育形成全面发展教育;二是面向全体儿童;三是社会领域的全面要求,包括社会认知、社会情感、社会技能三个方面;四是教育资源和教育手段的整体性;五是家园合作、联系的整体性。

二、幼儿园社会教育活动设计的程序

(一)幼儿社会教育活动的学科式设计

学科式设计有多种方式,有的教师喜欢"确定目标——分析兴趣、需要和经验——选择内容、材料——活动实施——活动评价"[①];有的教师喜欢"分析兴趣、需要和经验——确定目标——选择内容、材料——活动实施——活动评价";还有的教师喜欢生成式活动,如"分析兴趣、需要和经验——选择内容、材料——确定目标——活动实施";而有的教师喜欢从现实问题出发,如"选择内容、材料——确定目标——分析兴趣、需要和经验——活动实施"。从这些带有不同偏好的选择方式来看,学科式设计有共同的活动要素:目标、内容、活动、兴趣、需要和经验。

如案例"独一无二的说话声"基本围绕上述环节,从活动目标、活动准备、活动过程依次展开。

① 冯晓霞.幼儿园课程[M].北京:北京师范大学出版社,2001:89—120.

案例　独一无二的说话声(大班)

活动目标

1. 愿意仔细倾听,辨认每个人的声音。

2. 知道每个人声音的特点,并用语言表述出来。

3. 了解自己声音的特点,并喜欢自己独一无二的声音。

活动准备

幼儿说话的录音、几张立放着的大桌子、眼罩一个。

活动过程

1. 开始部分:播放录音,引导幼儿注意倾听声音的特点。

教师将平时录的声音放给大家听,猜一猜这是谁在说话? 他的声音有什么特点? 会是谁? 并请被猜到的幼儿上前再次说话,幼儿再次倾听辨认。

2. 进行部分:通过游戏进行倾听和发现,了解自己与别人说话声的特点。

(1)请幼儿自告奋勇到前面来说几句话,其他幼儿说一说他声音的特点。教师引导幼儿发现并说出:声音的粗细、长短、高低,以及语调、语气、口头语等。

(2)请幼儿说一说自己的声音有哪些特点?

(3)请幼儿说一说自己所熟悉的好朋友的声音有哪些特点? 并试着模仿。

(4)请两个幼儿上前各说一句话,其他幼儿对比一下他们的声音有什么不同?

(5)开始游戏"猜猜他是谁"。

几个幼儿上场,躲在立放着的桌子后面,教师先请其中的一个幼儿说话,再请其他幼儿猜一猜他是谁? 并讲出理由。被猜中的幼儿回去,桌后的幼儿再次说话并请其他幼儿猜。几轮更换,游戏结束。

3. 结束部分:教师小结并组织幼儿再次做游戏,使幼儿喜欢自己的声音。

教师小结:我们每个人正常的说话声是独一无二的,与别人总会有所区别,每个小朋友的声音都有自己的特点、独特的魅力,小朋友你喜欢自己的声音吗?

(案例提供:吉林省政府机关第三幼儿园　李琦)

(二)幼儿社会教育活动的主题式设计

1. 主题的选择

首先列出主题名称;其次分析确定这一主题的理由,如是否符合儿童的兴趣与需要,是否包含多方面的教育价值,是否涉及各个学习领域,是否具有可行性;最后确定这一主题活动大致需要的时间。

2. 确定并分析主题活动的总目标

分析主题目标与幼儿教育的目的和课程总目标（即领域目标），分析目标与幼儿的发展水平的关系，以及目标的整体性，进一步分析目标与具体活动目标的一致性。

3. 拟定主题活动纲要与内容

具体分析内容与目标之间是否对应；内容的难易程度；是否符合幼儿的兴趣与需求；是否包含主要的课程领域；内容的选择是否考虑动静交替；是否考虑到课程资源的问题，如是否顾及季节性、地方性以及文化传承等问题。

4. 逐一设计每个活动的方法与活动实施程序

方法的选择是否考虑到儿童的学习特点；活动流程转换是否合适；教具或资源的使用是否合适；方法的选择是否考虑到内容的特殊性；是否考虑到活动中可能出现的问题。

第三章　愿意与人交往

　　儿童与人的交往,主要指与同伴的交往、与成人的交往两个方面。与同伴的交往主要表现在与同伴的游戏活动中,而与成人的交往则表现为合理的依恋。让儿童学习与同伴、儿童与成人的交往可以组织专门的活动,也可以渗透在日常生活中,还可以组织相关的游戏。同时,还需要家庭、社会的配合。

第一节　儿童的交往与教育

一、儿童的社会交往及其发展

(一)儿童社会交往的含义

　　从心理学角度讲,社会交往可以概括为:"人际交往,心理学上又称为心理沟通。它是指人们在社会活动过程中人与人的信息传递、情感交流、思想沟通及他们之间互相施加影响的心理沟通过程。"[①]在掌握了良好的社会交往技能后,幼儿能够很好地适应环境,适应社会生活。

　　儿童的社会交往有几个显著特征:其一,从类型上看,语言与非语言、有意与无意交往并重;其二,从功能上讲,主要属于需求性沟通交往,并非竞争性交往;其三,从动机上看,主要是情感性动机交往;其四,就交往范围论,主要在家庭、社区和幼儿园范畴内;其五,从交往的方式上看,最基本方式是活动。[②]

---

　　①　张力行.公关心理学[M].成都:四川大学出版社,1994:180.
　　②　张力行.儿童早期社会交往的影响因素[J].四川文理学院学报(自然科学版),2008(9).

(二)社会交往对儿童发展的意义

1. 有助于儿童自我概念和人格的发展

在与家长、同伴、教师的交往中,儿童会逐渐形成自己的态度和价值观。例如,在与同伴交往的活动领域中,学前儿童可以采择与父母、教师的交往态度和价值观念。不同价值体系背景下的学前儿童在与父母、教师交往时可以检验自己的观念和情感。

2. 社会交往有助于儿童社会技能的发展

交往是儿童社会技能发展的起点。在社会交往中,儿童可以锻炼自己的言语组织、运用与沟通的能力;可以增强社会观点采择能力及处理问题的能力;可以发展组织、领导、合作的能力。

3. 有助于儿童亲社会行为的发展

同伴之间的交往发展了儿童的同情、关爱、分享、合作、助人等亲社会的情感和行为,同时对儿童形成积极的个性品质非常有益。在亲子交往中,父母通常以独立、果断、坚强、自信、开朗、大方、宽厚、勇于克服困难等好的个性潜移默化地影响儿童,促进儿童积极的个性品质的形成。

4. 有助于儿童安全感和归属感的形成

相关研究资料证明,在学校的学习成绩不够好、家庭生活不稳定、与同伴关系不融洽、较易激怒、难以相处的儿童在一定程度上缺乏依恋感。

所以密切的亲子关系提供了一种基本的信任感,是儿童在以后的生活中能够与别人建立密切的情感联系并恰当有效地同其他社会成员交往的基础。有充足的研究资料证明,缺乏依恋感的儿童的同伴关系可以有助于儿童安全感和归属感的形成。因为他们可以在同伴那里得到赞同、仰慕或安慰,并能够向同伴宣泄自己的情感。同伴之间的认同与接纳对儿童的安全感和归属感的形成具有积极的影响。

5. 社会交往有助于儿童情绪的发展

社会交往可以加快情绪发展的速度。心理学家格威尔(Gewirtz,J. L.)曾研究了在三种不同情境下成长的婴儿笑的频率。研究发现在家庭和聚居区抚养的婴儿在第四个月时就达到了微笑的最高频率,而在孤儿院养大的婴儿则要迟一个月。这说明如果儿童能与父母和其他人保持频繁、丰富的交往,他们的情绪分化发展就要快一些。与此同时,社会交往有利于儿童的情绪学习,如:亲子之间的互动及对话会大大提高儿童对各种情绪的认知、理解。父母一直是儿童身边的支持者和安慰者,每当儿童遇到困惑、痛苦时,父母便帮助他们调节与舒缓情绪。[1]

---

[1] 关永红.亲子交往与学前儿童社会性发展[J].赤峰学院学报(汉文哲学社会科学版),2005(1):104—106.

6. 有助于幼儿主动性与创造性的发展

在同伴交往过程中,由于双方在知识经验、地位等方面的平等,使幼儿能注意同伴的想法,考虑同伴的愿望,同时能够通过自主评价同伴来协调自己的愿望和行为以互相适应,这不仅有助于增强幼儿的交往能力,同时也有助于幼儿发挥主动性,克服其自我中心化。[①]

社会交往不仅仅是幼儿智力、心理健康发展的重要保证,还可以促进其情商的良好发展,使幼儿更好地适应社会的发展,也为幼儿今后的生存发展奠定了基础。

(三)儿童社会交往的发展

1. 随着年龄的增长而逐步提高

幼儿的社会交往能力是随着年龄的增长而逐步提高的,小班水平最低,中班和大班水平较高。在这个过程中,小班到中班时期会出现一个加速期。[②]

对于小班儿童来说,社会交往的主要目标是学会一些最基本的社会技能。具体包括:学会向别人介绍自己及家庭情况;能说出幼儿园名、班名,会称呼本班的教师,能够与周围的小朋友玩耍,叫出他们的姓名;学习使用礼貌用语;在游戏活动中,能轮流等待,学习收放整理玩具,掌握初步规则,不争抢独占玩具;能在集体面前大声说话,敢于表达个人的意愿;学会大胆、大方地与成人交流等。[③]

2. 4—6岁是儿童社会交往行为发展的关键期

幼儿期尤其是4—6岁是同伴关系形成和发展的关键时期。[④] 米尔德里德·帕滕(Mildred Parten)从社会性发展的角度将幼儿游戏分为六个等级:无所事事、旁观游戏、孤独的独立游戏、平行游戏、结伴游戏以及合作的或有组织的原始游戏。[⑤]前四种游戏都是无参与或无同伴交往的活动,只有结伴游戏和合作游戏才能算作幼儿在同伴交往的基础上进行的游戏,而4岁幼儿的结伴游戏和合作游戏开始逐渐增多,占据游戏的主导地位。

3. 性别差异显著

关于幼儿同伴交往能力的性别差异,不少研究者的主要观点是:男女孩儿的同伴交往能力有显著差异,女孩儿的同伴交往能力和同伴关系显著优于男孩儿。

---

① 陈帼眉,姜勇.幼儿教育心理学[M].北京:北京师范大学出版社,2010:80.

② 曹安.3—6岁城市儿童社会交往能力及其与家庭因素的关系的调查[J].上海教育科研,2000(6):40—43.

③ 范彦冰,陈宁.小班幼儿社会交往能力的培养[J].学前教育研究,2001(4):49.

④ 杨丽珠.幼儿需要发展倾向性研究[J].辽宁师范大学学报(社会科学版),1992(6):31—33.

⑤ 冯晓霞.学前儿童与成人交往的发展—M.H利西娜的个体交往发生论简介[J].北京师范大学学报(社会科学版),1991(5):23—25.

(四)儿童社会交往的影响因素

1. 家庭因素对幼儿社会交往能力的影响

家庭对儿童社会交往的发展起着不可替代的作用,家庭为儿童提供了与成人交往的机会,为儿童提供了参与各种社会活动的机会。家庭结构、家庭氛围、家长的教育方式、亲子关系等都会潜移默化地影响着儿童社会交往能力的发展。

研究表明,父母独自抚养的幼儿在社会交往能力方面高于老人或保姆抚养的幼儿。[①] 三口之家,幼儿多由年轻父母独自抚养。由于工作需要,父母会很早让幼儿进入幼儿园。相对老人或保姆,年轻父母这一代拥有科学的、先进的幼儿教育观念,他们会让幼儿适龄的时候进入幼儿园。年轻父母会利用社区、工作等资源为幼儿创造独立交往能力所需的适宜环境或条件。在集体生活中,幼儿逐渐适应许多交往的新情境,获得基本的交往知识和技能。

著名心理学家格尔说:"父亲的出现是一种独特的存在,对培养孩子有一种特别的力量。"研究表明父亲的交往方式对儿童的社会交往、同伴互动具有举足轻重的作用。父亲的男性特征、家庭地位、社会角色等影响着他们对儿童的教育观念及方式。在与孩子交往的过程中,父亲的个性特征,如自信、积极进取、开朗、善于交流等会潜移默化地影响孩子;父亲为人处世的方式与风格会被孩子效仿,所以父亲应经常给予孩子一些积极的言语或行为上的鼓励。在这种开放的父子交往关系中,孩子可以获取丰富的知识与经验,树立自信心,使得孩子在社会交往过程中更加自信,更加积极主动,人际关系更加融洽。

2. 儿童的气质与性格对幼儿社会交往能力的影响

国内外多项研究和调查表明,影响儿童早期交往的内部因素主要是个体自身的心理特征,如:气质、性格和兴趣等。

不同气质类型的儿童在交往中表现出不同的交往方式。琪丝(Chess)和托马斯(Thomas)根据九个气质维度把儿童划分为三种气质类型:第一类是易教养型儿童。面对新情境,他们比较主动而不是退缩,他们适应性强,通常会有积极的情绪。第二类是困难型儿童。这些儿童面对新情境是退缩而不是主动,适应环境比较慢,并且经常处于紧张和消极的情绪之中。第三类是逐渐适应型儿童、难以控制型儿童和抑制型儿童。

国内研究者发现:受欢迎的儿童积极、友好、外向、活泼、较大胆、爱说话;被拒绝的儿童很外向、性子急、脾气大、易冲动、非常活泼好动;被忽视的儿童很内向、

---

① 曹安.3—6岁城市儿童社会交往能力及其与家庭因素的关系的调查[J].上海教育科研,2000(6):42.

好静、性子慢、脾气小、不易兴奋与冲动、胆子较小。[①]

3. 教师对幼儿社会交往能力的影响

作为幼儿在家庭之外的主要成人交往对象和教育对象,教师对幼儿身心的发展有直接、重大的影响。教师自身的交往能力、教师对幼儿与同伴交往能力培养所持有的观念、教师是否创造幼儿同伴交往环境以及教师平时如何指导幼儿与同伴交往等都会影响幼儿与同伴交往能力的发展。另外,教师的一个重要作用是通过与家长交流来影响家长,并间接对幼儿与同伴交往能力的发展产生影响。借助与家长的直接交谈、家教园地、家长联系本、家长开放日、家长会、家教讲座等,教师可以对家长的教育观念、教育态度等产生潜移默化的影响,从而减少或消除幼儿园与家庭间在教育观念、教育实践中可能存在的不一致,进而共同促进幼儿与同伴交往能力的提高。

二、幼儿园交往活动的目标与设计

(一)幼儿园交往活动的目标

幼儿交往是幼儿社会性发展的重要内容,也是促进幼儿迈向社会生活、与他人互动的一条重要途径。制定幼儿园交往活动的目标,一般需要考虑幼儿的生活特点,针对不同年龄的儿童制定不同的目标,具体如下:

小班:喜欢和小朋友一起游戏。

中班:喜欢和小朋友一起游戏,有经常一起玩的小伙伴。

大班:与同伴发生冲突时能自己协商解决。

(二)幼儿园交往活动的设计

交往过程有时也会伴有协商过程,所以在部分交往活动中会有协商行为的发生。幼儿的交往对象除了同伴外,还有成人。案例"老鹰捉小鸡"旨在促进幼儿与成人的交往能力;案例"彩虹色的花"旨在让幼儿体验到合作与交往的快乐。

案例 老鹰捉小鸡(小班)

设计意图

随着班级家长志愿者的加入,幼儿也能渐渐接纳家长志愿者,能亲切地和家长志愿者打招呼,也乐意和家长志愿者一起游戏。爷爷奶奶们作为家长志愿者积极地参与到班级的活动中,他们除了可以参与照顾幼儿的生活环节之外,同样也可以带领幼儿玩一些经典的体育游戏。教师结合班级家长志愿者的特点以及幼儿对体育游戏的喜爱,邀请了奶奶们和幼儿一起玩老鹰捉小鸡的游戏。

---

① 庞丽娟.幼儿同伴交往类型、成因与培养的研究[D].北京:北京师范大学,1991.

活动安排

时间：户外体育游戏时间。

地点：有草坪的操场。

活动准备

1. 两位奶奶参加活动，一位奶奶当老鹰，另一位奶奶当鸡妈妈。全班分成 3 大组，每组 6—10 名幼儿，轮流游戏。游戏的幼儿扮演鸡宝宝，鸡宝宝以鸡妈妈为队首依次往后排队，每位鸡宝宝拉住前一名鸡宝宝的衣服。

2. 游戏开始后，扮演老鹰的奶奶四处跑动去抓扮演鸡宝宝的幼儿，"鸡妈妈"则张开双臂，挡住"老鹰"的去路，保护自己的"鸡宝宝"。"鸡宝宝们"的队伍不能断，不然很容易被"老鹰"捉到，被捉到的"鸡宝宝"就被"老鹰"带走。如果"鸡妈妈"带领"鸡宝宝"蹲下来，"老鹰"就不能再捉"鸡宝宝"。待幼儿熟悉游戏后，可以增加"鸡宝宝"的数量。

活动过程

1. 指导语：奶奶们的年纪大了，跑得慢，因此小朋友们也要注意控制自己的速度，不能跑得太快。奶奶们保护小朋友，小朋友也要保护奶奶们。

教师同时也要提醒扮演老鹰和鸡妈妈的奶奶注意通过控制方向和速度，避免幼儿摔倒，同时也要注意自己的安全。

2. 游戏开始之前，教师扮演鸡宝宝先和两位奶奶一起示范游戏的玩法，讲解游戏的规则："鸡宝宝们"要一个接着一个抓住前面小朋友的衣服，排在"鸡妈妈"的后面，队伍不能断，不然"鸡宝宝"没有"鸡妈妈"的保护，就会被"老鹰"捉走了。

3. 游戏开始后，教师可以带领没参加游戏的幼儿一起给游戏中的奶奶和幼儿加油。

4. 游戏结束后，教师带领幼儿和奶奶们一起做放松全身的运动。教师带领幼儿一起感谢奶奶们能和大家一起玩游戏，欢迎奶奶们下次再来。

温馨提示

1. 由于小班幼儿动作的自我控制能力尚处于发展过程之中，且小班幼儿虽然喜爱跑的动作，但对跑的控制能力还不够，考虑到活动的安全，本活动建议分组进行。每组幼儿的人数控制在 6 名以内，也可根据本班幼儿的情况进行调整。

2. 活动前教师要提醒奶奶们和幼儿注意控制跑的速度，尤其是奶奶们要注意控制方向，同时速度不能太快，避免使队伍最后的幼儿摔倒。

3. 游戏分组进行时，教师可以带领等待中的幼儿坐下来，使活动更加有序。

（案例提供：南京市北京东路幼儿园　黄双雷）

案例 送给朋友的节日卡片(中班)

设计思路

1. 选材生活,注重整合。

陶行知先生曾说过:"到处是生活,即到处是教育,整个社会是生活的场所,亦即教育之场所。"因此,在对幼儿进行社会性教育的过程中,教师应以幼儿的现实生活为背景,以幼儿的生活经验为基础。

教师以自制卡片送给好朋友为活动内容,并与美术领域和语言领域相整合。注重生活与教育的紧密结合,并以游戏的方式开展活动,通过实践,在丰富幼儿生活经验的同时,让幼儿更好地学习并运用知识。同时,让幼儿知道在节日里,可以准备礼物和传递祝福的话语,来表达同伴间的友好情感。

2. 环环相扣,层层递进。

第一环节:故事导入,引导幼儿理解节日赠送礼物给好朋友,会感到幸福快乐,激发幼儿为朋友制作和赠送节日卡片的热情。第二环节:引导幼儿讨论制作节日卡片的方法,知道可以通过绘画、剪贴等方式,利用多种自备材料来设计和装饰卡片。第三环节:幼儿动手操作,将自己设计的思路落实。第四环节:赠送卡片,幼儿在音乐声中,互赠自己精心制作的节日卡片,并表达对朋友节日的祝福,充分感受有朋友的幸福快乐,增进朋友间的友好情感。

3. 节日教育,渗透理念。

借助"节日"(如儿童节、新年等)契机引出活动,培养和升华幼儿与同伴间的友好情感。教师渗透节日教育的理念,让幼儿了解合适的礼物能带给别人快乐。幼儿通过同伴间相互赠送礼物,懂得关心别人。

活动目标

1. 尝试用自己喜欢的方式装饰一张卡片,送给自己的好朋友。

2. 通过对自己喜爱物品的利用,装饰卡片。

3. 通过赠送卡片和传递祝福的话语,感受有朋友的幸福、快乐,同时增进与朋友之间的友好感情。

活动准备

1. 幼儿自带喜欢的物品,如:绘画、折纸作品;照片、唇印、手印及自己的小标记等。

2. 自制小卡片数张、各种形状的空白卡片、油画棒、糨糊等。

活动过程

一、故事导入,激发幼儿制作卡片的愿望和兴趣。

1. 导入:在幼儿园里,有个小朋友找到了一个好朋友,他很喜欢自己的好朋友，在过节的时候，就送给好朋友一张卡片，是一张自己做的卡片。结果，他的好朋友非常高兴，也做了张卡片送给他。他们俩都很开心，也更加友好了。

2. 指导语：你有好朋友吗？你也做张卡片送给好朋友，好吗？

二、示范、讲解卡片的制作方法。

1. 教师出示做好的卡片。幼儿欣赏，猜测制作的材料和方法。

2. 教师示范、讲解卡片的制作方法。

重点提示：用自己最喜欢的一种材料装饰卡片。

3. 交流讨论：你想做一张什么样的卡片送给好朋友？

三、幼儿自选材料进行制作。

1. 幼儿自选材料，教师尽量满足幼儿的需要。

2. 幼儿制作卡片，教师巡回指导。

四、赠送卡片。

1. 引导幼儿讨论。

(1)怎样把卡片送给自己的好朋友？

(2)在送卡片时你想对好朋友说些什么话？当你收到卡片时应该怎么说？

2. 幼儿在优美的音乐声中自由互送卡片，感受赠送和收到卡片的开心和幸福。

| 活动延伸 |

在美工区选用其他材料制作爱心卡片，送给家人、同伴或教师。

（案例提供：南京市第一幼儿园　史菁林）

案例　彩虹色的花(大班)

| 设计意图 |

《彩虹色的花》是一个风格极其独特的作品。厚重的纹理、大块的色彩，都给这本书带来一种原始粗犷的美，但它叙述的却是一个极其温柔细腻的故事：一朵彩虹色的花，将自己的花瓣都用来帮助有困难的小动物了，自己却被覆盖在白雪下面，可它的希望和梦想还在继续，当春天来到时，新的花朵又在阳光下绽放开来。教师通过阅读活动，帮助幼儿理解作品中四季交替、万物复苏的逻辑规律，体会令人感动的奉献精神以及帮助同伴的喜悦心情。

| 活动目标 |

1. 理解作品中花瓣的作用，以及四季交替、万物复苏的逻辑规律。

2. 依据故事情节的线索进行联想，体会彩虹色的花令人感动的奉献精神。

3. 在活动中体会帮助同伴的快乐。

愿意与人交往

活动准备

故事图片、轻柔的背景音乐。

活动过程

一、观察图片，引出活动主题。

教师在出示花瓣图片的过程中引导幼儿感受彩虹色的花的奉献精神。

1. 出示第一幅花瓣的图片。

指导语：请大家看一朵特别的花。看到她，你有什么感觉？

2. 出示花瓣一幅幅变少的图片。

指导语：你发现她有什么变化？花瓣到哪里去了？（被风吹走了）除了花瓣，还有哪里有变化？（天气、泥土、四季的变化）

3. 出示小动物的图片。

指导语：花瓣到哪里去了？彩虹色的花把花瓣送给谁啦？小动物会用花瓣做什么呢？（蚂蚁：做船；蜥蜴：做衣服；老鼠：做扇子；小鸟：做窝；刺猬：做雨伞）你觉得彩虹色的花是一朵什么样的花？

二、讲述故事内容，理解画面内容所要表达的情感。

1. 进一步观察图片，发现图片其他顺序的线索。

指导语：(1)彩虹色的花先遇到了谁？蚂蚁会有什么困难呢？

(2)这一次，彩虹色的花遇到了一只蜥蜴。他想参加一个宴会，可是没有合适的衣服穿。你觉得她会选什么颜色的花瓣搭配他的绿色皮肤呢？蜥蜴找到和皮肤颜色相配的衣服时，他的表情如何？

(3)这只老鼠看上去怎么了？他想找彩虹色的花帮什么忙呢？他怎么扇扇子的？他可真会享受。老鼠此刻什么心情？什么表情？

(4)秋天到了，小鸟也来寻求帮助啦。他需要用花瓣做礼物送给他的孩子。

(5)这回是谁呀？刺猬出现的时候画面的颜色有变化吗？有什么变化？天气变得怎么样了？刺猬用花瓣做了什么？

2. 完整欣赏故事，体会故事内涵。

指导语：(1)天空越来越暗，大风把最后一片花瓣也带走了。接下来，彩虹色的花会怎么样呢？

(2)失去花瓣后的彩虹色的花，她会怎么样？这幅画的颜色给你什么感觉？故事看到这里你的心情怎么样？和最开始的一幅彩虹色的花的画面比较，你更喜欢哪一幅？为什么？

(3)现在是什么季节了？你看到了什么？彩虹色的花在哪里呢？此时，那些她帮助过的小动物们会想念她吗？他们会说些什么呢？她真的枯萎了吗？她还会回来吗？

(4)你喜欢故事的结尾吗？为什么？

三、尝试与同伴合作表演部分故事内容,再次体会彩虹色的花奉献后获得新生的情感。

1. 确定演出段落。

指导语:这个故事里,最让你感动的地方在哪里？

2. 表演部分故事内容,引导幼儿用动作表现"雪花拥抱彩虹色的花"。

(1)引导幼儿用动作表现"彩虹色的花"。

(2)再请几个幼儿扮演被彩虹色的花帮助过的小动物,把想对彩虹色的花说的话表达出来。

(3)幼儿集体表演"雪花拥抱彩虹色的花"。

指导语:冬天来了。彩虹色的花也折断了,但她仍然静静地站在那儿。雪花仿佛要拥抱彩虹色的花,轻轻地,轻轻地飘落下来……很安静地,落在她的身上。就在这个时候,小动物们远远地(做出呼唤的动作)对彩虹色的花说:"彩虹色的花,我们想念你。谢谢你给我们的帮助。你快回来吧!"漫长的冬天终于过去了。春天又来了,彩虹色的花又长出来了。大家都高兴地说:"彩虹色的花,又见到你了!"

结束语:彩虹色的花,你们快乐吗？用你的快乐去帮助更多需要帮助的人吧。

活动延伸

该活动侧重于幼儿在帮助同伴过程中的情感体验,积累帮助同伴的快乐体验。在课后,可以提供新情境进行练习:幼儿获得的良好情感体验需要通过情境来表达从而巩固经验;教师选择用游戏表演的方式重复故事里最感人、最能表现情感的段落,使幼儿有兴趣,以饱满的情绪参与交流。

领域渗透

请幼儿在活动后,根据对故事内容的理解,选择1—2幅自己喜欢的画面内容进行临摹,也可以多人合作,尝试绘制属于自己的故事书《彩虹色的花》。

(案例提供:南京市游府西街幼儿园　杨瑾)

三、在生活与其他学科教学活动中促进儿童间的交往

(一)生活活动

生活活动中存在着大量的、真实的、自然的社会交往的时机。如:幼儿洗手、喝水、如厕是否有序;是否主动去帮助他人等。教师要善于观察,及时教育,对幼儿进行正面的鼓励和引导,如请内向、腼腆的儿童担当班级委员等。在生活活动中,教师

要重视培养幼儿合作、分享、助人、谦让等友好行为和讲礼貌、诚实、遵守社会公德、爱护公共财物等文明行为习惯,这对幼儿社会交往能力的发展有重要的促进作用。

(二)其他学科教学活动

1. 混龄同伴交往活动

同伴是儿童社会交往的重要对象,同伴的群体生活也是儿童进行交往、发展交往能力的微型社会。因此,在培养幼儿与同伴交往能力的过程中,成人要尽量为幼儿提供与同伴交往的机会和环境。[①]

国内外许多研究表明,混龄交往环境可以促进幼儿同伴交往能力的发展。[②] 与不同年龄的儿童交往有利于促进儿童社会认知的发展。一方面,年长幼儿在交往过程中对交往情景及规则的认识与判断很容易对年幼同伴产生影响;另一方面,年长幼儿对年幼同伴存在着一种天然的忍让和宽容,再加上年长幼儿担心欺负年幼的同伴会受到成人的惩罚和训斥,使得他们在与年幼同伴一起活动时,很容易从积极快乐的角度认识与年幼同伴的交往活动,探究积极有效的交往方式。同时在混龄同伴的交往中,儿童的情感能力得到发展。幼儿除了能感受到自由的交往氛围外,还有更多的情感体验的机会。如:年幼幼儿对年长幼儿的尊重、敬畏、钦佩、嫉妒;年长幼儿对年幼幼儿的关怀、爱护、轻视等。因此,教师要做好引导,既要支持混龄同伴交往为幼儿提供的情感体验的机会,培养幼儿对各种情感的敏锐性,丰富幼儿的情感世界,又要防止幼儿在年幼时过多地体验不健康的情感,如嫉妒、傲慢、畏惧、轻视等,最终把幼儿的同伴关系引向关怀、互助的方向,为幼儿善良人格的形成奠定基础。[③]

2. 游戏活动

游戏是儿童社会交往的起点。教师在选择、设计游戏时应注重把交往能力的五个方面——合作、轮流与等待、解决冲突、遵守规则、交往策略——渗透到游戏中去,寓教于乐,使幼儿在游戏中体验交往的成功与快乐,产生进一步交往的内在动机和遵循游戏规则的特点,使幼儿的自主性、主体性得到发挥。

为了扩大儿童的交往范围,幼儿园应该组织一些全园性或平行班的角色游戏,如超市、娃娃餐厅、爱心医院等;在节日开展全园性游艺活动,如贴鼻子、钓鱼、猜谜语等,吸引幼儿克服胆怯和害羞的心理,随意到各个班去玩,以良好的情绪与周围人交往。[④] 例如,教师可以从小班、中班、大班选取若干名儿童,组织"认识你真高兴"的活动,让幼儿学会和伙伴交往的正确方法,在活动中探索与同伴合作的方法,形成一定的集体意识。活动过程可以是:介绍老朋友;认识新朋友;自由找

① 李艳菊.幼儿同伴交往能力发展及其影响因素研究[D].上海:华东师范大学,2008.
② 王春燕.混龄教育对幼儿社会性发展的独特作用[J].研究与探索,2006(7/8):36—38.
③ 张更立.幼儿异龄同伴交往研究[D].重庆:西南师范大学,2004.
④ 张芬.培养儿童社会交往能力的原则与途径[J].学前教育(幼儿园教育教学),2001(4):46—47.

朋友;合作游戏;表达感受。

3. 教育活动

在教育活动中,教师要给儿童在集体面前大胆介绍自己、大胆说话的机会,可以有目的、有计划地利用故事或儿歌向幼儿介绍有关社会交往的知识,让幼儿学会交往的方法。

除了家长、教师、同伴之外,儿童还需要与社会上其他各行各业的人员进行交往,如售票员、物业人员、保安人员、医务人员、收银员等。幼儿园可以组织社会实践活动,如在"五一国际劳动节"时组织儿童去看望劳动工人,学习如何与叔叔、阿姨们交流。另外,教师也可以邀请各行各业的工作人员到幼儿园来,让幼儿扮演小记者去采访他们。采访过程中,儿童通过提问可以了解各行各业人们的工作,同时能够促进儿童的语言组织能力和与他人交流的勇气。

第二节　儿童的依恋与教育

依恋是指儿童对其主要抚养者特别亲近而不愿意离去的情感,是存在于儿童与其主要抚养者(主要是母亲)之间的一种强烈持久的情感联系。依恋主要表现为啼哭、笑、吸吮、喊叫、咿呀学语、抓握、身体接近、偎依和跟随等行为。[1]

一、依恋概述

(一)依恋的类型与意义

1. 依恋的特征

国内研究者认为,依恋具有一系列重要特征:(1)在对象上,依恋具有选择性。儿童倾向于依恋那些能够激起特定情感与行为、满足自身需要的个体,而并非依恋所有的人。如婴儿易对能满足自身需要的具有较高反应性与敏感性的父母形成依恋,而入园后的儿童则可能会对那些能共同玩耍、游戏的同伴形成依恋。(2)在行为表现上,依恋者寻求与依恋对象身体的亲近。依恋母亲的婴儿倾向于偎依在母亲身上或在母亲身旁活动。(3)在对个体的心理意义或直接后果上,依恋双方特别是依恋者可从中获得一种慰藉和安全感。(4)当这种依恋被破坏后会造成依恋双方尤其是依恋者的分离焦虑。(5)在其赖以形成的基础上,依恋双方具有某种和谐性,他们能保持行为与情感的呼应与协调。[2]

---

① 杨丽珠,吴文菊.幼儿社会性发展与教育[M].大连:辽宁师范大学出版社,2000:116.
② 张文新.儿童社会性发展[M].北京:北京师范大学出版社,2006:185.

2. 依恋的类型

美国的安斯沃斯曾运用陌生情境法研究婴儿的依恋行为,将婴儿对母亲的依恋分为 A,B,C 三种类型。A 型依恋为回避型,婴儿与母亲刚分离时不会难过,分离后重见母亲时会采取回避态度。这类儿童虽然在陌生环境中也会焦虑,但很容易从陌生人处获得安慰,他们接受陌生人的安慰与接受母亲的安慰没有很大差别。实际上,这类儿童对母亲并没有形成特别的依恋,所以有人称之为"无依恋儿童"。B 型依恋为安全型,当母亲在场时,婴儿会积极地探索陌生环境,并不总是依赖母亲;当母亲离去时,他们会明显地表现出苦恼;当母亲回来时,他们会积极寻求与母亲的接触,并能很快安静下来,重新投入到探索和游戏活动中。这种孩子具有良好的适应能力,预示他们在未来能更好地适应环境。C 型依恋为反抗型,婴儿的分离焦虑很高,但又拒绝母亲的安慰,害怕陌生情景和陌生人。[①] 上述三类依恋中安全型依恋为良好、积极的依恋,回避型和反抗型依恋又称不安全型或焦虑型的依恋,是消极、不良的依恋。

3. 安全型依恋的积极意义

依恋是学前儿童早期生活中最重要的社会关系之一,是个体社会性发展的开端和组成部分。早期安全型依恋的形成,既有助于儿童自我概念的形成、积极情绪情感的发展和良好社会行为的产生,也有助于培养儿童对父母、他人的信任感和安全感,从而保证儿童进行积极的探索和勇敢的交往,为儿童后续的心理发展和社会化奠定良好基础。

(二)儿童依恋的发展

美国心理学家鲍尔贝(1969)依据儿童行为的组织性、目的性与变通性的发展情况,把儿童依恋的产生与发展过程分为以下四个阶段[②]:

1. 前依恋期(0—2 个月)

婴儿最初表现出一系列不同的机能性反应,即哭泣、微笑、咿呀呢喃等信号行为与依偎、要求拥抱等亲近行为。这种未分化的行为在生物机能的驱使下统合起来,用来促进婴儿与父母及其他照看者的亲近,以此来获取慰藉和安全感。这一时期,儿童还未实现对人际关系客体的分化,因而对任何人都表现出相似的行为反应,可以接受来自陌生人的关注与爱护。

2. 依恋关系建立期(2—7 个月)

这一时期的婴儿出现了对熟悉的人的识别再认,熟悉的人和陌生的人相比更易引起婴儿强烈的依恋反应,但仍然无区别地接受来自任何人的关注,也能忍耐同父母的暂时分离,但是会带有一点伤感的情绪。所以也有人称这个阶段是婴儿

---

① 卢乐山,等. 中国学前教育百科全书(心理发展卷)[M]. 沈阳:沈阳出版社,1995:170.

② 张明红. 学前儿童社会教育[M]. 上海:华东师范大学出版社,2007:52—53.

对人有选择的反应阶段。

3.依恋关系明确期(7—24个月)

儿童对特定个体的依恋真正确立。这一时期儿童出现了分离焦虑,对陌生人谨慎或恐惧,出现了对熟悉的人持久的依恋情感,并能与之进行有目的的人际交往,从而形成对特定个体的一致的依恋反应系统。

4.目标调节的伙伴关系期(24个月以后)

这时的儿童已能理解父母的需要,并与之建立起双边的人际关系。他们学会了为达到某种特定目的而有意行动的技能,并注意考虑他人的情感,例如:幼儿虽然不愿意与父母分离,但他们却不得不放手,因为他们知道父母有工作要做,他们坚信父母下班后一定会回来与他们团聚。此时的儿童已完成了由自动激活的反应(如由身体不适引起的哭闹)向指向特定个体的复杂的目标调节系统的转换(如哭泣已被幼儿用作召唤母亲的手段)。

3岁以后,大多数儿童进入幼儿园,他们逐渐把依恋对象从父母转移到教师和同伴身上。此时,学前儿童依恋行为的发展进入到高级发展阶段——寻求教师和同伴的注意与赞许的反应阶段(3—6岁),尤其是对教师的依恋情感逐渐产生。学前儿童对教师的依恋主要表现为想更多地寻求教师的注意与赞许,尤其是中、大班儿童。

(三)影响儿童依恋发展的因素

儿童依恋的发展受多种因素的制约。抚养质量尤其是母亲的反应性和敏感性,是影响儿童依恋安全性的重要内因;儿童自身的气质特点,则是制约依恋性质的重要内因。依恋的发展总体上是内外因辩证运动的过程。[①]

1.母亲的抚养质量

儿童出生后即处于一定的社会抚养环境中,成人尤其是母亲的喂养方式及其与儿童相互作用的性质构成了影响婴儿依恋发展的关键因素。母亲对儿童所表现的行为特性如反应性、敏感性等品质直接影响着儿童自身认知模式,尤其是内部工作模型的建构,制约着儿童个性发展的趋向。[②]

理想的抚养环境能在很大程度上保证儿童依恋的安全性。安斯沃斯等人研究了母亲在儿童出生后最初3个月的喂养方式对婴儿社会性品质发展的影响,发现高敏感性的母亲能使1岁的幼儿形成安全型依恋。反之,那些低反应性低敏感性的母亲喂养的婴儿却大多形成回避型或反抗型的依恋。[③] 安斯沃斯等人又把母亲的抚养行为品质从四个维度进行了划分(即敏感—不敏感、接受—拒绝、合作—

① 张明红.学前儿童社会教育[M].上海:华东师范大学出版社,2007:50.

② 张文新.儿童社会性发展[M].北京:北京师范大学出版社,2006:211.

③ Mary D. Salter Ainsworth. Object Relations, Dependency, and Attachment: A Theoretical Review of the Infant—Mother Relationship. Child Development,1969,40:969—1025.

干涉、易接近性—忽略),从而检验抚养模式与儿童依恋安全型的关系。结果表明:儿童依恋类型与特定抚养品质相对应。安全型儿童的母亲能保持稳定的接纳、合作、敏感、易接近等特性,而回避型儿童的母亲倾向于拒绝、不敏感,反抗型儿童则对应着拒绝且倾向于干涉或忽略的母亲。由此不难看出,母亲的抚养质量与婴儿依恋质量密不可分。[1]

2. 儿童的气质特点

儿童本身的气质特点也是其依恋的因素。依恋的发展是一个双向互动的过程,既有儿童对母亲的依恋,也有母亲对儿童的依恋,因而儿童形成哪种类型的依恋,不仅与母亲的教养方式、态度行为有关,还可能与儿童自身的气质特点有关。[2]

儿童自身的气质特点影响了父母尤其是母亲对他们的抚养态度。研究发现:那些不容易被抚慰,不喜欢亲密的身体接触,易烦躁、哭闹的孩子容易受到成人冷落;而那些喜欢被人抱、抚摸,特别爱笑的孩子,很容易赢得父母的喜爱,父母与之交往特别积极。[3]

如上所述,儿童依恋的形成与发展是儿童的气质特点与特定抚养环境相互作用的结果。气质赋予儿童行为以特定的反应性与活动水平,首先会影响到儿童抚养的难度与成人尤其是父母对儿童的看法,进而影响父母的抚养质量,而这种抚养质量尤其是反应性与敏感性的变化又反过来作用于儿童,使其依恋的产生和发展呈现出相应的个体特点,从而表现为一个循环作用的过程。[4]

二、幼儿园教育中的依恋活动目标与设计

(一)幼儿园教育中的依恋活动目标

合理的依恋有利于儿童的身心健康,也有利于儿童的社会化。幼儿园教育中的依恋活动以幼儿的身心发展水平为基础,并与幼儿的社会化过程相联系。因此,依恋活动目标基本定位在小班与中班。具体目标如下:

小班:与父母分开时,能主动道别,不哭闹。

中班:喜欢班上的老师,能主动与老师打招呼。

(二)幼儿园教育中的依恋活动设计

幼儿园教育中的依恋活动一般从父母向教师过渡,以引导幼儿的社会化。相

---

[1] Ainsworth, M. D. & Bell, S. M. & Stayton, D. J. Individual differences in strange—situation behaviour of one—year—olds. In: Schaffer, H. R. (ed.), The origins of human social relations. Oxford (England): Academic Press, 1971.

[2] 杨丽珠,吴文菊. 幼儿社会性发展与教育[M]. 大连:辽宁师范大学出版社,2000:124.

[3] 张明红. 学前儿童社会教育[M]. 上海:华东师范大学出版社,2007:51.

[4] 张明红. 学前儿童社会教育[M]. 上海:华东师范大学出版社,2007:52.

关的活动设计是以满足幼儿合理的心理需要为基础,如案例"我是小宝贝"把依恋与交往联系在一起;案例"我的老师像妈妈"在音乐活动中渗透了相关的情感,以引导幼儿对教师的正确认识与合理依恋。

案例 我是小宝贝(小班)

设计意图

随着年龄的增长,小班的幼儿渐渐开始关注他人的行为,有的幼儿很希望与他人互动,可是却不知道互动的方式;有的幼儿相对内敛,羞于与他人互动,仍然处于以自我为中心的状态。基于幼儿的社会性发展现状,我们设计了一节以音乐活动为载体的社会亲子活动。希望在家长的带领下,让幼儿尝试与不同的成人交往互动,从而增强幼儿的社会交往意识。

活动安排

时间:家长开放日。

地点:本班教室。

方式:全班活动。

活动准备

音乐《我是小宝贝》、纱巾每人一条。

活动过程

一、活动前召开家长会,说明本次家长开放日活动的意义、内容和要求。

1.家长与孩子共同学习音乐游戏,观察自己的孩子在活动过程中是否愿意和陌生的家长进行互动,并保持心情愉快。

2.活动中的第一个环节是亲吻自己的宝宝,教师鼓励家长尽情地亲吻自己的孩子,越小的孩子越需要家长更多的身体接触,以便孩子和家长建立良好的依恋关系,为今后形成良好的人格个性打下基础。

3.教师鼓励家长积极参与,因为家长的情绪和行为将直接成为孩子的榜样,所以希望家长为孩子营造出快乐融洽的游戏氛围,让孩子在舒适的环境下,增强交往的欲望。

二、集体活动:家长、幼儿共同玩音乐游戏。

1.教师跟随音乐玩划小船的游戏,帮助家长和幼儿共同熟悉音乐。

(1)教师盘腿坐下,将娃娃放在腿窝里,跟随音乐完整示范游戏的玩法。重点感知 A 段音乐乐句末的断顿。

游戏玩法示范:播放 A 段音乐时和娃娃在乐句末断顿处相互亲吻,播放 B 段

音乐时和娃娃随音乐节奏玩左右摇晃做出小船在水中摇摆的动作。

(2)教师放慢速度清唱歌曲,引导家长在A段音乐乐句末亲吻自己孩子的脸颊。

(3)在教师的带领下,家长和幼儿跟随音乐共同完成游戏。

(4)在教师的鼓励下,家长亲吻幼儿身体的不同部位。

2.出示纱巾,教师引导家长和宝宝玩捉迷藏的游戏。

(1)教师出示纱巾,通过舞动纱巾、团纱巾等方式,引起幼儿玩纱巾的兴趣。

(2)教师边清唱歌曲(A段音乐),边用纱巾和所有的幼儿玩捉迷藏的游戏,在B段音乐处分别到每个幼儿面前按音乐节奏挥舞纱巾,逗引幼儿抓取教师手中的纱巾。

(3)家长模仿教师的动作,在教师的带领下和幼儿共同游戏。

(4)在教师的带领下完整听音乐,鼓励家长和幼儿共同游戏。

3.家长和幼儿共同学习跳圆圈集体舞。通过交换舞伴,鼓励幼儿和其他家长共同游戏。

(1)家长站在自己孩子的前面,和其他家庭共同围成圆圈。

(2)在教师动作的示范和语言口令的提示下,家长和幼儿共同听A段音乐,在乐句的句末处,家长回头对着幼儿说"宝贝",合拍地和幼儿玩捉迷藏的游戏。

(3)在B段音乐时,幼儿原地不动,教师带领一名家长学习经过三名幼儿并站在第四名幼儿的前面,做找到新朋友的动作,鼓励幼儿与同伴的家长进行互动游戏。

(4)教师放慢速度清唱歌曲,带领家长和幼儿共同完成游戏,并用语言激励幼儿愿意和陌生的家长一起游戏,鼓励家长用自己的积极情绪感染幼儿,使得幼儿能够在面对陌生的家长时放松情绪。

(5)听音乐,在教师的带领下完成游戏。提醒幼儿在B段音乐处原地停下,指导个别家长正确地变换队形以及注意保持队形整齐。

活动延伸

在幼儿多次熟悉音乐及游戏玩法后,可以将家长的位置替换成幼儿,让幼儿和幼儿之间相互游戏,增强同伴间的交往能力。

温馨提示

1.动作说明:(A段音乐"我是小宝贝……乖乖的小宝贝")第1—3节跑步围着圆圈向前移动;第4小节家长回头对着幼儿说"宝贝";第5—16小节同以上动作组合。(B段音乐"爷爷他最疼我……乖乖的小宝贝")每4小节更换一个舞伴。

2.家长参与音乐活动,教师对其动作的质量不要有过高的要求,重要的是要鼓励家长参与到活动中去。

(案例提供:南京市北京东路幼儿园　方芳)

案例 我的老师像妈妈（中班）

设计意图

《我的老师像妈妈》是一首歌唱幼儿园教师的歌曲。歌词内容具体形象地描述了幼儿园教师的工作。歌曲旋律活泼欢快，表达了小朋友进入幼儿园后接纳幼儿园的教师，感受教师的关心和热爱就像妈妈一样。这样的情感教育对如今的独生子女，一个人受到家中六个大人的宠爱，无疑是一种全新的爱的教育。所以在这个教学活动中，教师要把学习的重点放在帮助幼儿了解、认识教师的工作，萌发幼儿对教师、对幼儿园的喜爱之情。

活动目标

1. 通过学习歌曲萌发幼儿爱教师、爱幼儿园的情感。
2. 学唱歌曲《我的老师像妈妈》，尝试用轻快、自然的声音演唱。
3. 借助照片了解教师的工作，理解、记忆歌词的内容。

活动准备

1. 班级三位教师的照片。
2. 教师和幼儿在一起唱歌、跳舞、画画、讲故事、做游戏的照片或图画。
3. 教师给幼儿擦鼻涕、喂幼儿吃饭、给幼儿穿衣等照顾幼儿的照片或图片。

活动过程

1. 出示班级三位教师的照片，引出谈话的主题。

指导语：照片上有谁呀？你还知道幼儿园有哪些老师？

2. 幼儿交流日常生活中对教师的观察，进一步认识教师的工作。

指导语：你看到老师在班上和小朋友一起做什么事情？你喜欢哪位老师，为什么？

3. 教师清唱歌曲，引导幼儿熟悉歌词。

指导语：在家里妈妈爱你们，在幼儿园里谁像妈妈一样关心你们呢？听听看歌里是怎么唱的？

4. 教师提问，帮助幼儿理解歌词。

指导语：你在歌中听到了什么？"我的老师"像什么？照片上的事情，哪些是歌里唱到的？

5. 教师范唱第二遍，帮助幼儿记忆歌词。

(1)指导语：你们找出来的照片都是歌里唱到的吗？仔细听老师再唱一遍，我们大家一起来看看。

(2)教师弹琴，放慢速度演唱第二遍，幼儿寻找和歌词内容一致的照片。

(3)指导语:刚才我们找出来的照片,都是歌里唱到的吗? 少了什么? 多了什么?

6. 教师带领幼儿学唱歌曲。

(1)教师弹琴演唱,幼儿跟学。

(2)教师引导幼儿发现第一句、第二句歌词与第三句、第四句歌词的特点关系。

(3)教师指导幼儿用接唱的形式,学唱歌曲的第一句至第四句歌词。

指导语:现在我唱第一句,你们接唱第二句;我唱第三句,你们接唱第四句。然后再交换,你们先唱第一句、第三句,我来接唱第二句、第四句。

(4)教师引导幼儿通过看照片,记忆歌词内容。

教师带领幼儿看照片,练习演唱第五句至第八句歌词。

7. 教师和幼儿一起完整演唱。

活动延伸

幼儿会唱这首歌以后,教师可以组织幼儿替换歌词,歌唱和自己生活在一起的家人,进一步萌发爱家人的情感。在演唱的方式上,幼儿可以采用领唱、齐唱的方式进行,也可以进行歌曲表演。

温馨提示

这首歌有几处休止符,教师在范唱的时候,要注意有意识地控制自己的声音。

歌 谱

我的老师像妈妈

(案例提供:南京市北京东路幼儿园 王树芳)

三、在一日活动和其他领域活动中建立安全型依恋关系

（一）在日常活动中建立安全型依恋的要求

安全型依恋是良好适应与调整的"指示器"，它预示着儿童以后对环境适应能力的顺利发展。因此，在学前儿童社会教育中，必须设法建立安全型依恋关系。

1. 父母要提高抚养质量，增强儿童的信任感和安全感

安全型依恋的形成有赖于父母的精心抚养。父母和孩子之间的"交互作用同步性"，被形象地描述为一种"情感舞步"，即父母对孩子发出的信号能在恰当的时间以恰当的方式做出反应。① 但一些父母在面对孩子哭闹等情况时往往会失去耐性，这样会给儿童心理带来很不利的影响，并影响儿童对父母的依恋程度，进而形成不安全的依恋类型。所以，父母要以科学的态度来理解孩子的需求，用足够的耐心和宽容来对待儿童，使他们在温馨的体验中对父母产生较强的信任感和安全感。只要抚养者能调整自己的行为以适应与满足儿童的各种合理需要，儿童大多会形成安全型依恋。

2. 父母应创造与儿童共处的机会，建立良好的亲子依恋关系

要建立良好的亲子关系，父母应创造与儿童共处的机会，并积极主动地关心、爱护儿童。父母要多花时间与孩子在一起讲故事、做游戏等，每天保证有一定的时间与孩子谈话和交流，以此来增进亲子间的相互理解，使亲子间的情感更加亲密与融洽。儿童可以在亲子交往中，体验到快乐和满足，从而与父母建立稳定的依恋关系。

3. 教师要公正地评价儿童，增加儿童对教师的信任和热爱

教师是学前儿童在幼儿园生活中的"重要他人"。儿童对教师的任何评价都会非常在意，但不同的依恋类型使儿童对教师评价的反应产生很大差异。安全型依恋的儿童倾向于把教师的表扬和批评归因于教师对自己的热爱和关心，因此他们在受到教师表扬时会洋洋得意、喜形于色；在受到批评时会感到内疚与惭愧，并积极努力地改正缺点，以期得到教师的再次肯定与赞许。不安全型依恋的儿童往往认为教师不喜欢自己，会产生高度焦虑的情绪。因此，他们受到教师批评时，不仅不改善自己的行为，反而产生更多的消极情绪；受到教师表扬后，他们又会对今后能否保持良好的成绩和行为产生焦虑。如果教师对儿童的评价不公正，他们就会对教师产生信任危机。因此，教师对儿童的评价要做到公正、公平，应充分考虑儿童不同的依恋类型，以是否有利于儿童行为的改善和个性的发展作为评价的准则，并明智地选择不同的评价方式和评价标准，从而赢得儿童的信任、理解和热爱，建立起积极的师幼关系。

① 张明红.学前儿童社会教育[M].上海：华东师范大学出版社，2007：53.

(二)利用各种教学活动建立良好的师幼依恋

1. 引入新异刺激转移幼儿注意①

幼儿在上幼儿园之前与父母朝夕相处,产生了强烈的依恋关系,这种关系使得孩子在幼儿园的新环境中感到焦虑和恐慌。在入园初期,我们常常可以看到有些孩子由于极度焦虑,很难和教师相处,只想要妈妈。这时,教师可以引入新异刺激转移幼儿注意。这里的新异刺激是指玩具和教师组织开展的游戏活动。"小班幼儿的无意注意明显占优势,新异、强烈以及活动多变的事物很容易引起他们的注意,对于自己喜爱的游戏和感兴趣的活动可以聚精会神地进行,但周围一有风吹草动就会受到干扰而分散注意,因而教师也很容易引导、转移他们的注意。"②一方面,幼儿园应该为新生班级配备更多的玩具,这些玩具应是比较新的和特别的,是幼儿比较少见的,能吸引幼儿的注意,乐于玩这些玩具;另一方面,教师要多组织有趣的游戏活动,使幼儿参与其中,把幼儿的注意从与家长分离的痛苦中转移出来。这些游戏活动包括两部分:一是在班级内组织的游戏活动;二是户外活动,因为户外的大型玩具是幼儿在幼儿园、游乐园之外较少见到的,幼儿很乐意在大型玩具上玩耍。

2. 教师可组织一些活动满足师幼交往的需求

3—6岁儿童的依恋对象逐渐从父母转移到教师身上,而且良好的师幼依恋关系能够对安全性较低的亲子关系起到一定的补偿作用。为了建立良好的师幼关系,教师除了要热爱、尊重和公正地对待每一个儿童,还可以适当提供一些个人信息给他们,满足儿童了解教师的需要,如开展"老师小时候的故事"的谈话活动。也可以引导儿童表达和传递自己的个人信息,满足儿童被关注的需要。

拓展阅读

巧妙缓解宝宝"依恋"③

第一招:给孩子一个独立游戏的空间。

建议你在家里腾出一个小房间,作为孩子的"游戏间"。如果家里腾不出一间小屋,那就建立一个"儿童游戏角"。总之,这是孩子的"领地",把属于他的玩具、小桌子、小椅子、图画书、画笔等都集中到这个"领地",让他在这里可以尽情地玩。

平时,你可以有意识地让孩子独立地玩,你只在暗地里注意他就行了。

---

①　黄志敏.小班幼儿新入园分离焦虑研究[D].桂林:广西师范大学,2007.

②　陈帼眉,冯晓霞,庞丽娟.学前儿童发展心理学[M].北京:北京师范大学出版社,1995:134.

③　曹杰.巧妙缓解宝宝"依恋"[J].婚育与健康,2011(9):15.

第二招：经常和孩子玩躲猫猫的游戏。

当孩子集中地玩玩具或游戏时，妈妈可以像玩躲猫猫游戏一样轻手轻脚地出现在孩子身边，让孩子感觉妈妈一直都在，这样儿童就能更安心地玩了。接着，你再悄悄地离开。久而久之，孩子就会逐渐习惯于与母亲的短暂分离。

第三招：让孩子陪你做家务。

你在操持家务时，不妨坐在地板上，给他一块抹布、几个塑料盘子或碗，让他帮忙擦拭这些碗、盘；你在清扫房间时，不妨让他帮你启动吸尘器开关。当你忙碌时，只要分配给孩子一个相应的"小任务"，让他有事可做，他就不会显得那么黏人了，而且还能让他体会到劳动的快乐。

第四招：多带他出去走走。

当孩子情绪烦躁，特别"依恋"你时，你可以带他外出走走，沿路指指点点，以此转移他的注意力、安抚他的情绪，并扩大他的视野。

第五招：做事前，专心陪孩子玩一段时间。

在你准备做饭或做重要的事情之前，不妨和孩子一对一地玩上半个小时。游戏时你要全身心投入，这样做后，他就不会老缠着你，不会让你做不了事了。

第四章　能与同伴友好相处

　　本章讨论儿童间的合作、协商、分享、交往,实际上是儿童个体与他人的关系问题,这也是当代社会倡导的主流价值。教师的教育方式更多地体现在促进儿童对相关行为方式认识的基础上,让儿童体验并掌握相关的行为规范,此外还要尽可能发挥家庭因素的作用。

第一节　儿童的合作行为与教育

一、学前儿童合作行为及其发展

(一)合作的含义

　　国际 21 世纪教育委员会在向联合国教科文组织提交的最新报告《教育——财富蕴藏其中》中,将"学会共同生活"作为未来教育的四大支柱之一。因此,探讨儿童合作发展的特点、规律及其影响因素,以更好地对儿童进行合作教育,并促进儿童社会性积极、健康地发展,具有重要的理论和实践意义。[①]《心理学大辞典》中指出"合作是为了共同的目标而由两个以上的个体共同完成某一行为,是个体间协调作用的最高水平的行为"。

　　国内研究者认为,合作是两个或两个以上的个体为了实现共同目标而自愿结合在一起,通过相互间的配合和协调(包括言语和行为)实现共同目标,最终使个人利益也获得满足的一种社会交往活动。从合作的结构成分上分析,合作由合作认知、合作情感、合作技能和合作行为四个主要部分组成。合作认知、合作情感、合作技能与合作行为相互依存、相互作用,共同构成合作的整体。

　　合作是个体重要的社会交往活动,也是个体社会性发展的重要组成部分。而儿童时期正是个体合作能力与品质形成和发展的关键时期,良好同伴合作关系的

---

　　① 　陈琴,庞丽娟.论儿童合作的发展与影响因素[J].教育理论与实践,2001(3):43—47.

建立和发展,能为儿童将来成功地适应社会生活奠定良好的基础。[①]

因此,在幼儿园教育过程中,合作不只是教学方式,还是一种生活态度。首先,合作学习的重点不是强调学习知识,而是将其视为一种价值观,注重受教育者合作品质的培养、合作精神的养成;其次,合作学习不只是把合作视为一种简单的学习方法,而且还将其视为一种学习内容,也就是说合作的过程就是一个学习的过程;第三,合作不只是师生交往,还是一种资源共享。[②]

(二)学前儿童合作行为的发生与发展

据国内外相关研究表明,合作行为的出现频率在幼儿各类社会行为中所占比例最高,但是在关于幼儿合作行为发生发展的具体时间进程上,各研究者又有不同的见解。

1. 儿童合作行为的发生

关于幼儿合作行为发生的时间问题,主要有以下几种观点:

(1)18—24个月是幼儿合作能力开始出现且迅速发展的时期。有学者认为,更多孩子将会在一岁以后与父母进行合作游戏,而一岁以前就与父母进行合作游戏的孩子数量较少。据海伊(Hay)关于儿童与父母的合作游戏这一研究发现,8—12个月的孩子很少会参与父母的合作游戏,而绝大多数18—24个月的儿童会参与父母的合作游戏。另有研究也证实了大多数24—30个月大的幼儿不仅能够重复性地解决合作问题,而且能够相互协调,围绕任务采取相应的配合行为。[③]艾克曼和戴维丝等人的研究也表明,绝大多数18—24个月的儿童出现了合作游戏,他们比学步儿表现出更多的与同伴或成人间的合作(Eckerman&Davis & Didow,1989;Mina,1994)。Brownell发现24个月的同龄伙伴能够互相协调行动以达到目标,而18个月的儿童则比较困难,2岁以后儿童能更有效地进行社会性交往,更经常地进行合作游戏。[④]

(2)国外不少研究者也认为在2—6岁各年龄段都有合作行为存在,但合作在4岁左右发展最快,而在其他时期则相对平缓(Garnier&Latour,1994)。[⑤] 4岁以前幼儿的合作还不算是真正意义上的合作,幼儿真正的合作行为始于4岁。帕顿发现2—3岁的幼儿可以分开玩玩具,但靠得很近,有时还一起谈话,不过这种游戏方式从本质上而言仍然只是一种平行游戏。随着年龄的增长,4—5岁幼儿之间不仅互动明显增多,而且可以协调行动以达到共同目的,平行游戏逐渐发展为真

---

① 陈琴.4—6岁儿童合作行为认知发展特点的研究[J].心理发展与教育,2004(4):14—18.

② 石丽娜.3—6岁幼儿合作学习的水平与特点研究[D].长春:东北师范大学,2007.

③ 崔丽莹.幼儿合作行为的发展与影响因素研究述评[J].学前教育研究,2010(4).

④ 方晓义,王耕,白学军.儿童合作与竞争行为发展研究综述[J].心理发展与教育,1992(1):38—51.

⑤ 陈琴,庞丽娟.论儿童合作的发展与影响因素[J].教育理论与实践,2001(3):43—47.

正意义上的合作游戏。① 5—6 岁的儿童已有了一定程度的合作意识,在游戏中能够考虑到对方小朋友的利益和感受,但儿童由于存在自我中心性,只在自己的利益不受损害的基础上才会考虑对方的利益。②

(3)7 岁以后儿童才学会真正意义上的合作。真正意义上的合作,首先是大家普遍强调共同目标;其次,强调合作个体间的相互配合和协调。只有依靠个体间的配合和协调才能实现共同目标。那种缺乏个体间配合和协作的共同工作,并不是真正意义上的合作。合作的另一重要本质特点就是个体目标和群体目标的同一性。在合作中,在实现共同目标的基础上使个体目标也获得实现,因此共同利益的获得同时意味着个体利益的满足。共同目标、个体间的配合和协调以及群体目标和个体目标的一致性是合作的主要特征。③ 还有研究者认为,6—7 岁儿童的合作行为基本处于简单配合阶段。6 岁儿童虽然能够指出合作的伙伴,但还缺乏对合作目的、合作利益的认识,而且在活动前能够进行有效商量的很少,即使是简单商量了,也常受情境的影响,不能坚持按照所商量的方案去做。可见,6 岁儿童还没有形成真正的合作。④

2. 儿童合作行为的发展

(1)关于儿童合作行为发展的"量变"观点

关于幼儿合作行为的发展,帕顿对 2—5 岁儿童所做的经典研究证实,很小的儿童常常做平行性游戏。随着年龄的增加,儿童会做出更多的合作性游戏,可以协调行动,以达到共同的目的。⑤ 国内研究者李幼穗等人通过对幼儿园中班、大班及小学一、二、三年级儿童进行的研究表明,随着儿童年龄的增长,合作行为越来越多,且合作水平越来越高,而竞争行为逐渐减少。⑥ 但是卡根(Kagan)和马德森(Madsen)发现在"围方阵"的任务中 4—5 岁的儿童比 7—8 岁的儿童更容易合作;马德森(Madsen)发现在"拔河比赛"中,4—5 岁的儿童比 7—8 岁的儿童或 10—11 岁的儿童更容易合作。在早期"二人对阵"和"卡车竞赛"的实验研究中发现,随着竞赛的进行,选择合作的人越来越少,而选择竞争的人越来越多。⑦

(2)关于儿童合作行为发展的"质变"观点

国内研究者陈琴、庞丽娟等人的研究表明,随着年龄的增长、教育的影响和社

① 崔丽莹.幼儿合作行为的发展与影响因素研究述评[J].学前教育研究,2010(4).

② 谢晓非,孔瑞芬,陈曦,等.儿童合作倾向与家长价值观[J].心理科学,2000(6):699—703.

③ 庞丽娟,陈琴.论儿童合作[J].教育研究与实验,2002:52—57.

④ 高秀芝.6—11 岁儿童合作行为发展趋向研究[J].天津师范大学学报(社会科学版),1992(1):31—34.

⑤ 杨丽珠,吴文菊.幼儿社会性发展与教育[M].大连:辽宁师范大学出版社,2000:158.

⑥ 李幼穗,张丽玲,戴斌荣.儿童合作策略水平发展的实验研究[J].心理科学,2000(4):425—430.

⑦ 喻小琴.幼儿同伴合作行为研究[D].西安:陕西师范大学,2007.

会交往经验的逐渐积累，儿童的合作逐渐发展，其合作认知、合作情感、合作技能和合作行为各方面水平将会有所提高。另一些研究也发现，与年幼儿童相比，年长儿童间合作的目的性、稳定性逐渐增强，他们更多地会为了实现共同目标而努力。其合作范围不断扩大，从两人之间的合作发展到三四人乃至更多人之间的合作(Johansson,1980；陈雅筠、郭忠玲,1993)。合作行为表现多样(Cook,1985；Handel,1989)。合作解决问题的策略如通过交谈进行协商的能力不断提高，他们能更为灵活地运用询问、反馈等方式加强彼此间的交流与沟通，从而使合作解决问题的有效性逐渐增强(Richard,1993)。但也有研究者指出，年龄的增长并不是影响儿童合作发展的一个必然因素，儿童的合作行为并不随年龄的增长而增加，有时年幼儿童比年长儿童更容易合作(Strein,1986)。[①] 国内还有研究者通过交往过程中的合作意向、调解角色关系的合作态度、解决问题的合作技能等三个方面进行分析，将儿童的合作发展水平由低到高分为：意向性合作、自发性协同、适应性协同、组织化协作等四级水平。[②]

(三)影响学前儿童合作行为发展的因素

影响学前儿童合作行为发展的因素，主要可以分为以下四个方面：

1. 儿童自身的因素

(1)智力发展水平

麦德森发现智力发展水平较低的幼儿比正常幼儿更倾向于合作；安德森发现智力水平中等的幼儿合作水平明显高于低智商与高智商幼儿。[③] 可见，幼儿的智力发展水平会对幼儿的合作行为产生一定的影响。

(2)社会交往技能

迈兹和库克的研究发现，儿童解决人际问题策略的数量和质量与其合作水平存在明显相关(Mize & Cox,1990)。那些在面对人际交往问题时能够更多地提出解决问题的策略或策略的有效性更强的儿童，其合作性也更高。[④] 幼儿在社会化过程中，其社会交往技能越高往往能更好地与他人合作。

(3)言语水平

由于幼儿语言发展还处于初级阶段，所以其表达能力会对合作活动产生必然的影响。良好的言语表达能力有利于让合作者更明确地理解自己的意图，能更好地沟通与交流，对促成合作目标的实现起到积极的作用。

---

① 陈琴,庞丽娟.论儿童合作的发展与影响因素[J].教育理论与实践,2001(3):43—47.

② 曹中平.社会角色游戏中幼儿合作行为的观察研究[J].现代教育研究,1994(1).

③ 崔丽莹.幼儿合作行为的发展与影响因素研究述评[J].学前教育研究,2010(4).

④ 陈琴,庞丽娟.论儿童合作的发展与影响因素[J].教育理论与实践,2001(3):43—47.

（4）性格、情绪特征

马库斯发现活跃开朗、积极主动、充满自信与爱心的儿童能更经常地与人合作；而性格内向、消极被动、依赖性强的儿童往往不善于与人合作。[①] 性格外向开朗的幼儿更容易吸引同伴与自己进行合作，更易让人产生与之合作的意愿。

2. 幼儿园的因素

（1）幼儿活动中的奖励机制

在幼儿园活动中，如果活动伴有奖励机制，并且要求幼儿只有在共同合作完成任务之后才能获得奖品的话，幼儿会表现出更多的互助合作行为；如果活动中的奖品数量有限，只有表现好的儿童才能获得的话，幼儿会表现出更多的竞争行为。如果同样是要求幼儿共同合作完成某任务，有奖励机制的活动与没有奖励机制的活动相比，前一种情况下幼儿的合作积极性更高。

（2）教师的教育观念及方式

教师对待幼儿合作行为的态度、所持的教育观念以及开展活动的方式，都会对幼儿合作行为的发展产生一定的影响。当教师对幼儿合作持积极的态度时，幼儿的合作行为得到鼓励，行为得到强化，从而增加合作行为的频率，在开展合作行为的过程中，其社会化进程也得以推进。同时，活动组织方式也起到重要作用，这关系到活动过程中教师是否提供给幼儿发展合作行为的时间与机会。

3. 家庭的因素

（1）父母的工作价值观

父母的工作价值观对儿童的合作行为倾向有一定影响。皮尔森（Pearson）相关检验结果表明，不合作组儿童的合作行为倾向与其父母的工作价值观相关，主要反映在管理价值、经济利益价值和审美价值上。其中，与管理价值和经济利益价值呈负相关，与审美价值呈正相关。[②]

（2）亲子关系

克恩和巴尔特等人研究发现，儿童的依恋类型与其合作行为间存在正相关，安全型依恋儿童的合作性较强（Kern&Barth,1995）。即父母与儿童间形成良好的亲子关系，更有利于幼儿社会性的发展，更有利于幼儿合作行为的实施。[③]

（3）家庭结构

当今社会，在少子化的时代背景下，幼儿由于缺乏同伴合作交往的对象，因而同伴合作交往的平台较少。他们在家庭中往往更多的是与长辈进行合作，因此合作的方式

---

① 庞丽娟，陈琴.论儿童合作[J].教育研究与实验,2002(1):52—57.

② 谢晓非，孔瑞芬，陈曦，等.儿童合作倾向与家长价值观[J].心理科学,2000(6):699—703.

③ 陈琴，庞丽娟.论儿童合作的发展与影响因素[J].教育理论与实践,2001(3):43—47.

方法及合作的内容会受到相应的影响,从而对幼儿合作行为的发展产生一定影响。

（4）家长的教育方式

幼儿在实施合作行为时,家长的鼓励和肯定将会使幼儿更乐意进行下一次合作。同时,家长是否授予幼儿合作的方式方法,是否为幼儿创建合作平台,是否积极参与幼儿的合作等,都将影响到幼儿合作行为的发展。

4.社会文化背景的因素

一些比较研究发现,中国孩子比加拿大孩子更富有合作性,肯尼亚乡村的儿童比美国城市的儿童合作更为密切(Orlick&Partington,1990)。这可能是因为中国自古就重视对儿童从小进行友好、谦让、协商、合作等教育;而与城市相比,乡村人与人之间的合作更为密切一些,而且在乡村的文化中,对竞争的要求也相对低一些。[①]

二、幼儿园合作活动目标与设计

(一)幼儿园合作活动的目标

幼儿的合作是以幼儿的身心发展水平为基础的。刚入园的幼儿还处在适应幼儿园生活的阶段,处在相互熟悉的阶段,合作的可能性比较小。但到了中班、大班以后,幼儿园的共同生活为幼儿间的合作提供了可能。根据幼儿的身心发展水平与社会对幼儿的要求,幼儿园合作活动的目标如下:

中班:会运用介绍自己、交换玩具等简单技巧加入同伴游戏。

大班:能想办法吸引同伴和自己一起游戏。活动时能与同伴分工合作,遇到困难能一起克服。

(二)幼儿园合作活动的设计

幼儿间的合作贯穿幼儿的生活与学习活动中,倡导幼儿间的合作,需要教师捕捉到相关的情境,引导并鼓励幼儿的合作。但合作活动是可以作为预先设计的活动而存在的,即通过教师的讲解,或对相关情境的预设,增加幼儿间的合作机会,如案例"太阳花"就是为幼儿设计的合作活动。

案例　太阳花(中班)

设计意图

《幼儿园教育指导纲要》指出:"在幼儿生活、学习、游戏中,形成初步的合作意识。"在幼儿园的日常生活中,幼儿一起游戏、学习的机会是很多的,如:拼图、搭积木、作画、玩娃娃家等。我们要充分利用这些机会,让幼儿在活动实践中增强合作

①　陈琴,庞丽娟.论儿童合作的发展与影响因素[J].教育理论与实践,2001(3):43—47.

意识,学会从小与人合作,逐步提高合作能力,体验合作的乐趣。此次社会活动就是要引导幼儿在以绘画为载体的活动中,主动寻找好朋友,相互协商、互相配合、分工合作,并使他们意识到相互不断沟通、讨论,才能使合作更愉快。在这样的合作游戏中,孩子对同伴的了解更深,也会更加喜欢和同伴一起合作解决问题。

活动目标

1. 学习用手掌朝着各个方向压印花瓣。寻找朋友,两两合作进行太阳花的绘画造型活动。

2. 合作过程中,在观察同伴手掌的压印方向的基础上,调整自己手掌压印的方向。

3. 探索太阳花制作的步骤,明确合作的方法,对自己的行为有一定的计划。

活动安排

时间:午睡后。

地点:教室。

方式:小组。

活动准备

1. 经验准备:有用手掌压印画的经验。

2. 物质准备:各色水粉颜料、刷子、画画纸。

活动过程

1. 教师出示范例,幼儿先探索再总结太阳花的绘画方法。

(1)幼儿猜测太阳花的特别之处。

指导语:看,今天老师带来了一幅画,你们发现这幅画有什么特别之处吗?(幼:花瓣都是用手印出来的。)

(2)幼儿与教师共同讨论太阳花的绘画方法。

指导语:那你们知道这朵"太阳花"是怎样印出来的吗?

教师引导幼儿说出第一步怎样做?第二步怎样做?第三步、第四步又怎样做?每次压下去之后要注意什么?幼儿迁移手印画的经验,说出方法。

教师总结:先把整个手掌放在颜料盘里,让颜料染在手掌上,然后将手掌完全印在纸上。注意每印一次,都要用没有颜料的手压在有颜料的手上,好让颜料完全印在纸上。印好一片花瓣后,轻轻将手抬起来,再重复刚才的方法印出第二片、第三片花瓣,直至将太阳花完整印出。

2. 幼儿用两两合作绘画的方法,尝试解决合作中有可能遇到的问题。

(1)幼儿尝试找朋友进行合作。

指导语:今天两个小朋友合作,一起来画"太阳花",你们现在想一想,可以在哪些方面进行合作?

（2）教师反馈并提升幼儿的想法。

教师小结：刚才小朋友讲到了，两个人可以在卡纸的不同地方印出太阳花，一人一朵花；还可以两个人合作共同完成一朵花，你印一下，我印一下，大家轮流印；还可以是一个人一种颜色，这样印出来的花瓣颜色就是相间的。

（3）预想问题，尝试提出一些解决问题的方法建议。

指导语：太阳花的花瓣是朝着不同的方向，那我们的手在纸上应该怎样印呢？花有花瓣、花茎、花叶，那两个人又要怎样印呢？

（4）给幼儿时间讨论，让幼儿从中发现问题，教师帮助幼儿共同解决。

3. 教师分发卡纸，播放轻松的背景音乐，幼儿找到好朋友合作印画。

指导语：现在，你可以找一个好朋友，手牵手来印画咯！

4. 分享和展示作品，重点围绕怎样合作进行分享。

（1）幼儿谈论对同伴作品的想法。

指导语：今天小朋友两两合作完成了这幅《太阳花》，现在作品都展示在这里了，你们觉得怎么样？

（2）幼儿分享合作作画中遇到的问题及解决问题的方法。

指导语：谁来说说，你们在作画时，遇到过什么问题，又是怎样解决的？

（案例提供：南京师范大学附属幼儿园　季骏）

案例　老鼠和小鸟（中班）

设计意图

这个简单的小故事中有一个明确的主题——只有不同角色分工的朋友在一起合作才能快乐地生活。教师通过这个故事的讲述，帮助幼儿形成初步的分工概念，同时引导幼儿尝试在各自的角色游戏中进行合理的分工，丰富幼儿的游戏经验，使幼儿享受活动中分工合作的快乐。

活动目标

1. 通过欣赏、熟悉故事的内容，使幼儿理解童话中主要人物的特征和各自的长处。

2. 通过对作品的分析和了解，丰富幼儿有关分工的经验，使幼儿学会在游戏情境中分工合作。

3. 使幼儿能快乐地与同伴交流自己的想法。

活动过程

一、教师谈话，引出活动内容。

指导语：你们知道老鼠和小鸟各有什么本领吗？今天的故事说的是老鼠和小

鸟一起生活时发生的事。

二、教师讲故事,幼儿倾听、理解故事内容。

1. 教师完整讲述童话。

指导语:故事里讲述了一件什么样的事?

2. 教师引导幼儿理解两个小动物不同的特点和长处,他们适合做不同的工作。

指导语:(1)老鼠和小鸟一开始怎样分工?

(2)老鼠为什么想要换工作?换了工作以后老鼠觉得更舒服了吗?为什么?

(3)小鸟遇到了什么问题?它适合什么工作?

三、教师再次讲述故事,让幼儿学习复述故事。

1. 集体分角色表演故事。

指导语:这次我讲故事的时候,请男孩子来演小老鼠,女孩子演小鸟。

2. 请个别幼儿表演故事。

指导语:我们一起来讲故事,请××小朋友扮演小老鼠,××小朋友扮演小鸟,轮到他们对话时,其他小朋友要停下来,听他们说。

四、教师引导幼儿根据故事主题进行讨论。

指导语:老鼠和小鸟为什么不能换工作?在选择角色游戏时,你是怎么选择自己的游戏内容的呢?会考虑自己的长处吗?你有什么长处?你和好朋友在游戏中是怎样分工的?

活动延伸

用海报的形式记录幼儿在游戏中分工的情况,并在游戏的评价中让幼儿不断积累分工的经验,讨论分工的方式,在活动过程中进一步加深对分工合作的理解。

故事内容

老鼠和小鸟

森林里,老鼠和小鸟住在一起。每天早上,小鸟飞去很远的地方拾柴,老鼠就在家里烧饭,等小鸟回来时,香喷喷的饭菜已经端到桌子上了。

一天,老鼠想:天天烧饭真是又脏又累,不如去拾柴,多轻松呀!小鸟也想:烧饭才轻松呢,哪像拾柴,要跑那么远的路!于是这两个朋友交换了工作。

小鸟刚把柴点着,吹来一阵风,把火吹灭了,冒出滚滚的浓烟,小鸟被烟熏得直流眼泪。更糟糕的是,第二次点火的时候,小鸟的翅膀也被火烧着了,打了好几个滚儿才把火熄灭。小老鼠呢,就更惨了,走了很多路,才拾了一小捆柴,脚上还走出一个泡。晚上,小老鼠回到家,看到翅膀烧伤的小鸟,伤心地哭了。

从此以后,老鼠和小鸟再也不交换工作了。老鼠天天开心地做饭,小鸟依然快乐地飞去拾柴。

(案例提供:南京市游府西街幼儿园   郑姗姗)

案例　千人糕(大班)

设计意图

《千人糕》是一个有趣的民间故事。故事阐述了制作食物复杂辛苦的过程,有助于幼儿明白尊重他人劳动成果、爱惜粮食的道理。故事中动物们对"千人糕"的热烈讨论和期待,充分满足了幼儿的好奇心和喜欢想象的心理。出乎意料的结果增强了故事的趣味性,成功地制造了悬念,把幼儿的注意力转移到兔妈妈的解释上,让他们对这种食物产生新的认识。理解对"千人糕"的两种解释是教学的重点。

活动目标

1. 大胆推测和想象"千人糕"的含义,理解动物们的想法和心情。

2. 了解蛋糕的制作过程,理解"千人糕"的真正含义。

3. 理解食物的来之不易,学会尊重他人的劳动成果,形成爱惜粮食的意识。

活动准备

故事图片、幼儿每人一本故事书。

活动过程

一、围绕"过生日"的话题,激发幼儿原有经验。

指导语:你们过生日的时候会吃蛋糕吗?我们今天要讲的故事中也有小动物想吃蛋糕,不过这个蛋糕很特别!你们听说过"千人糕"吗?猜猜"千人糕"会是什么样子?

二、分段阅读故事,帮助幼儿理解、建构故事内容。

1. 妈妈要帮小兔做一个什么样的蛋糕?

2. 图文结合,理解故事的真实含义。讨论千人糕是什么样的?既然不是"一千个人吃不完的大蛋糕",为什么又叫"千人糕"呢?

3. 理解"千人糕"真正的含义。讨论做蛋糕要经过哪些过程?"千人糕"真正的意思是什么?

三、教师完整阅读文本,幼儿倾听并学习讲述部分内容。

1. 请幼儿分辨不同角色的声音和语气。

2. 教师逐页阅读,幼儿复述。

3. 梳理故事内容,教师在重点段落留白处请幼儿叙述。

四、幼儿阅读故事书,尝试自己讲述故事。

1. 鼓励幼儿自己讲述、理解故事内容。

2. 鼓励幼儿丰富故事情节。

指导语:小动物们过来了,大家一边吃冰激凌一边等"千人糕"的时候,会怎么说?大家是怎样一起吃"千人糕"的?

3. 从小白兔的角度展开讨论。

指导语：小白兔一开始知道"千人糕"是什么样子吗？和其他小动物分享食物时，小白兔会怎样向好朋友们介绍"千人糕"呢？

五、活动小结。

教师小结：为什么小小的蛋糕会叫"千人糕"？因为任何物品都是由集体劳动创造出来的。我们也可以合作完成属于我们的"千人糕"。

活动延伸

教师可以提供材料，请幼儿分组合作，制作泥工——"千人糕"，在区角活动中制作、展示。尽量发挥幼儿分组合作的能力，引导幼儿进一步体验合作的乐趣。同时，与美术领域相互渗透，激发幼儿的创作热情。

故事内容

千人糕

小兔贝贝想吃蛋糕，妈妈说："我做一个千人糕请你吃，好吗？"

"千人糕？"小兔贝贝惊讶地看着妈妈，"那得有多大呀？我一定要多吃点！"

妈妈笑着说："你知道蛋糕是用什么做的吗？"

小兔贝贝说："面粉、牛奶、鸡蛋……还有蜂蜜。"

"那面粉又是哪里来的？"

"农民伯伯种出的小麦，然后磨成了面粉。"

"牛奶是从哪里来的？"

"牛妈妈挤出了牛奶，送到牛奶加工厂，加工好了运到超市，我们从超市买回来的。"

"贝贝答对了！做蛋糕要用到很多东西，每样东西都要很多人的努力才能完成！"

小兔贝贝这才明白："我知道了！千人糕不是给一千个人吃的蛋糕，而是因为一块蛋糕里有许多人努力工作的成果，大家一起合作才有了一块好吃的蛋糕。"

小兔贝贝快乐地和妈妈一起搅拌面糊，准备做一个好吃的千人糕！还要请许多小动物一起来吃，把自己的快乐赶紧和朋友们一起分享。

（案例提供：南京市游府西街幼儿园　郑姗姗）

案例　我的幼儿园(大班)

设计意图

幼儿已在日常活动中进行过两两合作的活动，如：合作绘画、合作舞蹈、一起做造型灯等。在这次的活动中，师幼尝试认识和探索生活中建筑物的造型特点，用积木建构的方法表现出来,于是"我的幼儿园"的建构主题应运而生。"幼儿园"对于幼儿来说非常熟悉,是幼儿的第二个"家",对于它的外形特点,教师可以进行有针对性的引领,鼓励幼儿在留心观察的基础上,把握幼儿园的整体特点与布局,充分发挥想象力。

活动目标

1. 学习用积木建构的方式大胆表现幼儿园主体建筑物的整体结构。

2. 在观察的基础上,幼儿参与讨论,感受幼儿园的布局特点,并尝试与同伴分工合作共同完成建构作品。

3. 体会与同伴合作游戏带来的乐趣及建构作品完成时带来的成就感。

活动安排

时间:角色游戏时间。

地点:教室。

方式:小组。

活动准备

1. 经验准备:幼儿在散步活动时,有针对性地欣赏过幼儿园的结构与布局。

2. 物质准备:清水积木若干。

活动过程

1. 回忆散步情景,了解幼儿园的布局与结构特点。

(1)了解幼儿园布局。

指导语:昨天我们在散步时参观了幼儿园,谁来说一说幼儿园里有些什么?(教室主楼、操场、小花园等)

(2)师幼共同讨论各部分的特点。

指导语:①主楼是什么样子的?有几层?每一层里有什么?如果我们用积木来表现可以用些什么形状的积木呢?

②小朋友会在操场上做什么?操场上有什么?(滑梯、攀登架、花坛等)如果请你用积木搭滑梯,可以怎么搭?(个别幼儿示范,幼儿尝试用不同形状的积木表现造型。)

③除了用长方形的积木来做滑梯的梯子,还可以用哪些形状呢?(三角形、正方形、半圆形等)

2. 迁移幼儿已有的小组合作经验,讨论小组合作方法。

(1)幼儿商量确定合作建构的主题。

指导语:今天,要请小朋友们分小组合作完成"我的幼儿园",你们准备"搭建"幼儿园的哪些地方呢?

(2)小组分工,尝试建构。

指导语:今天,在大家小组合作"搭建"我们的幼儿园前,应准备怎么分工合作

呢？谁做什么事情呢？

3. 幼儿小组合作建构游戏，教师要不断关注幼儿的合作状况，并做适当地引导。

4. 游戏结束后，幼儿分组欣赏合作完成的作品，了解并反思合作中遇到的问题与收获，体验作品完成后的成就感。

指导语：(1)今天你们"搭建"的幼儿园真漂亮！请各小组代表来介绍一下你们组的作品吧！

(2)合作时你们遇到了什么问题？你们又是怎样解决的？

活动延伸

在进行建构活动"我的幼儿园"的基础上，发挥想象，以小组合作的形式，用积木建构"我设计的幼儿园"。

领域渗透

1. 语言领域：在活动结束后，可将幼儿作品进行保留与展示，在饭前的安静活动时间里，鼓励幼儿大方地介绍自己的作品。

2. 美术领域：幼儿在欣赏自己建构的作品的基础上，以"幼儿园"为主题，进行绘画活动。

温馨提示

在这个活动中，教师重点关注了幼儿主动发现问题与解决问题的能力。即使幼儿曾有过初步的合作经验，在合作完成作品时，仍然会遇到许多问题与困难，幼儿往往会因为想法不一致、分工不明确等原因而导致无法更好地合作，从而影响活动效果。在幼儿出现问题时，教师的作用是在观察与发现问题的基础上，引导幼儿换位思考，鼓励幼儿找到问题的原因，学习小组讨论，明确分工，自主解决问题，从而体验与同伴合作活动时的快乐和作品完成后的成功感。

(案例提供：南京师范大学附属幼儿园　蒋倩)

三、在生活与其他学科教学活动中促进儿童合作

合作能力作为幼儿的一种社会行为技能，对幼儿合作能力的培养，有利于加快幼儿的社会化进程，提高幼儿的自我发展能力和综合素养，以及促进儿童人格的全面发展。因此，幼儿园教师与家长应将儿童合作能力的培养纳入教育内容之中。

(一)家庭生活

家庭是幼儿成长的第一环境，也是幼儿成长的第一所学校，父母是孩子的第一任教师。[①] 因此，家庭教育方式对幼儿合作能力的培养关系密切。在家庭生活

---

① 　但菲.幼儿社会性发展与教育活动设计[M].北京：高等教育出版社,2008:127.

中,家长可通过榜样示范、行为互助、亲子游戏等等,对幼儿进行合作能力的培养。让幼儿在和谐的家庭环境和氛围中,树立参与意识和互助意识,并通过实践活动使其合作能力得到发展,从而促进幼儿的社会化向良好的方向发展。

(二)幼儿园社会教育活动

幼儿园社会教育是以促进幼儿的自我意识、增进幼儿的社会认知、激发幼儿的社会情感、引导幼儿的社会行为、提高幼儿的社会适应能力、培养幼儿的良好道德品质为主要内容的教育。[①] 幼儿园社会教育活动是培养幼儿合作行为的沃土,教师可借助幼儿的社会性教育课程和活动,对幼儿进行合作行为的教育。例如在社会教育活动中,给幼儿讲"一根筷子容易被折断,一把筷子不容易被折断的哲理"等等,使其知晓合作的必要性,帮助幼儿从小树立合作的意识。

(三)幼儿园社会教育活动以外的其他活动

幼儿园社会教育活动以外的其他活动是指教师对幼儿进行的健康教育、语言教育、科学教育、数学教育、音乐教育、美术教育以及一系列非正式的教育活动,包括幼儿游戏、穿衣、吃饭、排队如厕等时间所进行的教育。除社会教育领域以外,教师还可以在其他领域教学活动中,渗透合作行为的知识,并进行积极引导。在此过程中,教师可通过引导幼儿进行同伴间或师幼间的合作,来提高幼儿的合作意识和能力,积极促进幼儿合作行为的发生。还可通过拔河游戏以及在其他一些班集体的团体游戏和活动中,培养幼儿的合作能力。此外,幼儿在日常活动中发生的一些随机事件、突发事件,也是教师指导和培养幼儿合作行为的契机。

因此,幼儿教师与家长可以积极通过多种途径,强化幼儿的合作意识,培养幼儿的合作情感,帮助幼儿学习合作交往的方法,同时为幼儿合作交往能力的培养提供机会,从而促进幼儿合作行为更好地发展。[②]

第二节　儿童的协商与教育

一、儿童协商行为

(一)协商行为的含义

《现代汉语词典》(第7版)对协商的解释是:"共同商量以便取得一致意见。"社会心理学家罗格·克拉克认为协商是人们之间处理问题的一个过程,在这个过程

① 但菲.幼儿社会性发展与教育活动设计[M].北京:高等教育出版社,2008:123.
② 沈筱梅.幼儿合作交往能力培养的研究[M].上海教育科研,2005(7):85—86.

中人们期望获得一致意见并能赞成一种行为。①

从政治学的视角来看,协商的基础在于自主权原理。人们都倾向于尽最大的努力争取他们所期望拥有的东西,或者保护和提高他们已经拥有的东西的价值。像成人一样,儿童有需要、愿望和思想观点,他们会努力获得他们想要的东西,他们能理解、权衡和形成对强制和不可能性的认识。②

在儿童的生活中,协商对象主要有同伴、教师和家长,而在这三者中,同伴往往是最为主要的协商对象。阿得勒将协商结果概括为四种:满足一方,经过协商只有一方达到自己的目标;双方受损,尽管没人愿意有这样的结果,但有时这种结果的确存在,这是因彼此都想胜过对方所致;彼此妥协,当双方讨论的资源有限或缺乏时会产生这样的结果;互惠,这样的讨论结果会令所有协商者感到满意,前提是协商双方的目的相似或相同,关键是协商者要将关注的焦点放在解决问题上。③

(二)儿童与他人之间的协商

1. 儿童与同伴之间的协商行为

研究者认为,儿童与同伴之间的协商行为是指儿童与同伴之间彼此交流信息,相互协调观点、意图和需要,试图达成一致意见的行为过程。皮亚杰认为儿童的相互讨论和思想的交流代替了年幼儿童之间简单的互相模仿,使其人格得到了发展。④

儿童在与同伴交往的过程中,难免会发生一些冲突。冲突的解决能力是儿童与同伴交往中的一项非常重要的社会技能,其水平高低直接影响到儿童与同伴关系的质量和社会适应状况。如果冲突以双方协商、合作的方式解决,那么在冲突解决的过程中,儿童能逐渐学会考虑他人的观点和需要,学会谦让、协商、互助与合作,提高社会交往能力。反之,如果冲突以强制或攻击的方式解决,那么这些冲突的发生对儿童的健康发展只会起到消极的影响。近年来,国内外许多学者从冲突解决策略取向的维度出发对儿童与同伴冲突问题的解决进行了研究,研究均表明影响个体采取何种问题解决策略的因素有很多,比如家庭、文化传统、个性特点、性别差异以及冲突双方的亲密程度等,这些都会影响到解决策略的应用。

教师对幼儿间的冲突要合理引导,在协助解决幼儿矛盾冲突的过程中,教育幼儿在不损害别人利益的前提下,敢于和善于保护个人正当权益不受侵犯。⑤ 一般来说,受欢迎儿童往往更多地采取协商和折中策略,策略的使用更加成熟并且较

① 李宝庆、靳玉乐.协商课程及其后现代本质[J].高等教育研究,2009(2):74—79.
② 陈莉.幼儿同伴协商行为研究[D].南京:南京师范大学,2003.
③ 李宝庆、靳玉乐.协商课程及其后现代本质[J].高等教育研究,2009(2):74—79.
④ 皮亚杰.儿童的道德判断[M].济南:山东教育出版社,1984:393.
⑤ 黄蕙兰.正确处理幼儿之间的冲突[J].黑龙江教育,1994(1):91—92.

少具有攻击性,而被拒绝儿童的冲突解决策略往往最不恰当。[①]

同伴协商行为事件都是由特定的主题、策略和结果构成,根据这三个维度可以将同伴协商行为划分成几种类型。根据主题可以将协商分为:指向物体的协商和指向观点的协商。根据协商者使用策略的出发点可以将协商分为:基于单方利益的协商和基于双方利益的协商。根据结果可以将协商分为:双赢式结果的协商、让步式结果的协商和失败式结果的协商。[②]

2. 儿童与教师之间的协商行为

在幼儿园中,幼儿与教师之间的协商行为也较为常见。当同伴间发生冲突时,教师会进行干预。当教师的建议与幼儿的本意不相符时,师幼间为达成一致意见就要进行协商;当幼儿想实施某种行为,或想获取某物,或幼儿的意愿没有得到教师的准许时,若幼儿想坚持自己的意愿就会与教师进行协商;当幼儿想让教师降低任务或目标难度使其能更轻易获得奖励,或犯下错误为了逃避、减轻惩罚时,也常常会与教师进行协商。

在传统教育中,由于师幼地位不平等,在教育过程中幼儿的主体性地位常常被忽视。教师在教育过程中,通常是以传授者的姿态出现,一味地向幼儿灌输和传递知识,而忽视幼儿学习信息的反馈情况,缺少与幼儿的互动,忽视幼儿的个体差异。基于对传统教育观的批判,瑞吉欧教育提出的"协商性"课程为幼儿协商行为的发展提供了良好的平台。瑞吉欧教育提出"协商性"课程是指课程的内容和实施需要通过几个方面的综合,如由家长、教师、儿童协商来决定的,而不是由教师或儿童单方面来决定的。这种"协商性"课程分两个层次:一是在方案的选择上,教师和儿童根据已有的经验和知识,共同协商提出有待探索的问题;二是在确定每个方案的目标、内容和活动方式上,都是由家长、教师、儿童共同协商来解决的。方案的计划和实施由家长、教师、儿童共同建构完成。[③]

在"协商性"课程的实施过程中,充分体现了幼儿的主体性地位,更有利于"因材施教"。同时,幼儿还能从中学到协商策略与协商技巧。这不仅有利于幼儿协商行为"数量"的增多,更重要的是有利于促进协商行为"质量"的提高。

3. 儿童与家长之间的协商行为

随着社会发展,父母教育观念的不断进步,父母与幼儿之间已不再是传统意义上的"父为子纲"。研究表明,当今儿童与父母之间的交流表现出更多的协商行为,这可能是当前社会文化变迁的一种反映。社会民主化进程的发展使父母逐渐

① 范玲.幼儿同伴冲突解决策略研究[D].开封:河南大学,2007.
② 陈莉.幼儿同伴协商行为研究[D].南京:南京师范大学,2003.
③ 周欣."瑞吉欧"学校中教师的作用[J].早期教育,2001(8):18—20.

反省自己的专制型教养方式,并向民主型教养方式转化,父母在家庭中已不再是绝对权威。[①] 此外,生活在信息化世界和核心家庭中的儿童,他们也开始怀疑父母的权威性而逐渐要求自我权利的实现。他们既意识到父母与自己最亲近,又强调自己的权利,于是在应对父母时多采取协商策略。[②] 幼儿与家长之间的协商行为有利于构建民主型的家庭环境及宽松友好的家庭氛围。

二、幼儿园协商活动的目标与设计

(一)幼儿园协商活动的目标

协商行为是幼儿处理自己与他人关系时,常见的一种被认为是可接受的方式。协商行为能调和幼儿个体间的冲突,也能妥善处理好面临困难时的合作问题。协商与合作看似两种不同性质的行为,却共同体现在协商范畴的变化上。针对不同年龄儿童的协商教育的内容有所不同,教育的目标也不尽相同。

小班:想加入同伴的游戏或想用别人的东西时,能友好地提出请求。

中班:会运用介绍自己、交换玩具等简单技巧加入同伴的游戏。活动时愿意接受同伴的意见和建议。

大班:与同伴发生冲突时能自己协商解决。知道别人的想法有时和自己不一样,能倾听和接受别人的意见,不能接受时会说明理由。

(二)幼儿园协商活动的设计

对于不同年龄段的幼儿来说,协商行为或合作行为虽然表现在不同性质的冲突中,但是两种行为共同体现在同伴间的沟通上,广义上的协商实际上包括了合作行为。在设计幼儿的协商活动时,教师应联系幼儿的日常生活,尽可能地渗透到其他领域活动中。案例"怎样一起玩""运动会怎么开""挣来的钱怎么分"本身就可以设计成一个协商性的活动。

案例　怎样一起玩(小班)

设计意图

小班幼儿的独占意识较强,有好吃的东西或好玩的玩具总是喜欢独占,不愿意和别人分享,常常出现一些拒绝分享与合作的行为。其实,生活中的许多快乐都是分享得来的,在分享中长大的幼儿能获得更多成长的快乐。教师在活动中通过引导幼儿将自己喜欢的玩具带到幼儿园和其他小朋友一起玩,逐步渗透分享的

---

① 孙云晓,康丽颖.儿童青少年在社会化过程中对成人世界的影响[J].中国青年政治学院学报,1999(2):1—7.

② 安秋玲,陈国鹏.儿童应对权威的矛盾解决策略研究[J].心理科学,2004(5):1069—1072.

意识,利用榜样的示范作用,激励更多的幼儿乐于把自己的玩具给别人玩,并通过大家一起玩玩具后的快乐体验,进一步强化这一良好的行为,让幼儿在玩玩具中萌生与同伴分享的意识。

活动目标

1. 知道自己玩具的名字和玩法,愿意倾听同伴介绍自己的玩具。

2. 通过交换、等待、轮流等方法与同伴分享玩具。

3. 知道轻拿轻放,爱护同伴的玩具。

活动准备

每位幼儿自带一个喜爱的玩具。

活动过程

一、展示并介绍各种各样的玩具。

1. 展示各种各样的玩具。

指导语:(1)教室里有许多玩具,你看到了什么?

(2)这个玩具很特别,是谁带来的? 来教教我们怎么玩。

2. 幼儿介绍各种各样的玩具。

(1)玩具的名称:自己带来的玩具是什么?

(2)玩具的玩法:这个玩具是怎样玩的?

二、幼儿自主玩玩具。

指导语:你们带来的玩具真好玩,现在我们一起来玩吧!(幼儿玩自带的玩具)

三、幼儿讨论:怎样一起玩。

1. 激发一起玩的意识。

指导语:除了自己带来的玩具,教室里还有这么多有趣的玩具,你们想玩吗? 谁愿意把自己喜欢的玩具让大家一起玩? 真棒! 真是会分享的好孩子。

教师利用榜样的示范作用,激励更多的幼儿乐于把自己的玩具给别人玩。

2. 商量一起玩的方法。

指导语:那怎样和小朋友一起玩呢? 该说什么样的话?

引导幼儿学会礼貌地分享。(如:你愿意和我交换玩具吗? 你的玩具给我玩一下好吗? 我和你一起玩好吗?)

3. 讨论一起玩的问题。

(1)指导语:如果别人不愿意与你分享怎么办? 能不能去争抢?

让幼儿理解当玩具较少时大家可以轮流玩。

(2)指导语:如果其他小朋友还没有玩完怎么办?

让幼儿知道分享是有方法的,可以通过交换、等待、轮流等方法进行分享。

（3）指导语：如果大家都想玩同一个玩具怎么办？

让幼儿明白有的玩具是可以大家一起玩的，应相互谦让。

4. 知道爱护别人的玩具。

指导语：这些玩具都是小朋友最喜爱的玩具，玩的时候一定要爱护哦！

四、玩具总动员：幼儿进行玩具的交换和分享。

1. 让每个幼儿都能玩起来。

2. 引导他们知道通过分享可以玩到更多的玩具，体会到更多的乐趣。

3. 提醒个别幼儿爱护别人的玩具。

活动延伸

1. 在班级中设立一个"玩具总动员"区域，幼儿平时可以将自己喜爱的玩具放在这里，在游戏时间与同伴进行交换和分享。

2. 结合其他领域活动，讲一讲关于分享的小故事，或学习关于分享的歌曲等。

（案例提供：南京市第一幼儿园　叶雨）

案例　运动会怎么开(大班)

设计意图

身体健康是幼儿园教育活动的首要目标，运动会是幼儿园重要的教育活动，所以每年幼儿园都会组织一次运动会。幼儿进入大班以后，能不能以"我运动，我做主"为宗旨，在教师的指导下自己组织运动会呢？经过尝试，我们得到了答案，大班的幼儿完全有能力自己组织运动会。幼儿在自己组织运动会的过程中，不仅促进了运动技能的发展，而且培养了幼儿之间团结合作的意识。值得一提的是，让幼儿自己成为运动会的主体，他们自己就是策划者、组织者、参与者、实施者。他们自己讨论出来的运动会程序、内容、规则，更容易转化成自觉的行为，减少了教师过多的说教，幼儿的积极性、主动性得到了很大的提高。

活动目标

1. 讨论组织班级运动会的程序、内容和规则，体现"我运动，我做主"的主题。

2. 根据参观运动会的已有经验，提出"组织班级运动会"的设想，并用自己熟悉的方式进行记录。

3. 幼儿积极参与讨论，大胆地围绕话题"运动会怎么开"说出自己的想法。

活动准备

1. 经验准备：幼儿有参观过运动会的经验，询问家人关于开运动会的建议。

2. 物质准备：教师展示一段运动会的视频或运动会照片。

1. 教师组织幼儿欣赏运动会视频,引出讨论话题。

指导语:请小朋友看看视频中播放的是什么? 你看到视频中有哪些与运动会相关的内容?

2. 教师和幼儿共同讨论"运动会怎么开",明确运动会的程序、内容和规则。

(1)指导语:小朋友自己组织一场运动会,需要做哪些事情?

(2)教师引导幼儿根据运动会视频中的主要程序进行记录整理。

运动员进场──▶运动员代表讲话──▶裁判讲话──▶开始各项运动比赛──▶裁判宣布结果──▶颁奖典礼。

3. 教师引导幼儿结合日常体育活动的内容讨论运动会的比赛项目及规则。

(1)指导语:小朋友的运动会可以进行哪些比赛项目?

重点指导幼儿选择符合大班幼儿运动特点的项目作为比赛内容(如:滚轮胎、跳绳、运球、接力赛跑、骑小车、蹦跳球等),并指导幼儿记录下来。

(2)指导语:这些项目的比赛规则是什么?

教师引导幼儿根据晨间锻炼、参加体育活动中各项活动的经验,提出比赛的要求和规则。

(3)指导语:怎样才能知道比赛有哪些运动员?

教师和幼儿共同设计报名表。

4. 教师鼓励幼儿积极参与,成为运动会的主人。

指导语:(1)关于班级运动会,今天我们讨论出了哪些内容?(运动会的程序、比赛项目和规则,以及运动会的报名表等)

(2)运动会的准备和组织,我们也要请小朋友通过讨论来决定,每一个小朋友都是运动会的主人,可以参与每一个活动,为运动会加油出力。

活动延伸

1. 幼儿回家和家长一起交流组织班级运动会的情况,取得家长的支持和理解,和家长商量参加比赛的项目,并发动家长参与运动会的整个过程。

2. 开运动会除了根据运动会现场需要的程序进行操作,还可以在前期结合幼儿的经验开展各种相关的活动。如:制订运动会计划书;给爸爸妈妈一张请帖;运动会吉祥物、奖牌的设计与制作;运动会倒计时牌的设立;运动员口号的创编;运动会宣传画的制作、张贴与介绍等。

3. 布置运动会主题墙,将有关运动会的内容以图文并茂的形式展示出来。重点记录幼儿在运动会期间认真准备比赛项目和同伴相互配合完成运动中的分配任务的情况。

67

能与同伴友好相处

4. 了解我国运动员参加奥运会的情况,学习我国运动员敢于拼搏的精神。

5. 观看运动会比赛录像,了解各种运动会比赛项目、比赛方法以及比赛规则,丰富幼儿的体育知识。

温馨提示

1. 此活动可以邀请家长参与,请感兴趣的家长指导幼儿。

2. 可以请家长做裁判、颁奖嘉宾。

3. 为了鼓励幼儿积极投入到运动会的各项活动中,幼儿的奖牌可以设为:优秀奖、鼓励奖、进步奖等。

(案例提供:南京市北京东路幼儿园　王树芳)

案例　挣来的钱怎么分(大班)

设计意图

"厨师"烧菜,"服务员"端菜;"护士"挂号打针,"医生"看病开药。小朋友们在游戏中分工合作,共同挣到了"钱",却因为挣来的"钱"怎么分出现了不同意见。小朋友们通过讨论,进一步体验游戏,交流、分享游戏经验,制定大家都乐意接受的游戏规则,感受在游戏中与同伴友好相处的快乐。

活动目标

1. 愿意倾听同伴的意见,并大胆地表达自己的想法。

2. 通过对游戏过程的体验,在讨论中学习解决同伴间矛盾的方法。

3. 能和同伴友好相处,感受与同伴交往的快乐。

活动准备

1. 经验准备:幼儿对钱币有初步的认识,有用替代物做"钱币"在游戏中使用的经验;班级已开展过一段时间的银行、小吃店、医院、理发店等角色游戏;了解"将自己挣到的钱存入自己的存折"的游戏玩法;幼儿会写数字1—9,或用点、线等符号表示相应的数量。

2. 物质准备:各类角色游戏的服饰、操作材料、钱币的替代物、记号笔、记录单。

活动过程

1. 回顾前一次游戏中由于"分钱"出现的意见。

指导语:昨天游戏结束的时候,×××游戏的小朋友之间发生了一些不愉快的事情,给大家介绍一下,你们是因为什么事情产生了不同的意见呢?

2. 幼儿讨论"挣来的钱"应该怎么分。

(1)幼儿思考解决问题的办法。

指导语:由于分工不同,游戏结束时有的小朋友拿到了"钱",有的小朋友没拿到"钱"。在游戏中大家合作挣来的钱,你们觉得应该怎么分呢?为什么?

(2)幼儿自由表达想法。

教师小结:小朋友都提出了自己的意见,说的都很有道理。每个人在游戏中做了哪些事?做了多少?我们先用记录单记下来,游戏结束时我们一起进行讨论,看看有没有更好的办法。

3. 师幼共同设计游戏记录单。

(1)师幼共同讨论游戏记录单的内容和记录方法。

指导语:记录单上需要有哪几项内容呢?用什么符号表示呢?

(2)教师小结:每个游戏有哪些小朋友参加,在游戏中负责什么,接待了几次客人,每个客人付了多少钱,我们边做游戏边记录。

4. 幼儿开展角色游戏。

(1)幼儿自由选择角色内容。

(2)幼儿按角色分组在记录单上填写自己的姓名和分工。

(3)幼儿在游戏中尝试边游戏边做记录。

(4)游戏结束,幼儿按角色分组并根据记录单讨论"分钱"的方法。

(5)幼儿自主收拾游戏材料。

5. 再次讨论,交流、分享游戏经验。

(1)按角色游戏内容,分组介绍"分钱"的方法。

指导语:你们今天"分钱"时愉快吗?为什么?每组游戏的小朋友分别说一说,你们今天的"钱"是怎么分的?

(2)讨论制定"分钱"的游戏规则。

指导语:你们觉得哪种方法好?为什么?

教师小结:今天,我们通过讨论找到了大家都接受的"分钱"的办法,解决了问题,在以后的游戏中我们就会玩得更开心!

活动延伸

幼儿在今后的游戏中,轮流扮演小吃店、医院里的不同角色,在游戏中进一步体验与同伴分工合作、友好解决问题的快乐。

领域渗透

认识不同面额的钱币,尝试运用不同面额的钱币进行 10 以内的数的组合,学习 10 以内的数的加减法。

(案例提供:南京师范大学附属幼儿园　范蓓)

三、在生活与其他学科教学活动中促进儿童的协商行为

协商行为是幼儿社会性发展中必不可少的一个环节,对幼儿协商行为的培养

有利于帮助幼儿解决日常生活中的冲突,有利于提高幼儿与他人的合作交往能力,还有利于推动幼儿行为策略的发展。

(一)在家庭日常生活中促进儿童的协商行为

家庭日常生活是培养幼儿社会性发展的重要场所,"独断专权型"的家长与"民主型"的家长对幼儿的影响是不同的。家庭中,家长要注意宽松、自由环境的创建,为幼儿营造积极协商的氛围,帮助幼儿学会表达自己的所思所想。幼儿在与父母的交往过程中,不应该一味地"接受",强制性地"被灌输"。家长应该帮助幼儿发出自己的声音,尊重幼儿的意见,允许幼儿有与众不同的观点和看法,促使幼儿能积极与家长交流,畅谈内心的想法,从而促进幼儿与父母之间协商行为的发展。

(二)在幼儿园游戏和学科活动中引导幼儿的协商行为

在幼儿园生活中,幼儿同伴之间常常会发生"冲突",教师需要审时度势地选择相应的教育策略。若该问题在幼儿可解决范围之内,则可鼓励幼儿通过协商来解决问题。例如,在幼儿游戏中常见的同伴之间因争夺玩具而引发的冲突,教师可鼓励幼儿自主进行协商,给幼儿提供协商的机会,让幼儿尝试在游戏和活动中与他人进行协商、切磋,以便能达成一致意见,实现共赢。若教师认为该问题超出幼儿的解决能力范围,则教师可以指导者的身份与幼儿进行协商,帮助幼儿提高解决问题的能力。

第三节　儿童的分享与教育

一、分享概述

(一)分享的含义

分享是亲社会行为的一种表现,它是指个体与他人共同享用某种资源。分享包括分享观念和分享行为两个方面。国内研究者岑国桢认为儿童的分享观念,即在与别人分享物品时儿童认为怎样分才是公正的,是儿童道德观念发展研究中的一个重要课题。[①] 儿童的分享观念是分享的认知基础,分享行为是分享的具体外在表现。还有研究者认为:观念是个体对外界输入的信息经过头脑的处理加工,转换成内在的心理活动的过程(张文新,1999)。分享观念形成的过程就是儿童对外界输入的分享行为的信息,经过头脑的处理加工,转换成内在的心理活动的过程。[②]

---

① 岑国桢,刘京海.5—11岁儿童分享观念发展研究[J].心理科学通讯,1988(2):19—24.
② 杨爱莲.4—7岁儿童在冲突情境下分享行为研究[D].天津:天津师范大学,2004.

分享行为是指人们在群体生活时把属于自己的物品、权利、某种思想或积极情感与别人共同享用的行为，是亲社会行为的突出表现，是助人行为之外的亲社会行为的另一个重要范畴。[1] 儿童的分享观念和分享行为是密切相关的。儿童分享行为的发展受其分享观念的影响，但研究者郭忠玲等人发现，有分享观念的幼儿不一定出现分享行为，而有慷慨反应的幼儿，则一定能出现主动分享的表现。他们是在"让他高兴""互相帮助"等观念下进行的。多数幼儿虽具有一定的分享观念，但缺乏内在动机。

　　我国学者对3—6岁幼儿亲社会行为的一致性进行了探讨与研究，结果发现幼儿头脑中的行为规则对他们的亲社会行为的影响很大，且行为所需要的心理过程影响幼儿的亲社会行为的表现。有的幼儿在分享行为中遵守的是"轮流原则"或"平均原则"，如"咱俩一人看一次"，"我看完这集再给你看"，"我看一会儿，你看一会儿，咱俩轮着看"；也有的幼儿遵循的是家长、教师教育而成的良好行为原则，如"小朋友要互相谦让"，"小朋友要互相帮助"。与前两种情况相反，有的幼儿认为，主试给他的糖果、玩具就是给他一个人享受的："这是阿姨让我吃的，不应该让你吃。""阿姨那儿有，你去拿吧。""你自己向阿姨要去！""阿姨不让你吃，你怎么这么馋啊？你吃的时候我向你要了吗？"[2]因而帮助幼儿在日常生活中形成良好的规则观念显得尤为重要。

(二)分享的意义

　　分享是亲社会行为中的一种，它既是儿童社会性的重要组成部分，又是优秀品格中不可或缺的因素。一方面，分享行为可以帮助儿童赢得更多伙伴，使他们在活动和交往的过程中养成口语表达、人际交往的技能。儿童只有从小学会同他人分享，才会随着年龄的增长慢慢体会到同他人分享的快乐。另一方面，分享也是同他人进行交际的很好的形式，只有儿童时期懂得分享，长大后才会同他人真诚合作，从而建立良好的人际关系，受到他人尊重。总之，分享对促进儿童社会交往、道德判断及良好品格的形成具有密切的联系，达蒙（W. Damon）的研究发现，在分享方面做得较好的儿童，往往在解决社会性问题、帮助他人等方面也做得较好。[3]

(三)儿童分享的特点

　　1. 年幼儿童分享常常言行不一

　　在幼儿园中，经过教师引导的幼儿通常已经具有初步的分享意识，但在行动上却不愿意将自己的东西分享给别人。例如，两个儿童由于一个玩偶而争抢起

---

[1] 廖全明.不同训练方法对小学生分享行为影响的实验研究[D].云南:云南师范大学,2004.

[2] 许政媛,吴念阳.3—6岁幼儿亲社会行为一致性的研究[D].中国心理学会发展专业委员会第四届学术讨论会,1990.

[3] 曾英.浅谈幼儿分享教育策略[J].教育探索,2007(12):113.

来,都说玩偶是自己的,不给对方玩儿,但当教师问道:"小朋友在一起应该怎样玩儿玩具呢?"两个人又会一起说:"应该大家一起玩儿,不能抢。"由此可见,年幼儿童头脑中并非没有分享观念,只是这种观念还只是肤浅地停留在口头上,是被成人灌输的观念,反映的是成人的意志,还没有真正内化为他们自己对分享的认识。

2. 4—6岁儿童缺乏分享观念与分享行为

国内研究者对4—6岁儿童分享行为特点的实验研究发现,4—6岁儿童缺乏分享观念与分享行为。实验的90人中只有2%的人能把自己的物品完全与他人分享,而超过半数(60%)的儿童没有表现出任何分享行为。这可能是由儿童自身的年龄特点决定的,年龄较小的儿童还未形成稳定的分享观念,其分享行为也未能很好地表现出来。另外,他们还不具备站在他人角度考虑问题的能力,在与同伴交往时,还不能理解他人的需求,缺乏分享技能。这也有可能与大部分儿童是独生子女有关,父母对独生子女过分溺爱而忽视了对其分享观念及分享行为的培养。①

3. 儿童的分享行为随年龄的增长而逐渐增加

分享的这一特点与幼儿的认知、情绪随着年龄的增长而发展是相一致的。4岁的儿童年龄较小,他们对事物的认识还不够成熟,在与他人交往过程中还不能准确地理解他人的情感、态度,也不能正确地评价自己的思想、情感,而五六岁儿童的认知和情感水平与4岁儿童相比有了进一步发展。此外,年龄较大的儿童相对于年龄较小的儿童有更多的人际交往机会,就有更多与他人相处的经验,这对于理解他人的心理状态及情绪情感有极大的帮助,因此会表现出更多的分享行为。②

4. 儿童最不愿意与人分享的是食品

研究者在研究以"作为荣誉象征的奖品因其是儿童通过个人努力得到的,应是儿童最不愿意与人分享的东西"为假设,但实验结果与此不同。研究结果表明:儿童最不愿意与人分享的是食品,特别是他们喜欢的食品,可见食品这种直接作用于感官的刺激对儿童来说更具吸引力。③

(四)儿童分享观念与分享行为的发展

1. 儿童分享观念的发展

达蒙研究了儿童在童年早期和中期分享观念的发展变化,发现儿童4岁就能意识到分享的重要意义,但他们这样做的原因经常是以自我为中心的。进入童年中期后,儿童就能具有更成熟的、公正的分享观念。达蒙概括出4—8岁儿童分享观念发展的三个水平:

---

① 李幼穗,赵莹.4—6岁儿童分享行为的特点及培养策略[J].学前教育研究,2008(2):40.

② 同上。

③ 李幼穗,赵莹.4—6岁儿童分享行为的特点及培养策略[J].学前教育研究,2008(2):40.

（1）平等分配水平（5—6岁）。这时的儿童懂得，当资源较少时，每个人都应该得到数量相同的资源，例如钱、玩游戏的次数或好吃的东西。

（2）按劳分配水平（6—7岁）。在这个水平的儿童认为，应该对那些工作特别努力的人，或以特别的方式工作的人进行额外的奖赏。

（3）仁爱观水平（约8岁以后）。这个水平的儿童认为，应该对那些条件不好的人给予特别的关注，但这只适用于跟朋友的交往。而在与陌生人交往时，则更多地遵循平等分配原则。达蒙认为，平等（give－and－take）式的同伴交往使儿童对他人的观点更为敏感，这反过来促使儿童的公正的分享观念的发展。[①]

我国学者对中班幼儿和小学二、四、六年级学生各30名共120名儿童，男女各半进行分享观念发展的研究，结果表明：①物品的件数与人数两者的关系是影响儿童分享观念的一个重要因素。两者相等时，我国儿童倾向于"均分"，两者不等时则倾向于"慷慨"。②分享物品时，我国儿童从5岁起已无"自我中心"现象，它何时在我国年幼儿童身上存在尚待研究。③关于一般物品的慷慨分享观念，我国5—11岁儿童大多指向"需者"，关于荣誉物品的慷慨分享观念，我国年幼儿童大多指向"能者"，而年长儿童大多指向"需者"，这种转折则在7—9岁之间。[②]

2. 儿童分享行为的发展

儿童在满1周岁之前就学习通过指点和姿势来与他人"分享"有趣的信号和物体。12个月时就已表现出指向动作的分享行为，例如他们会把物体放在大人的手上或大腿上，然后继续操纵这个物体，这是分享行为的萌芽。[③] 将玩具出示和递给不同的成人（母亲、父亲或陌生人）在18个月的儿童中是很常见的行为。[④] 研究者认为：儿童通过分享真实物品来保持与他人的积极交往，当他们能够以其他方式与他人交往时，分享行为就不突出了。所以，12－24个月幼儿的分享行为随年龄增加而上升，24－36个月幼儿的分享行为则随年龄增长而下降。[⑤] 研究者通过对4－6岁儿童关于"偶得物品"与"拥有物品"分享行为的研究发现，随着年龄的增长，4－6岁儿童分享行为的发展趋势明显。[⑥]

（五）影响儿童分享行为发展的因素

人的各种行为的产生都有其原因，亲社会行为中的分享也不例外，它的产生

① 王海梅，陈会昌，谷传华.关于儿童分享的研究述评[J].心理科学进展，2004，12(1)：54.
② 岑国桢，刘京海.5—11岁儿童分享观念发展研究[J].心理科学通讯，1988(2)：19—24.
③ 赵章留，寇彧.儿童四种典型亲社会行为发展的特点[J].心理发展与教育，2006(1)：118.
④ 王海梅，陈会昌，谷传华.关于儿童分享的研究述评[J].心理科学进展，2004，12(1)：54.
⑤ 赵章留，寇彧.儿童四种典型亲社会行为发展的特点[J].心理发展与教育，2006(1)：118.
⑥ 王玲.学前儿童心理理论、情绪理解、分享行为的发展及其关系的研究[D].南京：南京师范大学，2007.

与个体成长的各个因素密切相关。

1. 个体因素

（1）儿童分享观念

儿童的分享观念是其分享行为的认知基础。"均分"是年幼儿童的一种优势分享观念，且具有一定的跨情境稳定性（Thomson&Jones，2005）。"均分"观念可能与年幼儿童从小接受的"与他人分享"的教育有关。也有人认为年幼儿童并非真正认同均分，而是因为均分是调用认知资源最少的一种方法，因为当情境过于复杂时，年龄较大儿童也常采用均分的策略。[1]

（2）儿童性别

国内研究者采用间接故事法研究了儿童的分享观念，结果表明亲社会行为的发展存在显著的性别差异，女孩明显优于男孩（岑国桢，1988）。其他研究者在对幼儿心理理论与社会行为发展关系的研究中也得出了同样的结论（刘明，2002）。但也有研究表明，这种性别差异是受文化差异影响的，在一些文化背景下男孩反而比女孩有更多的亲社会行为表现（桑标，2002）。

2. 情境

（1）分享情境

根据分享情境的不同，艾森伯格将分享分为高付出分享（又称冲突情境，指在分享物不足时，儿童自己不占有物品，而将物品分给他人）和低付出分享（又称无冲突情境，指分享物充足，儿童自己可以分得物品）。在不同的情境下，儿童的分享行为会有一定的差异。艾森伯格在对幼儿亲社会行为的研究中指出，亲社会观念与亲社会行为在有无利益冲突的不同情境下具有不同的关系（Eisenberg，1985）。在无冲突（或者是低付出）情况下，亲社会行为更多的是出于本能，而在冲突（高付出）情境下，亲社会行为与亲社会观念之间才具有直接关系。[2]

（2）分享物属性

研究者王海梅、陈会昌等人研究了"偶得物品"与"拥有物品"对 4—6 岁儿童分享行为的影响。偶得物品是指实验者送给儿童的小贴纸；拥有物品是实验者给予儿童答对题目的奖品。研究发现，随年龄增长，越来越多的儿童愿意把自己的偶得物品让给别人玩，5 岁左右是我国儿童在"偶得物品"分享上的关键转折年龄。而关于"拥有物品"的分享，大多数 4—6 岁儿童都不能将其让给在竞赛中失败、未获得该物品的同伴。[3]

---

[1] 杨恒. 学前儿童分享行为的差异性研究及启示[D]. 上海：华东师范大学，2009.

[2] 杨爱莲. 4—7 岁儿童在冲突情境下分享行为研究[D]. 天津：天津师范大学，2004.

[3] 杨恒. 学前儿童分享行为的差异性研究及启示[D]. 上海：华东师范大学，2009.

（3）分享物数量

研究者对上海市5—7岁儿童分享行为的研究发现,当待分享物品数量与分享人数相同时,我国儿童都倾向于"均分";当两者数量不等时,儿童的分享则倾向于"慷慨"(岑国桢、刘京海,1988)。但也有研究者(郭忠玲)的观点恰好与之相反,后来的研究发现,当分享物少于分享人数时,没有儿童表现出慷慨(把食物分给他人或多分给他人,不分给自己或少分给自己),大都要求均分;分享物等于分享人数时,儿童都会平均分配;当分享物多于分享人数时,慷慨和不会分(不知道怎么处理)的儿童人数明显增加,均分和自我(食物多分给自己,不给或少给他人)的人数减少。①

（4）旁观者效应

旁观者效应是指个体在面对紧急事态时,单个人与同他人在一起时的反应不一样。由于他人的在场,会抑制或激发个体的利他行为。如当幼儿单独面对情境时,分享行为会不高,但当两个或两个以上幼儿在场时,分享行为会明显增多,这是由于当与他人在一起时幼儿减少了恐惧感。

3. 社会文化

（1）文化影响

比特斯与约翰·怀廷对不同文化背景下3—10岁儿童利他性的研究发现,在工业化程度较低的社会中,儿童的利他性较高,例如肯尼亚和墨西哥;在工业化程度较高的社会中,儿童的利他性较低,如美国(Beatriee & John Whiting,1975)。对此,研究者认为,工业化程度低的文化背景下的儿童生活在大家庭里,往往要承担重要的责任,如从事生产、制造食物或照看年幼的弟妹。在这种情境下,儿童在很小的时候就有发展合作和利他的倾向。

（2）教育方式

很多研究表明,不论是外部强化还是内部强化,都会在一定程度上促进儿童的亲社会行为的发展。有人通过榜样示范和移情训练,说明这些训练不仅使儿童在具体的行为上有一定改善,而且在道德认识水平上也有一定的提高(张莉,1998)。也有人通过不同的移情训练法对儿童分享行为进行了研究,结果显示移情训练可促进幼儿园中班、小学一年级和小学三年级儿童分享行为的发展(魏玉桂,2001)。②

二、幼儿园分享活动的目标与设计

（一）幼儿园分享活动的目标

中国传统文化是倡导社会成员的分享行为的。分享作为社会倡导的主流价值

---

① 杨恒.学前儿童分享行为的差异性研究及启示[D].上海:华东师范大学,2009.
② 杨爱莲.4—7岁儿童在冲突情境下分享行为研究[D].天津:天津师范大学,2004.

一直受到幼儿园的重视。在制定幼儿园分享活动时,一般还是考虑到了幼儿的生活经验。从小班到中班、大班,幼儿分享的范围逐渐扩大,内涵也从具体向抽象发展。

小班:在成人指导下,不争抢、独霸玩具。

中班:对大家都喜欢的东西能轮流、分享。

大班:有高兴的或者新鲜有趣的事愿意与大家分享。

(二)幼儿园分享活动的设计

幼儿园的分享活动多与日常生活联系在一起,根据幼儿的生活经验与幼儿分享活动的目标,小班幼儿多进行玩具方面的分享,如"玩具大家玩""图书漂流"更多地带有规则介绍性质;对中班幼儿而言,强调对大家都喜欢的东西进行分享或轮流,如角色游戏中的角色;大班的幼儿则分享新鲜有趣的事,如"假日趣事"活动是分享幼儿在假期当中的好玩的事情。

案例 玩具大家玩(小班)

设计意图

"老师,这是我的玩具!""哎呀! 这是我的! 这是我的! 不给你!"……这样的话语,常伴随着这样的画面:幼儿紧紧地攥着自己的玩具,不让别人触碰。这种情形的产生都源于现在的独生子女因缺少玩伴而不会与同伴分享玩具。本次活动中,让幼儿将自己的玩具带到幼儿园和同伴一起玩,在活动过程中使其体会分享的快乐,并从中培养幼儿交往的愿望,在初步建立幼儿分享意识的同时,培养幼儿的交往能力。

活动目标

1. 通过观看视频,以及和同伴一起玩玩具,初步建立幼儿分享的意识。

2. 在教师的引导下,知道在玩别人的玩具前,要先征得别人的同意,并学说礼貌用语:"给我玩一会儿好吗?"

3. 愿意和同伴共同玩玩具,初步体会分享的快乐。

活动准备

1. 幼儿每人自带一个玩具到幼儿园。教师事先将幼儿带来的玩具做好姓名标记放在筐中。

2. 歌曲视频《我有玩具大家玩》。

3. 幼儿围坐成半圆形状。

活动过程

1. 教师出示装有玩具的筐子,引导幼儿边示范玩法边介绍自己的玩具,激发幼儿参与活动的兴趣。

（1）指导语：哇！这有一个大大的玩具筐，筐里的玩具都是谁带来的呀？

（2）教师将幼儿的玩具按照姓名标记分发到幼儿手上，鼓励幼儿介绍自己的玩具。

指导语：谁愿意上来介绍一下自己的玩具是什么，怎么玩？

（3）幼儿自由地玩玩具，教师观察幼儿的表现。

2. 教师请幼儿将玩具放在椅子下面，引导幼儿讨论：想玩别人的玩具时，应该怎么办？帮助幼儿明确要玩别人的玩具应先征得别人的同意。

（1）指导语：如果小朋友想玩别人的玩具时，应该怎么办？要先说什么？

引导幼儿学说礼貌用语："给我玩一会儿好吗？"

（2）教师播放歌曲视频《我有玩具大家玩》，引导幼儿观察视频内容，帮助幼儿初步感知玩具可以大家一起玩。

指导语：视频中的小姐姐带来了好多的玩具，我们看看她是怎么玩的。（教师播放视频）小姐姐带来的玩具只给自己玩的吗？她把玩具都分给了谁？

3. 教师请幼儿将玩具拿出来，鼓励幼儿与同伴互相交换玩具玩，体验分享玩具的快乐。

指导语：我们也来学一学视频里的小姐姐，和好朋友一起玩玩具吧！

4. 教师根据幼儿玩玩具的情况小结幼儿的活动。

（1）教师表扬能与同伴分享玩具的幼儿。

（2）鼓励幼儿把自己的玩具带给大家玩。

歌 谱

我有玩具大家玩

程逸汝 词
陈红宇 曲

1=D 2/4

（3 1 3 1｜6 5 6 5｜5 6 5 4｜3 4 3 2｜1 i ）｜

3 1 3 1｜6 5｜5 1 1 2 2｜2 — ｜
来吧 来吧 来 吧， 亲爱的 小 伙 伴，

3 1 3 1｜6 6｜6 5｜3 1｜3 2｜1 ｜
我的玩具 真好玩， 红红 绿绿 多好 看！

1 3 1 3 1 1｜3 3 3｜3 5 3 5 5｜3 3｜5 5 5｜
(白)布娃娃 撑花伞， 小猴子 爬竹竿，

能与同伴友好相处

$3\ 4\ 3\ 4\ 3\ 1\ |\ 5\ \ 5\ \ 3\ |\ 6\ 5\ 6\ 5\ \ 4\ \ 3\ |\ 2\ 0\ \ 2\ 0\ |$

电 动 火 车 呜 呜 开， 熊 猫 还 会 拍 照

$1\ \ —\ |\ 5\ \ 5\ \ 5\ |\ 6\ \ 6\ \ 6\ |\ 3\ 1\ \ 3\ 5\ |$

片。 哈 哈 哈 哈 哈 哈 我 有 玩

$5\ \ —\ |\ 6\ \ 5\ 3\ |\ 2\ \ —\ |\ 3\ 1\ \ 3\ 1\ |$

具 大 家 玩， 来 吧 来 吧

$6\ \ 5\ |\ 5\ 1\ 1\ 2\ 2\ |\ 1\ \ —\ ‖$

来 吧 亲 爱 的 小 伙 伴！

（案例提供：南京市北京东路幼儿园　谢宁）

案例　图书漂流(小班)

设计意图

"图书漂流"就是让班上的每个幼儿将家中的书带来,通过幼儿的简单介绍或相互交换,让图书漂流到其他小朋友的手中,阅读其他小朋友看过的书,让幼儿初步体验分享是快乐的。同时,每个幼儿带来的书的种类不一样,扩展了幼儿的知识面,丰富了幼儿的词汇。

活动目标

1. 幼儿愿意与同伴共同分享图书,学会用比较完整的语句介绍自己的图书,体验分享的快乐。

2. 幼儿在轮流介绍图书的过程中,尝试大胆表达,并安静倾听同伴的介绍。

3. 知道爱护图书,做个爱看书的小朋友。

活动安排

时间:午睡后。

地点:教室。

方式:小组或集体。

1. 每个幼儿从家中带来1—2本有趣、别致的图书入园。

2. 家长事先在家中将带入幼儿园的图书有哪些好玩、有趣之处与孩子分享。

活动过程

1. 幼儿对教师出示的图书有一定的兴趣。

指导语:今天老师带来了许多图书,每一个小朋友也带来了一本图书,这是要做什么呢? 你们想不想知道? (幼:想。)今天我们要进行"图书漂流"活动,就是将自己的书给别人看,别人的书也可以拿来自己看,大家相互交换看图书,看自己没有看过的图书,好吗?

2. 幼儿了解看图书的良好习惯,知道要爱护图书。

(1)指导语:每个小朋友都带了自己最喜欢的书和大家分享,如果这本书被弄坏了,你的心情会怎样? 那小朋友在看书时,应该怎样看呢?

(2)引导幼儿看书时,要一页一页地翻书,爱护图书。

3. 幼儿大胆介绍自己的图书。(可采用分小组的方式)

(1)指导语:每个小朋友带来的书,只有自己知道,其他小朋友还不知道呢! 现在,老师就请小朋友们将自己的图书介绍给大家。

(2)引导幼儿介绍图书时,要说图书的名字是什么? 这本书有什么特别的地方? 书中讲了什么? 等等。

(3)请幼儿逐一介绍自己的图书,教师帮助表达有困难的幼儿。

(4)小结:刚才的小朋友讲得真好! 有的书连老师也很想看一看呢! ××小朋友的书是用布做的,摸起来软软的;还有××小朋友的书,翻开来就能变成立体的;还有……那现在你们是不是也很想看看其他小朋友的书呢?

4. 幼儿相互交换图书进行阅读,体验分享的快乐。(可采用分小组的方式)

(1)指导语:现在我们就可以找一个小朋友和他交换图书看,你可以看他的书,他也可以看你的书,大家相互交换着看。

(2)教师要将图书交换的空间留给幼儿,让幼儿自己进行交换。

(3)指导语:小朋友刚才看了谁的书? 他的书好玩吗? 书中讲了什么呢? 小朋友看了自己没有看过的书,有什么感受呢? (体验分享的快乐)

5. 活动小结。

指导语:小朋友不仅看了自己的书,还看到了其他小朋友的书,有些书都是自己没有看过的。小朋友学会了将自己的东西与其他小朋友分享,自己快乐,其他小朋友也很快乐,这就是"分享"的秘密! 今天我们在班上进行了"图书漂流"的活

能与同伴友好相处

动,下次我们要将"漂流"的图书带回家,让爸爸妈妈也看看其他小朋友好玩的图书,好吗?

温馨提示

家园共育:

1. 班级可设置"图书漂流"站,请每个幼儿带 3—4 本书入园,邀请家长们参与到其中,每周带着孩子一起选择自己喜欢看的图书,将其带回家,父母和孩子一起来阅读图书。

2. 创设"亲子阅读"时间,每周安排一个固定的时段,邀请家长来园,讲故事给孩子们听。

(案例提供:南京师范大学附属幼儿园　季骏)

案例　假期趣事(大班)

设计意图

每到节日或假期爸爸妈妈都有带幼儿出游的计划。大家去的地方不同,看到的景物和人也不同(如出境游),遇到的事情当然也会不同。教师可抓住幼儿外出旅游的机会,在家长的帮助下,将幼儿生活中的教育资源(可以是外出所拍的照片或遇到的有趣的事情)制作成一张小报,或将当地的土特产等等带到班级,布置一个小小的展览会。通过谈话活动让幼儿分享自己经历过的有趣的事情,把自己的快乐带给更多的人。

活动目标

1. 幼儿积极参与谈话活动,用完整、连贯的语言讲述自己在假期中有趣的事情。

2. 倾听同伴谈话,向同伴学习谈话经验。

3. 体验分享的快乐。

活动安排

时间:午睡后。

地点:教室。

方式:小组或集体。

活动准备

1. 事先与家长沟通好,收集旅游回来后的照片,或者根据孩子在假期中印象深刻的事情,制作一张小报。

2. 教师将幼儿带来的东西,如小报、风景照、土特产等材料布置在班级中。

3. 在教室中布置一张中国地图(或世界地图)。

活动过程

1. 创设情境,引出话题,激发幼儿兴趣。

指导语:我们班上正在举办一个"展览会",你们知道什么是"展览会"吗?对了,是小朋友外出旅游时,所看到的景色和人物,还有一些有趣的事情,现在就把你认为有趣的事情和旁边的小朋友先讲一讲吧!一会儿,再请你们上台来,分享你们认为好玩的事情。

2. 幼儿自由结伴,围绕话题,开展交流。

(1)教师听幼儿讲的故事,帮助幼儿丰富讲话的内容。

(2)两两结伴交流,是给幼儿一个"准备期",让幼儿先在下面讲一下,一会再到集体面前讲,增加幼儿讲话的经验。

3. 鼓励幼儿用完整、连贯的话语,交流假期中有趣的事情。(可采用分小组的方式)

(1)教师可引导幼儿围绕话题,开展交流。如:你认为有趣的事情是什么?你看到了什么?你做了什么?你吃了什么有意思的东西?等等。

(2)引导幼儿围绕主题进行谈话,向同伴吸取经验。

4. 师幼共同小结,体验分享的快乐。

(1)教师出示地图,幼儿可以在自己想去的地方画上圆圈。

指导语:今天我们大家听了这么多有趣的事情,如果再有一次旅行的机会,你想去哪里啊?给那个地方画个圆圈吧。

(2)教师请一两个幼儿谈谈自己想去的原因。

指导语:为什么你想去这个地方呢?你能用一句话告诉我们吗?

(3)幼儿感受自己大胆表述以及与同伴分享的快乐。

温馨提示

1. 可以结合旅游,初步认识我国的"地图",也可以进行拼"地图"游戏。

2. 可采用连环画的形式,将自己认为有趣的事情画下来,进行展览。

(案例提供:南京师范大学附属幼儿园　季骏)

三、在日常生活中促进儿童的分享

(一)在一日生活中进行渗透式的分享教育

分享是一种行为品德,分享的习得主要不是通过课堂教育,而是在日常生活中积累而成。在幼儿园的一日生活中存在很多进行分享教育的机会与氛围,作为教师应当细心观察每一个细节,不放过任何一个教育机会。其中教师应当为幼儿

树立分享行为的榜样。根据班杜拉的社会学习理论我们知道,幼儿具有很强的观察模仿能力。幼儿通过观察模仿会很快习得某种行为,而榜样具有正向的导向作用,因此教师要为幼儿树立榜样,为幼儿提供再现榜样行为的机会,并通过不断强化帮助幼儿内化分享观念,表现分享行为。

(二)家长应为幼儿创造分享机会

分享观念的形成及向分享行为的转化离不开环境的刺激,社区作为幼儿生活的环境之一对幼儿的影响具有不可替代的作用。当代幼儿多为独生子女,在家庭环境中家长能为其创造的分享形式较少,因此家长应积极带领幼儿参加社区活动,使幼儿在大环境中接触到更多的同伴及其他人群,在相互的沟通与磨合中认识到分享在建立人际关系中的重要性。

四、在其他学科教学中促进儿童的分享

(一)在社会领域内进行直接的分享观念教育

分享行为是亲社会行为的一种,分享观念是分享行为的基础,我们必须通过社会领域的教育帮助幼儿在认知结构中树立分享观念,帮助幼儿懂得什么是分享,我们都可以与他人分享什么(包括知识经验、情感体验、物质材料等),以及与他人分享的一些技巧,如在什么情境下需要与他人分享,是主动分享还是被动分享,用什么样的语言使他人理解自己的分享行为等。这样幼儿就对分享有了较明确的认识,才能把已有观念升华为行为。

(二)通过美工活动提高幼儿分享意识

美工教学活动是比较容易使幼儿产生分享行为的教学活动之一,教师在美工活动区放置的材料,幼儿在各自的活动中难免会遇到材料不足的情况,如彩笔没水了或手工材料不足等,这时幼儿就有可能向他人求助,此时教师可以根据事情的发展状况对幼儿进行引导。如果该幼儿求助成功,教师可以通过表扬和鼓励强化被求助幼儿的行为,使其保持分享行为。如果幼儿求助遭到拒绝,教师可以对被求助幼儿进行启发引导,促进其分享意识的形成。

(三)通过角色游戏促进幼儿分享行为的发展

在角色游戏中,幼儿可以根据自己的意愿选择想要扮演的角色,从而承担起该角色的责任。同时角色游戏也容易引起幼儿移情的产生,在游戏中为了更好地解决遇到的问题,幼儿以自己的角色为基准站在他人立场考虑问题,使游戏能够顺利进行。出于自己的这种目的,他们会通过思考来表达自己的分享意图,并付诸分享行为。如在娃娃家中,扮演哥哥或姐姐的幼儿需要考虑如何与弟弟妹妹分饼干才是好的哥哥或姐姐。

第四节 不要欺负其他小朋友

在目前的教育背景下,幼儿的欺负行为由于经常与攻击行为联系在一起,对欺负行为的研究往往是与儿童的道德研究联系在一起的。

一、欺负的含义与发展

(一)欺负的含义

儿童欺负行为是指力量强大的儿童经常利用言语或身体方式对弱小儿童施加伤害性的行为。儿童欺负行为通常具有三个特征:有意性、重复发生性和力量的不均衡性,表现为殴打、侮辱、敲诈勒索、哄起外号、散布谣言等。[1] 欺负是一种特殊类型的攻击性行为,可归属为攻击行为的一个子集。目前,研究者普遍采用英国哥德史密斯学院的史密斯(Smith)教授对欺负所做的界定,即欺负是力量相对较强的一方在未受激惹的情况下对较弱的一方重复进行的攻击。

与一般攻击性行为不同,欺负具有三个基本特征:1.双方力量的非均衡性;2.重复发作性;3.欺负者的未受激惹性,或有意性、挑衅性。[2] 从分类学的角度来说,欺负行为是攻击行为的一个子集。它同攻击一样,以给他人造成身体、心理的伤害或财物损失为目的。作为一种特殊类型的攻击行为,欺负与一般攻击行为的根本区别在于行为双方力量的不均衡性,即在欺负行为中,欺负者通常在体力、心理、社会地位或者人数上占优势,而受欺负者作为被侵害的一方在受到欺负时不能有效自卫。因此,欺负总是力量相对较强的一方对力量相对弱小或处于劣势的一方进行攻击,通常表现为以大欺小、以众欺寡、以强凌弱。此外,欺负通常还具有重复发生的特点,所谓重复发生性,指欺负者和受欺负者通常会在较长一段时间内形成稳定的欺负或受欺负关系,受欺负者重复性地遭受来自另外一个或多个幼儿的攻击。[3]

根据其发生方式,研究者通常把欺负划分为身体欺负、言语欺负和关系欺负。身体欺负指运用身体力量、通过身体动作来实施的欺负行为,如打、踢、推、撞,以及抢夺、破坏物品等;言语欺负是运用语言、通过言语活动来实施的欺负行为,如骂人、叫取外号、嘲讽;关系欺负则运用人际关系或关系网络来实施欺负行为,主

---

① 冯维,黄金凤.儿童欺负行为研究的述评与展望[J].中国特殊教育,2008(2):73.
② 李润洲,魏艳丽.儿童欺负现象的心理透析[J].中国教师,2007(5):13.
③ 张文新,纪林芹.关注学校中的欺负问题[J].教育科学研究,2005(1):20.

要包括背后说人坏话、散布谣言、社会排斥等。关系欺负通常不易引起人们重视，但它同样会给受欺负者造成严重伤害，尤其是持久的心理伤害。[①]

(二)欺负行为的发生特点

关于儿童欺负发生特点的研究主要涉及欺负发生的普遍性、欺负的性别差异、欺负随儿童年龄变化的趋势等问题。

研究表明，欺负行为是存在于儿童之间的普遍现象，幼儿期就开始出现欺负行为，但其频率低于小学儿童；卷入欺负行为的儿童呈现性别差异，男孩多于女孩；在幼儿园，卷入欺负行为的儿童人数随着年龄的增长而增加，而中小学儿童的欺负行为随着年级的升高而减少。[②]

(三)影响儿童欺负行为发生的因素

1. 教养方式、家庭环境与欺负行为相关的研究

洛泊和迪辛的研究表明：父母教育的不一致性以及经常使用体罚方式与儿童欺负行为的发生率有很高的相关。父母无效的管教强化了儿童的欺负行为。Bradley 考察了母亲有无滥施体罚对儿童问题行为的影响，发现母亲对儿童滥施体罚与儿童的问题行为有显著的相关性。父母如果经常对儿童采取强迫、威胁、责骂、拒绝、排斥等教养方式，经常使用暴力和攻击性言行，儿童也会更多地表现出攻击性倾向和反社会性倾向。家庭环境差，成员关系不和谐，都容易使儿童成为群体欺负、攻击的对象。母亲的过度保护、父亲的严厉与疏远容易使谨慎、敏感的男孩成为同伴交往中的受害者；而母亲的敌意与女孩的受欺负状态高度相关。此外，父母的社会地位和收入也与儿童的欺负行为高度相关。父母的社会地位低，家庭经济收入不高的儿童容易形成自卑心理，容易成为受欺负、受攻击的对象。[③]

2. 儿童欺负行为与家庭、学校及同伴群体的关系

近年来，在系统理论指导下，西方不少研究者试图从儿童生活于其中的各个社会系统，包括家庭、学校和同伴群体等考察欺负发生的原因或者这些因素对儿童欺负发生的影响。[④]

(1)家庭对儿童欺负行为的影响

家庭作为儿童社会化的最基本动因，对儿童早期行为的塑造起了关键性作用。关于家庭因素与儿童攻击行为之间关系的研究早已表明，缺乏温暖的家庭、不良的家庭管教方式以及对儿童缺乏明确的行为指导和活动监督等家庭因素都

---

① 张文新,纪林芹.关注学校中的欺负问题[J].教育科学研究,2005(1):20.
② 屈卫国.幼儿欺负行为的调查研究及其科学矫正[J].学前教育研究,2005(3):356.
③ 陈世平,乐国安.家庭因素对儿童欺负行为的影响[J].四川心理科学,2001(2):1—5.
④ 张文新.儿童社会性发展[M].北京:北京师范大学出版社,2006:372—373.

可能造成儿童以后的高攻击性(Olweus,1993;Smith,1991)。这同样适用于儿童的欺负行为。欺负他人的儿童不仅在成人后仍可能成为欺负者,而且有可能"培养"出欺负他人的孩子。

(2)学校对儿童欺负行为的影响

不少研究发现,欺负发生率因学校不同而存在很大差异,这显然不是儿童个体或家庭因素造成的,而是与学校的文化有重要的联系。史密斯认为,学校是否有反欺负的政策,在一定程度上影响着欺负的普遍性(Smith,1991)。不同的学校准则和学校风气也不同程度地影响着儿童欺负的发生情况。但学校和班级大小及学校位置与欺负行为发生的比率之间没有必然联系。

这已被有关研究所证实(Whitney & Smith,1993)。此外,奥维尤斯的研究发现,课余时间监督的教师越多,欺负发生率就越低(Olweus,1993)。在欺负情境中,教师对欺负的态度和行为,也影响着欺负行为的产生。

(3)同伴群体对儿童欺负行为的影响

在影响儿童欺负行为的因素中,同伴起着十分重要的作用。奥维尤斯认为,作为一种群体现象,欺负行为的发生一定有某些群体机制在起作用(Olweus,1993)。他总结出欺负行为发生的四种群体机制:①社会感染机制,即儿童的欺负行为是社会习得的结果;②对攻击倾向控制力的减弱机制。在欺负情境中,一般的或非攻击的儿童会因欺负行为受到奖赏或得到较少的否定评价而减弱了自己对此行为的控制。③责任分散机制。儿童会因为有很多人参与欺负行为而降低了自己的责任感,这种责任的分散或减弱导致对事件产生较少的负罪感。④追随欺负者的儿童对受伤害者感知发生变化的机制。由于被欺负者经常受到攻击和消极评价,他(她)将被认为是无用的人,应该受到攻击。由于这些机制的作用,导致群体欺负的产生。

二、幼儿园不能欺负他人的活动目标与设计

(一)不能欺负他人的活动目标

幼儿园中,欺负他人的行为往往与攻击行为联系在一起。实际上,欺负行为与攻击行为还是略有不同(前面已经简单介绍)。教师设计不要欺负他人的活动目标,要根据幼儿的身心特点,在小、中、大班的要求上有所不同。小班幼儿的目标主要定位在认识上,中班幼儿的目标定位在自我约束上,大班幼儿的目标要求更高一些。具体如下:

中班:不欺负弱小同伴。

大班:不欺负别人,也不允许别人欺负自己。

(二)幼儿园不能欺负他人的活动设计

幼儿园的不能欺负他人的活动具有一定的指向性,一般指年龄大的小朋友欺

负年龄小的小朋友。所以,不能欺负他人的活动可以从直接与间接两个方面展开:目标导向的活动多为直接的,如案例"巫婆与黑猫";目标间接导向的活动是从帮助、"大带小"引申出来的活动,如案例"大带小"。

案例　巫婆与黑猫(大班)

设计意图

巫婆在幼儿的心目中是一个无所不能的、拥有神奇魔法的形象。因此,提起巫婆,幼儿大多觉得她很神秘,胆小的甚至还觉得有些可怕。可是今天这个故事里的巫婆,除了拥有神奇的魔法之外,好像还有那么一点可爱。她有一只可爱的小猫,虽然由于颜色的原因给她带来了这样或那样的麻烦,但这个看起来可怕的巫婆最终还是为了她心爱的小猫做出了改变。通过这个阅读活动,我们想帮助幼儿更进一步了解和谐相处的含义,知道爱就是包容,就是互相体谅。同时提醒幼儿,如果在与人相处的时候能多站在别人的角度去考虑问题的话,人与人之间就会相处得很愉快。

活动目标

1. 在师幼交流互动中尝试阅读图书,体验文学作品中和谐相处的含义。

2. 通过对比、猜测等方法寻找图书线索,并进行表达。

3. 知道当我们愿意站在别人的角度考虑问题时,人与人相处就会很愉快。

活动准备

幻灯片、《巫婆与黑猫》故事书。

活动过程

一、教师出示幻灯片,引导幼儿在讨论和交流中了解故事情节。

1. 启发幼儿想象巫婆的样子。

指导语:听说过巫婆吗? 能告诉我们你想象中的巫婆是什么样子的吗? 你觉得巫婆是好人还是坏人?

2. 观察了解巫婆与黑猫的关系。

指导语:这个故事里有一只猫,是什么颜色的? 你觉得这只猫和巫婆是什么关系呢? 她们是朋友吗?

3. 教师引导幼儿想象、讨论巫婆遇到麻烦后可能采取的方法。

指导语:故事里发生了一件什么事? 巫婆怎么了? 她遇到什么麻烦了吗? 想一想,她会用什么方法来解决呢?

4. 引导幼儿尝试运用已有的经验解决新问题。

5. 引导幼儿理解猫变了颜色之后,猫与巫婆的心理感受。

指导语:(1)猫分别变了哪几种颜色? 你觉得猫会怎么想? 猫会喜欢不断变颜色的自己吗? 巫婆喜欢不断变颜色的猫吗? 为什么巫婆还要不断地变它?

(2)麻烦解决了吗? 如果你是巫婆,你会用什么方法呢?

二、教师引导幼儿翻看《巫婆与黑猫》故事书,完整阅读故事。

指导语:下面我们就来看看手里的这本书,看书的时候要注意些什么?

三、引导幼儿自主反省。

指导语:如果让你来做一只猫,你愿意做黑猫、绿猫还是彩色的猫? 为什么?

活动延伸

在班级的活动区,教师可以提供各种水粉颜料,以"我喜欢的小猫"为主题进行自由绘画活动,完成后展示幼儿的作品,请幼儿表达自己喜欢的小猫是什么样的? 为什么? 让幼儿学会寻找自身的优点。对表达有困难的幼儿,教师可以通过同伴的夸奖来帮助。

领域渗透

第一个环节设计可以渗透到美术领域,教师可以先让幼儿迁移以往的生活经验,根据自己的理解把想象中的巫婆用画笔画出来,然后再播放幻灯片进行对比,看看自己想的与故事里的巫婆是不是一样的;还可以渗透到音乐领域,在音乐的配合下用身体动作来表现巫婆和黑猫,给这个故事增添游戏的趣味。第二个环节可以渗透到社会领域"爱护图书",大家一起来讨论正确的看书方法,争做爱书人。第三个环节也可以渗透到社会领域,设置讨论话题"我想做的小猫"。通过讨论,让幼儿知道我们每个人都应该多站在别人的角度考虑问题,多为别人着想,自己才能获得幸福。

故事内容

巫婆与黑猫[①]

女巫温妮住在森林中的一幢房子里面。房子的外面是黑色的,房子的里面也是黑色的:地毯是黑色的,椅子是黑色的,床单也是黑色的,到处都是黑色的。温妮和她的猫住在这幢黑色的房子里,她的小猫叫小波,它当然也是黑色的,而这,恰恰是麻烦的开始。小波睁着眼睛坐在椅子上的时候,巫婆就能看到它,因为它的眼睛是绿的,可是当小波闭上眼睛的时候,巫婆就根本看不到它。所以,巫婆坐在了它的身上。小波睁着眼睛趴在地板上的时候,巫婆就能看到它,小波闭上眼

① 瓦拉里·托马斯.女巫温妮[M].桂林:广西师范大学出版社,2008:1—15.

晴的时候,巫婆就看不到它了,所以巫婆被小波绊倒了。

一天,巫婆被趴在楼梯上睡觉的小波绊了一个好大的跟斗,咕噜咕噜从楼上摔了下来,巫婆生气了,她决心施展魔法把小猫变个颜色。"阿不达拉卡"小波变成了绿色。这下小波在哪里巫婆都能看见了。

小波来到了草地上,巫婆又找不到它了,巫婆又一次被小波绊倒,摔进了玫瑰花丛中。这下巫婆更生气了,她念起了魔语:"阿不达拉卡。"小波变成了彩色的。

现在无论小波在哪里,巫婆都能看到它了,即使它在高高的树顶上,巫婆也能看到它。小波藏在高高的树上,它不想回家,小鸟们都笑话它是个奇怪的猫。巫婆等了一夜小波也没有回家,她开始着急了,很想念小波。她找到小波又把它变回了黑色,可是黑色会有问题啊……

巫婆又一次挥动了魔法棒"阿不达拉卡",她把房子变成了彩色的。

现在巫婆的房子不再是黑色的,它变成了有着红色屋顶和黄色门的房子。椅子变成了白色,垫子是红色的,地板是绿色的,还有粉红色的花,现在无论小波在哪,巫婆都能看到啦!

(案例提供:南京市游府西街幼儿园　杨静)

案例　大带小(大班)

设计意图

"哥哥""姐姐"一声声甜甜的呼唤、一张张期盼的笑脸,这是弟弟妹妹们在欢迎大班的哥哥姐姐,期盼着哥哥姐姐们能带他们一同游戏、一同玩耍,分享着快乐与喜悦。

在日常生活中,由于都是独生子女,孩子们都是家长的掌上明珠、关注的焦点。在与弟弟妹妹交往的过程中,应该怎样照顾他们、关注他们的想法和感受,带领弟弟妹妹共同成长呢?

活动中通过交流讨论不断丰富大班的幼儿与弟弟妹妹交往的技能、策略,学会关爱身边的人。

活动安排

时间:课后游戏、教学活动。

地点:小班教室。

方式:集体活动、个别活动。

活动过程

活动一:认识弟弟妹妹

1. 进入小班前,教师可先和本班的幼儿讨论怎样与小班的幼儿交朋友。

2. 通过情景表演,重点引导本班幼儿观察教师表演中的眼神、表情、声音、动作及简单的交流内容,丰富本班幼儿的交往技能。

3. 讨论:怎样才能记住自己的朋友,及相关的策略。

4. 进入小班后,教师主要观察本班幼儿的状况,可给能力较弱的幼儿一些建议,但不直接干预幼儿的交友过程。

5. 回班后交流自己是否交友成功及介绍自己朋友的姓名、特征。

活动二:送给弟弟妹妹礼物

1. 活动前。

(1)准备正方形的彩纸,每人两张以上。

(2)幼儿用一张彩纸,折好一个物品,用来吸引弟弟妹妹。

2. 活动中。

(1)回忆自己朋友的姓名及主要特征。

(2)帮助幼儿明确活动内容,猜测可能出现的困难及相应的策略。如:用折好的作品,吸引弟弟妹妹和自己一同折纸。

(3)大班幼儿将自己的作品及彩纸分别拿好,进入小班。

(4)幼儿自由交往后,教师先帮助第一次没有成功结伴的幼儿找到朋友。

(5)教师重点观察幼儿是否出现困难,并及时给予帮助。

3. 活动后。

引导幼儿反思交往策略。

活动三:和弟弟妹妹一起看书

1. 教师引导幼儿介绍自带图书,明确活动的要求,激发幼儿参与活动的兴趣。

(1)指导语:今天哥哥姐姐来和弟弟妹妹玩什么呢?(幼:看图书)请哥哥姐姐来介绍一下自己的书名,要让弟弟妹妹听得清楚,还要看得清楚。

(2)活动前,教师引导幼儿交流、讨论看图书的规则与要求。

指导语:看哪些哥哥姐姐会动脑筋,能让弟弟妹妹一直和你一块儿看图书,知道你的图书里说的是什么,如果弟弟妹妹不喜欢看,你有什么好办法呢?

(3)教师分别引导本班幼儿寻找自己的弟弟妹妹,进一步帮助本班幼儿明确自己的结伴对象。

2. 第一次共同看图书,教师观察幼儿的交往策略,并集中交流。

(1)教师引导幼儿分散自由看图书,重点观察幼儿的交往策略,是否能用不同的方法吸引弟弟妹妹一起活动。

(2)集中交流自己的交往策略。

指导语:谁愿意介绍一下,刚才你是怎么和弟弟妹妹一起看书的?你和弟弟妹妹看书时有什么困难?弟弟妹妹不喜欢和你一起看书怎么办?

3. 再次共同阅读图书,教师观察幼儿是否能调整交往策略。

指导语:刚才大家介绍了很多好的方法,这次你们再和弟弟妹妹一起看书,遇到困难时可以用大家讨论的方法,也可以自己想出新的办法,让弟弟妹妹愿意和你一起看书。

(案例提供:南京市北京东路幼儿园 陶蓉)

三、在生活和其他学科教学活动中防止儿童的欺负行为

鉴于欺负具有重复发生的特点,一旦欺负者习惯于以攻击性的方式行事,受欺负者就会重复受到欺负,两者间一旦形成稳定的"欺负与受欺负"的关系,则欺负干预起来就较为困难。因此,在学前期就应鉴别出有欺负行为和易受欺负的儿童,及早进行干预。

(一)在日常生活中防止儿童的欺负行为

欺负行为无论对受欺负者还是对欺负者都有非常大的危害,那么怎样才能减少和避免欺负行为的发生呢? 由于欺负行为的产生受多种因素的影响,而且这些因素交互影响错综复杂,因此通常会采取多种途径,综合各种措施,进行系统的矫正。

1. 远离暗示和鼓励欺负行为的环境,创设和谐自然、温馨舒畅的教育环境[1]

儿童的欺负行为许多都是从环境中习得的,因此首先应从社会环境中寻找那些可能导致儿童欺负行为的因素,并予以消除。如有的儿童是从电视、电影中学来的,就应禁止儿童接触这些不良信息。如果儿童的欺负行为是从父母那儿模仿来的,父母就应做自我检查,不断加强自身修养,做好孩子的表率。此外,还应提供一些正确的行为模式供儿童选择。如为儿童提供足够的游戏空间、各种娱乐器材等,避免因偶然的身体碰撞而导致攻击性冲突。研究证明,缺少游戏材料容易引起儿童的攻击性行为。如果玩具丰富儿童便可以在不引起冲突的情况下加入游戏。而且,家长应注意少给孩子买刀、枪等攻击性玩具,因为玩具本身的攻击性会引发儿童的攻击性倾向。在一个对 5—8 岁儿童的研究中发现,被鼓励使用攻击性玩具的儿童比使用中性玩具的儿童更容易发生争斗。

2. 培养儿童的同情心,鼓励儿童与人合作和对人亲善

心理学研究表明,一般情况下无论小学生、青少年还是成人,在受害者明显表现出痛苦时,都会停止攻击。[2] 然而学前儿童和有高攻击性行为的小学生则不然,他们会继续伤害受害者。心理学家认为他们这样做,是因为他们缺乏同情心,在

---

[1] 屈卫国.幼儿欺负行为的调查研究及其科学矫正[J].学前教育研究,2005(3):28.
[2] 陈会昌.儿童攻击性与家庭教育[J].父母必读,1996(3):4—6.

伤害别人时,他们一点都没有感到羞愧或不安。因此,培养儿童的同情心能有效地降低儿童的欺负行为。[①] 一方面,教师和家长应为幼儿亲身示范,引导幼儿分辨是非曲直,告诫幼儿莫因冲动行为引发不良后果;另一方面,注意帮助幼儿沟通,提供合作机会,引导幼儿和其他小朋友团结友爱,一起玩玩具,使幼儿懂得有了好东西应和他人分享,并从中得到欢乐。有欺负行为的幼儿一旦能与伙伴融洽相处,或有帮助弱者的表现时,教师和家长就应及时表扬,给予鼓励,强化儿童的良好行为。

3. 创设良好的教育环境,促进儿童健康人格的形成[②]

(1)创设和谐的心理环境

心理环境包括幼儿生活、学习和游戏的全部心理空间,特别是幼儿的学习、活动及生活的氛围。和谐的氛围有助于培养幼儿努力进取、勤奋向上的个性品质,也有利于形成和谐的师幼关系、同伴关系,使幼儿健康成长。相反,不良的心理环境,只能使幼儿感到处处受压抑,导致各种不良个性品质的形成。

(2)营造和睦的家庭环境

不要溺爱孩子,家长应该明辨是非,满足幼儿提出的合理要求,拒绝其不合理的要求。

给孩子正面榜样的示范作用。一方面要加强自身修养,尽量避免在孩子面前争吵、打架或恶意攻击;另一方面,孩子做错了事,要坚持说服教育,而不是用体罚、打骂的方法。

(3)建立良好的班集体

幼儿作为特定的社会成员,从群体意义上讲,首先要归属于幼儿园的班级集体,所以幼儿园教师在初建班集体时,应坚持正面教育和集体教育的原则,使幼儿个体的才能在集体中得到充分表现,逐步使幼儿产生自信和自主感。教师应引导、鼓励和帮助幼儿参加各种活动,并随时肯定、表扬他们的积极性和良好表现。如果对幼儿的活动及活动结果要求过严、指责过多、评价不公正,甚至采取讥刺、挖苦的口吻或不合适的惩罚,必然会挫伤幼儿的心灵,使他们自卑、失去信心,使其对自己应付周围环境的能力发生怀疑,进而影响身心的健康发展。

(4)提供良好的社会环境

尽量避免幼儿接触暴力场面、暴力行为,还应尽量避免提供有攻击性倾向的玩具,减少发生冲突的可能性。经常带幼儿到大自然中去,开阔心胸,培养其广泛的兴趣,逐渐转变其攻击性行为,最终达到"治标治本"的目的。

能与同伴友好相处

① 李凌艳.正确对待幼儿的攻击性行为[J].幼儿教育,1996(3):7—8.
② 王芳华.幼儿欺负行为的现象与分析[J].教育导刊,2004(Z1).

4. 在日常生活中进行道德教育

道德教育要十分关注幼儿遵守道德行为的主观动机,使道德行为成为他们内心的真实需要,而不仅仅是为了博得父母、教师的欢心,或者是为了避免受到惩戒,被迫去行使的。要做到这一点,父母、教师在日常活动中必须注意观察幼儿的行为,善于抓住时机,因势利导,通过暗示、提示、活动等,主动去刺激幼儿做出相应的反应,抑制不良行为的萌发,强化幼儿对道德行为的认同感。在日常生活中,教师应抓住契机,把握点滴细节,适时引导、暗示或者鼓励,能够更有效地促进幼儿产生积极的道德行为。

5. 具体教育方法

在幼儿教育过程中,国内研究认为可以尝试以下方法矫正儿童的欺负行为[①]:

(1)剥夺法

当儿童表现出攻击性行为时,可因此取消其获得正性强化的机会,以达到减少儿童欺负行为的目的。如儿童玩玩具时,如果出现了抢夺玩具的行为,教师可让该儿童暂时停止玩玩具,坐在一旁看其他小朋友玩。待儿童向教师表示不抢玩具了,再让该儿童和大家一起玩。对攻击性严重的儿童,可让他一个人待在一个安静的房间里,而且应让儿童明白他是因攻击性行为而被要求单独安静一会儿的。在一开始,儿童可能会大吵大闹,但不必理会,待他安静后,便可让他出来。使用此方法时应注意:①不要当着其他小朋友和教师的面过度处置儿童,以免挫伤其自尊心;②年龄很小的儿童出现攻击性行为,如果只是偶然的,就不宜采用此方法;③时间不宜过长,一般为十几秒至几分钟;④不宜经常采用。

(2)正强化法

使用剥夺法对儿童攻击性行为进行矫治时,最好与正强化法结合使用。教师和家长要及时鼓励、表扬儿童其他的亲善行为。这种对其他亲善行为的正强化可以更加突出剥夺法的作用,进而达到减少和消除儿童欺负行为的目的。在一项研究中,心理学家让托儿所教师特别奖励幼儿的亲善行为,如分享玩具、合作等。两周之内,这种方法有效地减少了儿童之间的身体攻击和言语攻击行为。几周后的继续实施又进一步降低了儿童的攻击性。

因此,对儿童的欺负行为"视而不见",而对他们好的行为大加赞赏可以避免只用惩罚方法带来的消极影响,同时又降低了儿童的攻击性,减少了欺负行为的发生。

(3)冷处理法

对幼儿来说,最大的愉悦莫过于成人对他的关注。如果对他们的攻击行为大声训斥,反而正中他们的下怀,起到了强化作用。这时,教师或者家长可以对弱小

---

① 屈卫国.幼儿欺负行为的调查研究及其科学矫正[J].学前教育研究,2005(3):28.

一方表示明显的关心与同情,对欺负者则不予理睬,使其表现欲望无法得到满足。这对有欺负行为的幼儿来说,是一种特别敏感的惩罚方式。

（4）榜样示范法

有攻击性行为的儿童之所以在解决冲突或人际交往中更多地运用攻击性的行为方式,这不仅是因为其所能想到的解决冲突或进行沟通的方法少于一般儿童,而且是因为他们所想到的方法普遍带有攻击性倾向。所以对于有欺负行为的儿童,有意把他们放在团结友爱、文明礼貌的同伴群体之中,当儿童看到榜样采取非攻击的方式能妥善解决冲突时,将会有利于纠正他们对欺负行为的认识。在采用示范法期间,应特别注意防止他们接触有欺负行为倾向的同伴,也就是减少他们对欺负行为进行学习的机会。同时,教师还应注意对有攻击性行为儿童的关心,启发他们思考,观察他们的行为变化,并及时鼓励他们进步。

当然,教师和家长也不要过分担忧孩子的欺负行为。因为孩子还小,可塑性很强,只要采用正确的方式进行引导和干预,是完全可以教育好的。

（二）在学科教学活动中控制和消除儿童的欺负行为

1. 运用游戏等活动渗透品德教育

游戏是幼儿园教育的主要方式之一,也是对幼儿进行品德教育的有效载体。品德教育不能简单地被认为就是将规定的思想道德价值像传授知识那样"教"给幼儿,而必须从幼儿自身特点出发,通过幼儿的活动,让他们在体验与他人的交往中,逐步形成正确的品德认识和良好的行为规范。如在组织表演游戏活动中,幼儿听到"爱开玩笑的小猴"故事中的小猴的捣蛋行为,被逗得发笑,但当他们自己表演时,逐步体验到被伤害的痛苦,转而对小猴产生愤怒的情感,懂得了不能伤害别人的道理。①

2. 对儿童进行移情训练

首先是增强儿童的情绪情感确认能力,费什巴赫（Feshbach）建议多给予儿童辨别人物表情的机会,如通过不同表情的"脸谱图"进行训练。其次是增强儿童采择他人观点的能力,设想不同人的偏好及可能行为。如"情景描绘"设置某种被攻击的情景,然后对被攻击者的受伤害情景予以渲染式的描绘,从而让攻击者目睹攻击情景,体会被攻击者受到伤害时的痛苦,唤起他们的痛苦情绪,进而让攻击者在思想上形成"伤害他人不对"的观念和贬低攻击行为的价值观。使攻击者在心理上产生施行攻击行为的内疚感,以此来抑制自己的攻击行为。最后是增加儿童的感觉反应能力,教师有目的地组织多种游戏活动让儿童在游戏中扮演不同角色,即角色扮演法。设置某种攻击情境,让攻击者扮演被攻击者,使其亲身体验被

---

① 王芳华.幼儿欺负行为的现象与分析[J].教育导刊,2004(Z1):50.

攻击时的恐惧、痛苦、厌恶和愤怒等心理感受。一个攻击者当他真正体验到作为被攻击者的滋味时，就会不自觉地抑制自己的攻击行为。教师可以在游戏结束后要求幼儿对故事情节进行讨论以确定所扮演角色情感的准确性。[①]

3. 游戏矫治法

为幼儿创设一个特别的游戏室，通过游戏让幼儿自发地、自然地将自己的心理感受与问题充分地表现出来，获得情绪上的放松，最终认识自我，并在教师的指导下学会控制自我。

拓展阅读

通过建构游戏矫正幼儿的欺负行为[②]

建构游戏中时常发生幼儿间的争吵、抢夺，继而引发欺负行为。因此，教师在建构游戏中要密切关注幼儿的行为表现，发现欺负行为及时进行个体早期干预。

一、为幼儿提供宽松的区域活动环境。

这里一方面是指充足的活动空间和丰富的操作材料，另一方面是指宽松和谐的人际关系。建构游戏中幼儿需要有较多的全身活动及来回走动的空间，并且幼儿拼插、搭建的作品多为立体的，所以应尽量给幼儿提供较宽敞的活动空间，满足幼儿自由操作摆弄的空间需要。此外还要投放丰富的建构材料，根据材料可操作、可创造性使用的程度，为幼儿提供丰富的成品及半成品材料，使幼儿在操作成品材料及以物代物的创造性操作中减少因材料不足而引发的攻击性行为。同时，引导幼儿共同营造一个"互帮、互让、互补、互长"的轻松和谐的人际交往环境，满足幼儿团体归属感的需要，使其在情感上得到同伴的支持，从而让幼儿感受到心理上的安全、舒适与责任感。这样能使幼儿以平和的心境来建构，在一定程度上抑制过激行为，减少欺负行为的发生。

二、在游戏中提高幼儿的交往能力，养成良好的意志品质。

建构游戏为幼儿与同伴的友好交往与合作搭起了舞台，激起了幼儿希望与别人交往合作的内在需要。为此，可在建构活动中引导幼儿主动、友好地与同伴交往、合作，使幼儿学会礼貌待人，遇到冲突时与同伴相互谦让、遵守规则等，让其通过感受作品的成功，体验与人合作、友好交往的乐趣与收获。这样在幼儿交往技能大大提高的同时，也就减少了欺负行为的发生。此外，鼓励幼儿积极专注地做一件事情，培养其坚持不懈，遇到困难勇于面对，直至做完为止的精神，培养幼儿

---

① 刘守旗，等.当代青少年心理与行为透视[M].合肥:安徽人民出版社,1998:223—233.
② 张华.建构游戏中幼儿欺负行为的有效矫正[J].山东教育,2007(33):10—11.

良好的意志品质,同时也能提高幼儿的自我控制意识与能力,对欺负行为的产生起到抑制作用。

三、在游戏评价中促进幼儿道德认知的发展。

在游戏中应努力提高幼儿的道德认知即道德判断水平。只有当幼儿知道了骂人、训斥人是不文明的,遇到问题不能出手打人,不能故意破坏别人的建构成果等这些正确的道德认识及价值判断,才能帮助其调节自己的不良情绪及行为,减少对别人的言语或身体攻击。大中小班幼儿的道德判断都处于他律阶段。因此,在建构游戏中借助具体情境和实物对幼儿的欺负行为进行评价,指导幼儿进行一定的、自主的是非判断,可收到事半功倍的效果。

让幼儿评价自己在建构过程中的各种表现,如与别人合作了吗?怎样合作的?合作的结果怎样?材料是如何使用的?都发生了什么问题?是怎样解决的?结果怎样?等等。幼儿自评后可针对热点(或未解决好,有争议的)问题引导幼儿同伴间互相议论、评价“我们到底应该怎样做”,让幼儿自己去动脑思考,解决问题,从而促进幼儿自我意识、规则意识和公平意识的发展,提高幼儿的自我调节与控制能力。

在游戏过程中,应时刻关注幼儿的情绪反应和行为变化,随时调整活动区的设置和材料的投放,克服其中的消极因素,有效地避免幼儿欺负行为的发生,促进其个性的健康发展。

第五节　儿童的冲突与教育

冲突是儿童生活中不可回避的事情。许多家长和幼儿教育工作者为此困扰不已。但皮亚杰认为冲突(尤其是地位相当的同伴间的冲突)是去自我中心的关键因素。在解决冲突的过程中,个体能够逐渐获得观点采择能力,学会协商、互助与合作,增长社会经验和规则意识,提高社会交往能力,并最终促进个体社会化和良好个性品质的发展。[①]

一、如何看待儿童的冲突

(一)冲突是儿童生活的一部分

儿童在谈话中有冲突,在活动中有冲突,在游戏中还会有冲突。因为游戏是儿童的主要活动,儿童会因游戏的角色而冲突,为游戏的材料起冲突,有时还会为游戏

---

①　鞠亮,邹泓,李一茗.同伴冲突解决策略及其影响因素的研究进展[J].心理发展与教育,2004(2):84—88.

的玩法发生冲突。当然,儿童也会因自己的自尊起冲突。还会为物(玩具的归属)冲突,为人(想加入游戏而被拒绝)冲突。冲突原本是人们之间的一种直接的反对关系,可在儿童生活中,冲突也成了儿童学会解决问题的一种途径。通过冲突,儿童学会了思考,学会了容忍,学会了交流,学会了妥协,学会了等待,学会了合作,学会了讨价还价。冲突造就了儿童的发展机会,冲突本身也体现着儿童的发展。

儿童间的冲突也是必然的,因为有儿童自我意识的存在,他们每个人都建立了以自己为中心的秩序。儿童间存在的差异造成了儿童对世界的不同理解,冲突也就成了儿童生活的一部分。他们合作、他们争吵、他们游戏,由此构成了儿童生活的全部。冲突是个人建立的秩序与外在秩序的对话,是个体的秩序顺应外界的秩序,也是个体同化外界秩序的过程。冲突也是原有水平遭遇新的挑战,也是原有的认知走向新的发展水平的过程。

儿童的生活中不能没有冲突。没有冲突,儿童的世界等于没有了竞争,儿童也就失去了部分发展的动力。儿童天性是好模仿的,天性也是好学习的。儿童对周围世界的认识也是少的,没有冲突,也就没有了儿童的发展,冲突是儿童发展过程中必须经历的过程。

(二)冲突让儿童明白,社会除了自己还有他人

儿童的冲突不断地来自于周围的世界,来自于周围世界对他已经建立好的秩序的挑战。儿童在以自己为中心的世界里,自己就是这个世界的主人,世界仿佛就是他自己一个人的。但来自同伴的竞争与挑战,让他困惑,让他不解,让他焦虑,同时也让他思考,最终也让他明白:这个世界不是只有他一个人,如果这个世界只有他一个人,他也就没有了朋友,没有了伙伴,当然也就没有了快乐。正是冲突,儿童才体验到:退一步其实也没有什么了不起,退是为了更好地进。通过冲突,儿童品尝到了竞争的滋味,理解了什么叫勇气,什么叫合作。

在儿童的世界,每个儿童都是平等的,不存在“小皇帝”的特殊身份。同时,儿童也是不平等的,因为他们之间存在着能力差异,他们会有自己的“中心”,当然也就必然会出现角色的差异。

(三)儿童的冲突应由儿童来解决

儿童是自己生活的主人,他们有生存与发展的权利。儿童有游戏和活动的权利,有说话的权利,当然也有吵架的权利,儿童也就有起冲突的权利,也有解决冲突的权利。没有了冲突的权利意味着儿童发展权利与发展机会的丧失。既然冲突是现实生活中不可避免的一部分,冲突也应是儿童生活的一部分。儿童通过冲突的解决体验真正的生活,体验矛盾,体验竞争,体验妥协。这种体验必须是儿童自己的选择。在儿童的游戏与生活中,他们随机地选择是否发生冲突,决定冲突如何解决,是妥协、求助,还是坚持竞争?从不会表达、不会沟通到自然表达;从退

缩到竞争;从只有竞争到协商、沟通、合作方式的尝试,儿童获得了个体发展的机会,也在解决各种冲突过程中,体验自己和周围的同伴都是生活的主体。儿童在冲突过程中的体验使儿童从以个人为主的世界走向共同拥有的世界。儿童的冲突必须最终由儿童自己来解决!也只有儿童自己解决冲突,儿童才能体验到个人主体的存在。

儿童在冲突中能得到发展与锻炼。儿童生活在自己的世界,他们才是儿童世界的主人。当然,有些时候儿童的世界也需要成人介入,但是参与儿童世界的成人也应该有童心,应该与儿童是平等的,而不是对儿童指手画脚的"传道士",更不能盛气凌人般的说教。至少在人格上,儿童与成人是平等的。游戏是儿童的主要活动方式,是儿童生活的核心。所以,成人的说教、诱导最好能通过游戏来实现,让幼儿在游戏中亲身体验。[①]

二、冲突中的儿童

也许是不起眼的事,也许是不引人注目的儿童,在他们的身上却总有让成人侧目的事情发生。冲突是儿童生活的一部分,儿童的世界也离不开冲突。经过学习,经过观察,通过模仿,儿童会一步步地走向合作与交流的境地。

(一)冲突中的儿童是交流的

世界需要交流,儿童也需要交流。正是交流,让儿童明白他人的观点,同时也让别人了解自己的想法。当然,可能由于发展水平的限制,不必要的身体交流也许少不了,但这是儿童成长的"学费"。也许经过数次的冲突,儿童会自己发现,交流原来是解决冲突最好的"武器"。通过冲突他们明白,事情原来是这样的,"是我没有明白老师的意思"或者"他的办法是比我的办法要好"。

正是因为有了冲突,儿童学会了申诉,学会了反驳,学会了平时很少用的词汇,学会了流利地说话,当然也许他刚开始的时候只会哭。同时,儿童也学会了倾听,学会了控制,学会了控制自己的情感,逐渐地还将学会冷静,学会冷静地辨别。

(二)冲突中的儿童是妥协的

在儿童的世界中,儿童不会因为达不到自己的目的而躺在地上要赖,可在家里不一样,这可是他们的制胜法宝,百试百灵的"武器"。尽管有时,儿童的要求是合理的,他也会因为同是儿童的另一方的坚持而妥协。虽然他也会说,"有什么好玩的"或"不玩就不玩,有什么了不起",当然这些都是儿童自己妥协的借口。其实妥协也是一种策略,也是一种面对挫折的策略,是一种思维的转换,失败一次算什么呢,世界又不会为之而倒塌!

---

① 蒲雯,严仲连.儿童世界的冲突及冲突中的儿童[J].高教论坛,2005(1):70—72.

想想有些小学生、中学生甚至大学生,面对一次失败就轻言放弃,相比幼儿,他们可是"渺小"了许多。"那好吧,你参加进来吧",面对规则,面对同伴的乞求,有时儿童最终也会选择妥协。

正是冲突让儿童知道,好玩的东西、好看的东西大家都喜欢,要想能享受其中的快乐,等待也许是最重要的。在等待中学会容忍,学会同情。正是由于等待让儿童的毅力得到发展,同时也给了儿童更好的发展机遇,或许长大了,他不会因为成绩不好而离家出走,不会因为成人的不理解而自暴自弃。正是冲突中的失败,增加了儿童的耐挫力。

(三)冲突中的儿童是明理的,知错就改

儿童不会像成人一样明明错了,还会死要面子,坚持不改;也不会因为吃了亏而耿耿于怀。他们会妥协,会交流,也会乞求,会商量,"让我玩一会儿,好吗?""我拿这个跟你换,行不行?""走就走"也是一种妥协,嘴里虽说要面子,但面对同伴的坚持,儿童也不得不放弃自己的坚持。

"你犯规了,你得下","不要吧,你刚才不也这样了",话虽如此,但面对同伴的坚持,儿童也得遵守他们共同的秩序。儿童有自己的逻辑,有自己的规则。这些秩序让儿童学会了个人的秩序要服从集体的秩序。认同了集体的秩序,也就是说,他知道了集体的存在,知道在集体中要学会控制自己的情感,学会理解他人的想法。

(四)冲突中的儿童是思考的、坚强的

也就是说,冲突中的儿童是明智的。在成人的适当引导下,儿童在自己的世界里学会了控制自己,学会了约束自己。面对刚与自己发生过冲突的小朋友,儿童大都不会放在心上,不会像成人一样斤斤计较,表面上虽然没说什么,但是骨子里却"恨得咬牙切齿"。也许刚才是朋友,一会儿就成了"对手",但过不了多久,他们又会成为朋友,这就是儿童世界的规则,没有"永远"的"敌人",却只有"永远"的朋友。

尽管可能会面对数次的冲突,面对数次的挫折,然而与新的游戏和新的朋友相比,这些都算不了什么。儿童会尝试着用各种不同的方法去交流,去游说:"我和你一起玩,行吗?"看见小朋友遇到难题了,尽管他自己解决起来也很困难,但他会说:"我来帮你吧。"可见,儿童是动脑思考的,也是坚强的。

可在成人的眼里,儿童是弱小的,是无能的。正是这些对儿童的不正确看法,才让成人把儿童放在温室之中。看来,还是成人低估了儿童![①]

三、幼儿教育中应用冲突进行教育的目标

在《3—6岁儿童学习与发展指南》中把冲突列为儿童社会化的一部分,根据儿

---

① 蒲雯,严伸连.儿童世界的冲突及冲突中的儿童[J].高教论坛,2005(1):70—72.

童的年龄特点,设立了不同的目标。

小班:与同伴发生冲突时,能听从成人的劝解。

中班:与同伴发生冲突时,能在他人帮助下和平解决。

大班:与同伴发生冲突时能自己协商解决。

四、成人处理冲突的相关策略

一是教师中心策略。教师通常会帮助幼儿澄清问题,讲述冲突双方的体验、感受、需要和想法,然后提出建议,如要求冲突一方向另一方让步,或双方都认可的方式。这种策略对冲突本身来说,直接有效,可以很快地平息冲突。但幼儿并没有积极参与其中,幼儿的主体性发展在冲突中受到一定限制。

二是幼儿中心策略。教师将干预、调解的主动权让给冲突情境中的幼儿。先倾听他们的观点,或者让他们相互体验对方的感受,表达自己的愿望。这种策略被认为是解决幼儿冲突的长效机制。但现实中能够实施的情况并不多见,它对幼儿的主体性发展水平有一定的要求。

三是高权威策略。教师以教学日程、教学计划为出发点,压抑冲突双方的情绪。这种策略被理论研究者认为是最不可取的策略,因为被批评使儿童失去了生成课程的机会。①

五、面对儿童世界,成人应该反省些什么

(一)成人对儿童冲突的误解

是谁误解了儿童世界的冲突?可能正是慈祥的爷爷、奶奶,疼爱孩子的父母,还有好心的教师。他们认为,儿童应该是温室的花朵,只有温暖没有饥寒,只有阳光和雨露,没有雷鸣风暴。他们认为,好孩子应该是乖乖地待着,他们认为世间坏人太多,孩子应该待在温室里,好好地生长。孩子受了委屈,还有教师呢,再说,万一教师让孩子吃了亏,还有父母呢。正是这些"疼爱"自己孩子的人,是他们把孩子,把未来的一代变得唯唯诺诺,把孩子变成了经不起风霜的娇嫩的花朵,也正是他们的好心,剥夺了孩子发展(成为社会人)的权力。可是,有一天当他们明白,这些好心的关照与爱护有损于儿童发展的时候,可能一切都已经晚了。

在成人看来,儿童世界是可笑的:一个小木片、一张废旧的纸张,这些东西居然会吸引儿童的注意力,让他们乐在其中,陶醉在其中,有时他们也会为这些不值钱的东西发生激烈的冲突。可正是这些可笑的东西,在儿童的手中变成了成人世界中一件件真实物品的"替代",让儿童去探索未知的世界。正是这些东西,发展

---

① 晋兴春.应对幼儿冲突的策略与技术[J].学前教育研究,2006(6):9—10.

了儿童的智力,发展了儿童的能力,让儿童成为一个"社会"的人。

(二)成人世界应该反省什么

成人对儿童冲突的影响,除了对儿童冲突的直接干预,也许面对日益激烈的冲突,成人世界也应该反省:为何巴以冲突,让儿童成为"人体炸弹"? 为什么非洲的丛林中,活跃着"童子军"的身影? 本该是游戏的年龄,却过早地介入成人的是非,这里不是想对巴以冲突进行评说,而是为儿童世界遭受这样的"入侵"而不平。

(三)儿童的冲突有时也需要成人的引导

面对儿童的求助,成人不要把自己真的当成了儿童世界的"仲裁者"或"救世主"。因为儿童的冲突最终还得靠儿童来解决。儿童在自己的世界体验创造的乐趣,体验合作的乐趣,体验进步的乐趣。成人最多应该是儿童思维的启迪者。是成人接住了儿童抛过来的球,同时,又把球抛给了儿童自己,让儿童在相互协商中进步,在相互讨论中发展。为了一个角色,成人制定了相应的游戏规则。为了更好地合作与参与,成人可以教给儿童策略,儿童正是在应用这些规则时理解规则,并完善规则和遵守规则,儿童在这样的过程中,也就一步一步地融入他人的秩序之中,接纳了社会的秩序。儿童正是这样一步一步地理解社会的秩序,逐步地成为社会中的人。[①]

第六节　儿童的攻击行为与教育

攻击行为又称侵犯行为,是儿童身上比较常见的一种不良社会行为,通常表现为对他人打、抓、撞、骂、威胁、恶意中伤等。儿童的攻击性发展状况既影响儿童人格和品德的发展,同时也是个体社会化成败的一个重要指标。

一、儿童的攻击行为的类型及发展

(一)攻击行为类型

攻击行为是一个由各种不同成分——伤害或毁坏性、有意性、唤醒性及厌恶性构成的范畴。其中,伤害或毁坏性是指攻击行为必须具有实际或潜在的伤害或毁坏性;有意性是指攻击行为必须是有意的;唤醒性是指攻击行为涉及唤醒,即实施攻击者存在情绪及生理上的唤醒状态;厌恶性是指攻击行为必须是受害者所厌恶的。

概言之,攻击是指有意伤害他人(包括身体伤害或心理伤害)的行为或倾向,其核心特征为"有意伤害性",攻击通常还涉及愤恨或想要伤害他人的情绪或内部

---

① 蒲雯,严仲连.儿童世界的冲突及冲突中的儿童[J].高教论坛,2005(1):70—72.

心理状态。[①] 在对攻击行为进行界定时,必须综合考虑上述各种成分,而不能仅仅以其中一种成分或一个维度作为依据。

根据不同的维度,攻击可分为不同类型。如:劳伦茨(Lorentz)和雷斯(Reise)把攻击分为情感性攻击和工具性攻击;哈吐普(Hartup)把攻击分为敌意性攻击和工具性攻击;艾沃雷尔(Averile)把攻击分为可接受的攻击和不被接受的攻击;美国心理学家道奇和考依将攻击分为反应型攻击和主动型攻击。在这些分类中,哈吐普的观点得到了广泛采纳。所谓工具性攻击是指儿童为了获得某个物品而做出的抢夺、推搡等动作。这类攻击本身不是为了给受攻击者造成身心伤害,攻击在这里被当作工具或手段,用以达到伤害以外的其他目的(如得到玩具)。而敌意性攻击其根本目的就是打击、伤害他人。从研究的角度看,哈吐普的分类有较高的信度,但其效度有时难以保证。因为一些敌意性攻击具有工具性攻击的功能,而一些工具性攻击则表现出敌意性攻击的愤怒反应。[②] 如一个男孩用力推一个女孩,可以看作敌意性攻击,但如果男孩只是为了抢夺女孩的玩具或物品,这种行为也可以被认定为工具性攻击。

(二)儿童攻击行为的发展

儿童的攻击行为起源于何时?它有哪些特点?发展心理学家对这些问题的兴趣由来已久。有研究表明,儿童早期与同伴之间的社会性冲突至少在儿童出生以后的第二年就开始了;12—16个月的幼儿相互之间的行为,大约有一半可以被看作是破坏性的或冲突性的;但随着儿童年龄的增长,这种冲突行为呈下降趋势,到2岁半,儿童与同伴之间的冲突性交往只有最初的20%。[③] 也有研究指出,年仅12个月的幼儿在一起时,已开始显露工具性的攻击行为,他们大多数的攻击行为涉及玩具和所有物,并指向同龄伙伴,有时候儿童也会攻击父母或比他们大的儿童,但是这类攻击行为相对要少些。

儿童攻击行为的发展规律可通过以下四个维度来研究:攻击行为的起因;攻击行为的类型;攻击行为的表现方式;攻击行为的性别关系。

1. 攻击行为起因的发展变化

引起儿童攻击行为的起因的性质随着儿童年龄的增长而发生变化:婴儿和学前早期儿童的攻击与冲突主要是由物品和空间的争夺引起,由具有社会意义的事件(游戏规则、行为方式、社会性比较等)引发的攻击所占的比例很小;进入学前期,由具有社会意义的事件引发的儿童间的攻击行为逐渐增多。一些研究人员观

能与同伴友好相处

---

① 纪林芹,张文新.儿童攻击发展研究的新进展[J].心理发展与教育,2007(2):122—128.
② 张文新.儿童社会性发展[M].北京:北京师范大学出版社,2006:339—340.
③ 程学超,等.儿童侵犯行为发展研究综述[J].心理发展与教育,1992(1):43—53.

察发现,儿童到4岁半时,由具有社会意义的事件引起的攻击行为与由物品和空间问题引起的攻击行为首次达到平衡。① 此后,儿童的攻击行为基本是由具有社会意义的事件引起的。

2. 攻击行为类型的发展变化

从学前儿童攻击行为类型的发展变化来看,学前儿童不仅表现出更多的攻击性,而且其冲突更多是为了争夺玩具和其他物品,主要采用的是"工具性攻击"。随着年龄的增长,学前儿童由行为规范等社会性问题而引起的攻击行为越来越多,攻击的对象大多以人为中心,主要采用的是"敌意性攻击"。整个学前期,工具性攻击逐渐减少,敌意性攻击逐渐增多,表现出一种以工具性攻击为主向以敌意性攻击为主变化的趋势。这一转变的原因可能是年龄较大的儿童具有了推测对方意向和动机的能力,因而儿童的报复就更多地指向攻击者本人。②

3. 攻击行为表现方式的发展变化

从学前儿童攻击行为的表现方式来看,3岁前的儿童更多地使用身体上的攻击;随着年龄的增长,3岁后的儿童身体攻击逐渐减少,言语攻击的比例逐渐增加。其原因不仅是因为儿童言语沟通技能的提高,而且也是因为成人社会期望与行为规则的变化。大多数父母和教师对大年龄儿童出现的身体攻击比较重视,坚决予以制止,而对他们的言语攻击则容易忽视。③

4. 攻击行为的性别差异

有研究表明,儿童的攻击行为有明显的性别差异,主要表现为:男孩攻击行为明显多于女孩。随着年龄的增长,儿童的攻击行为越来越多地发生在同性之间,异性同伴间的攻击逐渐减少。小班儿童攻击同性伙伴与异性伙伴的比例无显著差异,而中班和大班的儿童攻击同性伙伴的人次显著多于异性伙伴。研究者同时指出,男孩攻击行为明显多于女孩是由儿童的生理特点所致。而中班和大班儿童攻击同性伙伴的比例明显多于异性则与这一年龄阶段儿童的性别角色认知的发展有密切关系。4—5岁以前,儿童仅对自己的性别进行自认,处于"基本性别同一性"阶段;5—7岁儿童不仅能稳定、准确认识自己的性别,而且能正确认识他人的性别,其性别认知已达稳定性阶段,这一认知水平影响他们的性别角色行为。④

---

① Parke,Ross D. & Ronald G. Slaby. The development of aggression. Mussen,P. H. & E. M. Hetherington(ed.),Handbook of child psychology,vol 4:socialization,personality,and social development. New York:Wiley,1983:547—641.

② 张明红.学前儿童社会教育[M].上海:华东师范大学出版社,2008:86—87.

③ 同上.

④ 朱嬰,薛爱芝,等.学前儿童攻击行为的发展与教育对策[J].中国儿童保健杂志,2001(4):271—272.

(三)影响儿童攻击行为的因素

影响儿童攻击行为的因素有很多,主要包括以下几个方面:

1. 生物学因素

它为儿童攻击行为的产生提供了必要的物质前提。

首先,与大脑的协同功能有关。行为是大脑认知的直接结果,而大脑的功能又是认知活动的物质基础。攻击行为作为人类思维的一种特殊形式,很可能是在大脑两半球处在非均衡和变异状态下大脑所产生的行为。张倩等关于攻击行为儿童大脑两半球的认知活动特点的研究表明,攻击行为儿童与正常儿童相比,大脑两半球均衡性较低,左半球抗干扰能力较差,右半球完形认知能力较弱,这可能是儿童攻击行为的某些神经心理学基础。

其次,与情绪唤起水平有关。心理学家齐而曼、罗杰斯等人的研究证明,一般化非特异性的唤起水平的提高,会直接导致人们攻击行为的增加。20世纪70年代后的大量研究发现,不仅总的情绪唤起水平直接影响到人们的攻击行为,特异性的唤起水平,如性唤起,也会增加人们的攻击性。[1]

最后,与性激素有关。男女儿童之间攻击行为的明显差异在很大程度上是受性激素水平的影响。

2. 社会环境因素

主要包括家庭、教师、同伴群体与大众传媒等因素。

家庭在儿童行为社会化的过程中起关键作用。缺乏温暖的家庭、不良的家庭管教方式以及对儿童缺乏明确的行为指导和活动监督都可能造成儿童以后的高攻击性。[2]有些父母常常会采用惩罚、打骂的方法对待孩子的调皮和不听话,实际上,这样做会在无形之中为孩子提供攻击行为的模仿原型,容易诱发儿童的攻击行为,因为这会给儿童一定的心理暗示:"当别人让你不满意、不舒服的时候,你可以这样对待他。"

教师在儿童行为社会化的过程中起着重要作用。对学前儿童来讲,每天大约有1/3的时间是在幼儿园度过,与教师共处的。教师的教育观念、对幼儿的评价以及对攻击行为的处理方式等,都会影响儿童攻击行为的产生和发展。例如,教师对某些儿童的消极评价,如给儿童贴上"攻击性强"的标签,其他儿童与这个儿童交往时,就会带着"他爱打人","他是个坏孩子"的偏见,由此引发和助长了儿童更多的攻击行为。有时候,教师对攻击行为的过度关注,对儿童犹如是一种负强化,而较少关注或没有及时鼓励儿童的亲社会行为,也会使儿童的攻击行为增多。

同伴群体也是影响儿童攻击行为的重要因素。研究表明,群体的相互作用,

能与同伴友好相处

---

① 章志光.社会心理学[M].北京:人民教育出版社,1996:317—344.
② 张文新,等.儿童欺侮问题研究综述[J].心理学动态,1999(3):37.

可以导致人们攻击行为的增加。同伴群体的感染作用、去个性化作用等,会导致儿童相互模仿、降低攻击他人产生的负罪感,从而直接增加儿童的攻击性。①

实验室研究和生活事实都证明,大众传媒中的暴力传播会增加儿童的攻击性。当今的影视作品等多含有暴力情节,且相关的情节描述越来越细致,而儿童模仿影视情节犯罪的报道更是时有所闻。可见,传媒中的暴力渲染也是导致儿童攻击性增强的一个重要因素。②

3. 个体因素

首先,与儿童的道德发展水平和自我控制水平有关。研究表明,道德水平越高,儿童也就越容易从他人利益的立场感受和思考问题,行为也就越趋近于正好与攻击相反的亲社会方向。自我控制也是直接与攻击行为相联系的个人品质因素。研究发现,当用特定的实验条件使个人的自我意识和控制水平下降时,攻击性行为就会明显增加。③

其次,与儿童的社交技能水平有关。研究发现,与受欢迎的儿童相比,攻击性男孩对冲突性社会情境的解决办法较少。并且,他们解决社会性争端的办法往往比攻击性较低男孩所提出的办法效果更差。④

最后,与个体固有经验因素有关。社会学理论认为,儿童遭受身体虐待和他们长大以后的攻击性行为之间存在着一定逻辑的理论关系,即身体遭虐待的经历会使儿童产生攻击性行为。

二、在生活与其他学科教学活动中减少和控制儿童的攻击行为

(一)在日常生活活动中减少攻击行为的要求⑤

1. 有效干预儿童的攻击事实

有人观察幼儿园孩子的日常活动后发现:如果对儿童的攻击行为不加干预的话,即使是比较内向温和的儿童,在偶尔几次攻击他人并从中获得"好处"后,也会变得专横起来;原来就有攻击性行为的儿童得到"好处"后,其攻击性行为日趋严重。大多数心理学家赞成班杜拉的社会学理论,即侵犯是习得的,但也可以通过学习过程予以消除。因此,在儿童攻击性行为发生后,教师和家长应该进行干预,使儿童意识到侵犯行为是不能被接受的,懂得什么行为是错误的,应该遵守哪些行为规则。如果儿童有非常严重的攻击行为,如打骂他人、无理顶嘴等,教师和家

① 张文新,等.儿童欺侮问题研究综述[J].心理学动态,1999(3):37.
② 章志光.社会心理学[M].北京:人民教育出版社,1996:317—344.
③ 同上.
④ 周宗奎.现代儿童发展心理学[M].合肥:安徽人民出版社,2000:363—366.
⑤ 张淑满.试论学前儿童的攻击行为及矫正策略[J].早期教育,2012(9):25—27.

长应给予惩罚,绝不能姑息迁就。例如可取消他的某些权力,不许他参加喜欢的活动,直到行为正常为止。对儿童进行惩罚时要注意两点:一是惩罚要与说理教育相结合;二是禁用体罚,使用体罚,会给儿童提供一个攻击性的榜样。[①]

2. 及时鼓励儿童的亲社会行为

虽然惩罚可以阻止和消除儿童的侵犯行为,但那毕竟是一种被动的"救火式"矫正措施,而及时鼓励儿童的亲社会行为,如谦让、帮助、分享、合作等,则是从更积极的角度防范和矫正儿童攻击行为的好办法。在一项研究中,心理学家让幼儿园的教师对儿童的一般性攻击性行为"视而不见",有意忽略和不加惩罚,而只奖励那些亲社会行为,如分享玩具等。两周之内,这种方法有效地减少了儿童之间的身体攻击和语言攻击行为。几周后继续实施,又进一步降低了攻击行为发生的频率。儿童的亲社会行为是在父母、教师和同伴的教育影响下,通过模仿、认同、内化等心理机制,在个体社会化的过程中逐渐形成的。亲社会行为的发展,对有效避免儿童攻击行为的发生具有重要意义。

3. 帮助儿童掌握解决社会性冲突的技能和策略

学前儿童由于知识经验缺乏,自制力较弱,社交技能水平较低,当同伴之间遇到社会性冲突和矛盾时,常常由于缺乏解决人际问题的策略,而以攻击性方式来解决彼此间的冲突。因此,对儿童进行社会交往技能训练是十分必要的。比如当儿童遇到自己无法解决的社会性冲突问题时,引导他们向成人请教,或者教师利用角色扮演、移情训练、价值澄清等方法,开展故事讲述、情景表演、谈话活动等,组织儿童积极参与学习、观察、讨论,为儿童提供正确的榜样示范。当儿童学习和自觉使用非攻击性的方式时,如轮流、等待、谦让、分享、合作等,就会有效地解决社会性冲突,减少和避免攻击性行为。[②]

4. 创设非攻击的环境,远离暴力和不良诱因

为了消除不良环境对儿童行为的影响,我们要尽量使儿童在比较宽敞的空间活动,因为过分拥挤的环境势必会增加儿童的攻击行为。家长和教师还应该注意少让儿童接触那些容易诱发攻击行为的仿真手枪、刀具等玩具。社会心理学家伯克维茨通过著名的"武器效应"实验证明,攻击行为的发生受情境侵犯线索的影响,与侵犯有关的刺激能使攻击行为增强(某国频频发生的儿童枪击暴力事件,与该国社会的武器泛滥是分不开的。有人统计指出,该国一个 15 岁的少年在成长过程中,已经从电视上看到 15000 例的凶杀镜头)。观察学习、潜移默化、相互模仿,是儿童行为形成的重要途径。因此,要特别关注传媒对儿童心理的各种积极

能与同伴友好相处

① 马剑侠.学前儿童攻击行为的发展特点及矫正[J].教育评论,2002(2):3.
② 张明红.学前儿童社会教育[M].上海:华东师范大学出版社,2008:92.

的和消极的影响。家长应该对儿童所看的电视节目加以甄别和控制,避免儿童遭受暴力、凶杀和色情画面的毒害,从而净化儿童成长的环境。[①]

(二)在其他学科教学活动中减少儿童的攻击行为

针对托班和小班幼儿游戏的特点,在角色游戏和户外活动中有意给幼儿提供足够的同一种类玩具和活动器械。而针对中、大班儿童的特点,在活动前有意识地提问儿童,与儿童商量和讨论,如游戏或活动的玩法、角色的分配、场地的合理安排、玩具的有效利用和配置等,提高儿童同伴间合作和友爱的技能。反之,如果教师草率地安排教育活动和游戏活动等,不提出明确的活动要求和规则,则极易产生攻击性行为。

移情能力是指在人际交往中,个体感受、理解他人需求与情绪的能力。费什巴赫等人的研究表明,移情能力与攻击行为之间存在负相关,即移情能力越高,侵犯性越低。一个善于觉察和体验别人痛苦的人,能有效抵御外在压力,阻止对他人的伤害。家长和教师可针对儿童的心理特点,通过情境教学,由简单到复杂,循序渐进地培养儿童从他人的视角看问题,用他人的情感体验生活的能力。

移情训练法减少和控制儿童攻击行为的具体做法如下[②]:

首先,增强儿童的情绪情感确认能力。如不同表情的"脸谱图"训练,将画有不同表情(高兴、伤心、生气、难为情等)的脸谱逐一向儿童展示,让他们命名脸谱的不同情绪状态,按脸谱的不同情绪状态追忆各自的生活经验,进行情感匹配,设想在什么情境下会产生什么样的情感,根据不同的情感体验,说说各自的心理感受。

其次,提高儿童采择他人观点的能力。向儿童讲述一系列故事并让儿童回答故事中人物的感觉,或者让儿童设想不同人的偏好及可能行为。如"情景描绘",设置某种被攻击的情景,然后对被攻击的伤害情景予以渲染式的描绘,从而让儿童目睹攻击情景,体会被攻击者受到伤害时所造成的痛苦,唤起儿童的痛苦情绪,从而使他们在思想上形成"伤害他人不对"的观念,形成贬低攻击行为的价值观,在心理上产生对攻击行为的内疚感,以此来抑制自己的攻击行为。

最后,增加儿童的情感反应能力。通过有目的地组织多种游戏活动,让儿童在游戏中扮演不同角色。如设置某种攻击情景,让攻击者扮演被攻击者,使其体验被攻击时的恐惧、痛苦、厌恶和愤怒等心理。当一个攻击者真正体验到被攻击的痛苦滋味,那么以后再对别人施以攻击时,原来体验过的被攻击的痛苦等心理反应就会重现,这时他就会不自觉地抑制自己的攻击行为。在游戏结束后可以要求他们对故事情节进行讨论,以确定所扮演角色情感的准确性。

---

① 马剑侠.学前儿童攻击行为的发展特点及矫正[J].教育评论,2002(2):3.
② 杜红梅,冯维.移情与后果认知训练对儿童欺负行为影响的实验研究[J].心理发展与教育,2005(2):81—86.

第五章　儿童的自尊、自信、自主教育

　　自我是心理学研究的基本问题,是维系个体心理健康并形成健全人格的核心问题。个体对自我的认知从无到有、从简单到复杂。对自我的认知是儿童社会化的一个重要目标,是建构人类复杂行为的基础。儿童自我认知的发展是儿童社会化的一个方面。儿童对能力的认知在某种意义上也可视为自我认知的拓展。本章主要介绍儿童自尊、自信、自主方面的特点,以及家庭、幼儿园、同伴关系、自身因素等对自尊、自信、自主的影响,结合《幼儿园教育指导纲要》和《3—6岁儿童学习与发展指南》确定的目标,讨论幼儿园自尊、自信、自主等方面的教育活动。《3—6岁儿童学习与发展指南》中涉及多元文化教育问题,考虑到章节的平衡,我们把“多元文化的尊重”这一主题纳入到“具有初步的归属感”这一部分。

第一节　儿童的自我认识与教育

一、儿童自我认识概述

(一)自我意识的含义

　　人不仅能意识到客体的存在,而且具有自我意识,人能够把“自我”和“非我”“主体”和“客体”区别开来,能够觉察到外部事物的存在和自己的内部心理活动。[①] 自我意识有时也叫自我觉察,或自我认知,是人对自身以及对自己同客观世界的关系的意识,是个体认为自己是区别于他人和其他物体的独立个体,是在个体与他人互动的过程中形成的关于“我是谁”的概念,是个体对自己的生理、心理、社会等方面的认识。[②] 其中生理状况指身高、体重等,心理特征指兴趣爱好、能力、性格、气质等,而社会关系指自己与他人的关系,如自己与周围人相处的关系、自己

---

　　①　彭聃龄.普通心理学[M].北京:北京师范大学出版社,2004:6.
　　②　刘凌.婴儿自我认知的发生、发展及其与母婴依恋的关系[D].大连:辽宁师范大学,2009.

在集体中的位置与作用等。

人们对自我意识的结构有不同的看法。现在被广泛认同的观点是：自我意识具有自我认识、自我体验、自我控制三个子系统。但詹姆斯有不同的看法，自我概念最早由詹姆斯提出（James，1890）。他认为自我由四个部分组成：物质自我、社会自我、精神自我和纯自我。其中物质自我是基础，社会自我高于物质自我，精神自我在最高层。

关于自我认识方面的研究比较多。其中影响比较大的有：沙利文（Sullivan）强调家庭成员对儿童自我形成的直接作用，在家庭成员的影响下，儿童发展出三种成分的自我系统：好我、坏我和非我；罗杰斯（Rogers）把自我区分为真实自我和理想自我①；1982 年伯恩斯在《自我概念与教育》中，提出了自我概念的三种功能：保持内在一致性、决定个人对经验怎样解释、决定着人们的期望。

（二）自我意识的发展与教育

1. 自我意识存在指标

自我意识是否存在，可以从自我意识的含义去界定，也可以根据学者们提出的判断自我意识存在的指标或指标体系。我国学者基本认同心理学家安南耶夫关于儿童自我意识发生的指标观点。安南耶夫认为，自我意识的存在与发展是一个系列过程，判定儿童自我意识的发生指标是系列的。

初级自我意识的判定指标，即儿童能分清自己和他人。这里的自我意识的出现应同儿童从动作对象中分出自己动作的能力联系起来，如果儿童把自己的手当作其他物体一样来吃，而且还咬得哇哇大哭，这时儿童没有分清自我身体与周围物体。要到出生的第一年年末，在由成人组织和指导的初级游戏活动过程中，儿童初步意识到自己的动作、动作的动机和目的，也就是发生了初级的自我意识。②

儿童把自己同自己的动作分开，也就是他意识到他所做的动作是"他的动作"，这些动作的原因是他自己，他是活动的主体。儿童能使用自己的名字，这是儿童自我意识的巨大飞跃，它能过渡到把自己当作固定的整体从变化着的动作的连续进程中分出来，儿童通常用自己的名字或他人对自己的称呼"宝宝"来称呼自己，这是儿童自我意识形成的最重要因素；儿童能用第一人称"我"来代表自己，经常用"我的、我有"替代自己的名字，这表明儿童从自己的表象向思维的过渡，儿童的自我意识已明显产生了。

2. 儿童自我意识的发展

新生儿具有从环境中接受信息的感觉能力，有很强的言语机能。3—7 个月的

①　黄希庭.人格心理学[M].杭州：浙江教育出版社,1998：369.

②　杨丽珠.试谈儿童自我意识的发展[J].辽宁师范大学学报(社会科学版),1985(2)：19.

婴儿能够辨别成人说话的不同语调,能辨别母亲的声音与他人的声音。

对于新生儿是否存在自我概念,目前的观点认为自我意识在个体身上存在着较大差异。目前的观点不一,有些研究者认为,新生儿不能把自己从环境中区分出来,他们在心理上把自己和照看者融为一体,他们不知道人从哪里来,在哪里结束。因此,新生儿没有形成真正的自我概念。而有些研究者则认为,新生儿有能力从环境中区分自己,包括区分他们的主要照看者。[1]

12个月的幼儿学会说"我""我的",而且能很高兴地宣布对所喜欢玩具的所有权。他们知道自己的名字和小名,能够用名字称呼家庭成员。在这个意义上他们在声明自己的身份。[2] 这说明儿童的自我意识已经存在。

12个月后幼儿有良好的视觉和听觉,他们可以区分周围重要的人和事。嘴巴是他们的主要探索工具,他们也能通过视觉识别已经在嘴巴中探索过的物品。嗅觉是他们区分人和沮丧时自我安慰的重要途径,随着活动能力的增强,他们会积极地、勇敢地探索周围环境,去感觉、品尝、闻、摸、操作其中的每件物品。虽然他们学会了自我安慰,如借助奶嘴和拇指可以帮助他们。他们咬着有熟悉气味的毯子和布娃娃,唤起他们对家和母亲的温馨感觉。

在儿童18个月的时候,他们可以清楚地把自己和其他事物区别开。自我认识就是意识到他们具有可以命名的和可以用语言描述的独特属性。认识到自己和他人不同的学步儿(12个月的幼儿)在声明自己的所有物时,可以迅速说出"我的",在照镜子或看照片时看到自己就可以说出"我",在提到他人时,他们也能使用人称代词"你""他""她"。[3] 有些儿童刚能够把两三个词串在一起时,他们就开始大声描述自己。他们的早期描述集中在年龄和性别的分类特征上,如"我两岁","我是女孩"。

2—3岁的儿童在日常生活中,也会通过语言表现他们的自我意识发展,如"我想出去玩","我想穿红色的衣服"等。3—5岁时,儿童能用非常个体的词来定义或区分其他儿童,能这样介绍自己:"我的头发是黑色的","她的头发是棕色的","我3岁了","我在小(一)班","我有自行车","我喜欢吃饼干"等。

学前儿童自我意识发展的重要标志是评价能力有所发展,幼儿园大班儿童自我评价能力开始出现。这时儿童自我评价能力有这样的特点:首先是在成人的评价和同伴的评价中,通过竞赛游戏对规则的理解与执行,得到评价别人的能力。

① 马乔里·J·克斯特尔尼克,等.儿童社会性发展指南理论到实践[M].北京:人民教育出版社,2009:110.

② 马乔里·J·克斯特尔尼克,等.儿童社会性发展指南理论到实践[M].北京:人民教育出版社,2009:57.

③ 马乔里·J·克斯特尔尼克,等.儿童社会性发展指南理论到实践[M].北京:人民教育出版社,2009:110.

109

儿童的自尊、自信、自主教育

这种自我评价主要是对外部行为的评价进而形成对内部品质的评价,但对道德品质的评价往往用不恰当的概念,而且评价时往往带有情绪色彩。这时儿童的自我评价能力还是很低的,主要受成人的影响。

我国小学三年级以上学生已形成十分清晰的自我概念,他们对自己多方面的评价都高度接近教师与同伴对他们所做的评价,与他们的实际状况也具有高度的一致性。3—9岁儿童自我意识发展迅速,自我意识发展的总体水平,随年龄增长而逐渐升高,呈现由低到高的发展趋势。其中4—5岁、7—8岁儿童的发展速度快。在这一阶段,儿童只有在9岁时出现自我意识的性别差异(女童自我意识水平高于男童)。[①]

儿童首先意识到的是自己身体的存在与活动,而后通过父母教育、掌握语言、观察他人和自己、参加社会实践等多种途径,逐渐认识自己的生理特性和社会特性,最后认识心理特性。到青年时期,个体自我意识趋于成熟。

(三)影响儿童自我意识发展的因素

儿童的自我认知是在客观环境、父母的影响和个体内部因素矛盾运动的过程中形成和发展的。家庭、学校、儿童与社会的互动都影响着儿童的自我意识发展。特别是与他人的交往能促进儿童自我概念的发展。生活中的他人对儿童的自我概念发展有着重要的影响。家长和教师就是重要的他人。

1. 与他人的交往对儿童自我意识发展的影响

个体的自我概念是在与社会的互动中通过与他人的交往而形成和发展起来的。在社会交往中,个体通过他人的评价逐渐认识自己,自我概念得到不断的发展。他人不仅为个体提供言语或非言语行为的反应,而且为个体提供一个能融入自我概念的角色范型。

儿童自我认知能力的发展是一个从低到高、从简单到复杂的过程。在发展中难免出现自我评价与自我表现的不一致性和行为反应的无所适从。正是由于社会交往中人际间的交流,个体才能不断地校正、调节对自己的认识,使自我概念达到整合。[②]

2. 家长对子女的态度对儿童自尊的影响

家长对子女的态度是影响儿童自尊的一个重要因素。家长对子女持爱护和珍惜的态度,对其将来有所期望,在这样的家庭氛围中成长的儿童,自尊心便会提高。反之,家长对子女有爱、憎的过分表现,或者喜怒无常,致使子女感到无所适从,则其自尊心往往较弱。此外,父母更多的是通过使儿童形成某些行为规范,形

---

① 冉乃彦.3—9岁儿童的自我意识与社会性发展[J].心理发展与教育,1994(4):18—22.
② 徐丽敏.儿童自我概念的发展及社会互动的作用[J].辽宁师范大学学报(社会科学版),2002(1):54—55.

成抱负水平,间接地影响儿童的自尊。①

研究也证实:父母的温暖和理解与儿童自我意识水平呈正相关,而父母的惩罚、拒绝、否认、偏爱、过度保护等消极教养方式与儿童自我意识的不同侧面呈负相关。

如果父母对儿童的评价高,那么儿童对自己的评价就随之提高,这有利于他的自我意识的健康发展;如果父母对儿童的评价低,觉得他这也不行,那也不是,特别是对儿童的智力水平评价很低时,儿童的自我评价也很低,这不利于儿童自我意识的正常发展。

3. 教师对儿童自尊的影响

教师对儿童自尊的影响主要是通过影响儿童自我概念来完成的。在幼儿园,教师的评价对儿童自我概念发展有很大的影响。教师对幼儿做出肯定评价后,幼儿会产生强烈、积极的情感体验,这种体验使幼儿充满信心。② 虽然这种表扬有时是因为这个儿童睡觉比较听话,但受表扬的儿童会把这种信心迁移到其他活动中,使他在其他活动中表现出对自我的肯定。

二、幼儿园自我认识教育活动目标与设计

认识自我的幼儿园活动目标,主要在儿童的心理、生理特点的基础上,考虑社会对儿童发展的要求,如了解并接纳自己等。

(一)幼儿园自我认识教育活动目标

从前面的论述来看,在幼儿园阶段,幼儿的自我认识是存在的,而且还存在一定的年龄差异,即幼儿在幼儿园阶段的自我认识是发展的。幼儿园进行自我认识方面的教育,根据幼儿的不同年龄有不同的要求,这种要求随儿童年龄的增长相应变化。幼儿园自我认识教育目标如下:

小班:知道自己的性别、年龄。

中班:知道自己的兴趣、爱好。

大班:知道自己与别人的相同与不同;接纳自己的相貌和身体特征,喜欢自己。

(二)活动设计与案例

根据上述目标,促进儿童的自我认识,可以直接进行目标定位。教师可根据幼儿自我认识的发展水平来设计相关的教育活动。如"设计厕所标志"活动以探究的形式引导儿童认识自己的性别等。对自我的认识一般与儿童的生活经验相联系,如案例"照照我自己"活动引导儿童认识自己身体的各部位。也可以在相关活动中渗透有关自我认识的教育活动,这是目前社会领域教育活动的一大趋势,

儿童的自尊、自信、自主教育

① 王光荣.试论自我意识发展的条件[J].西北师大学报(社会科学版),1991(1):72.
② 韩春红.教师评价行为影响幼儿自我概念的形成[J].幼儿教育(教育科学版),2007(3):46.

即表现了课程的渗透特征,如案例"借尾巴的壁虎"虽是一个语言活动,实际上也涉及自我能力的认识(具体案例见后面相关章节)。

案例 生日快乐(小班)

活动目标

1. 幼儿在活动中体验成长的快乐。

2. 幼儿通过本次活动进一步明确自己的性别、年龄。

3. 幼儿愿意向同伴介绍自己的名字、性别及年龄。

活动准备

公主裙一件、生日蛋糕、三根蜡烛、歌曲《生日快乐》。

活动过程

1. 知道他人及自己的性别。

(1)教师出示公主裙引起幼儿的兴趣并提出问题。

指导语:今天我们班有个小朋友过生日,这件裙子好看吗?(好看)这是送给今天过生日的小朋友的礼物。现在我来说说她长什么样和她今天穿的衣服,等老师说完之后,你们来猜一猜,她是谁? 她有一双大大的眼睛,长得白白的,今天她梳着两条小辫子,头上戴着发卡,穿一件花裙子,脚上穿一双红皮鞋。(是××小朋友)指导语:对了,这位小朋友是男孩还是女孩呀?(幼儿自由回答)

(2)说说自己是男孩还是女孩。

教师引导幼儿说出自己和××一样是女孩,或自己和××不一样是男孩。

2. 知道自己的年龄。

(1)出示生日蛋糕及蜡烛。

指导语:小朋友看一看蛋糕上面有什么?(蜡烛)有几根? 让我们一起数一数。师幼一起数。

(2)引导幼儿说出因为小朋友过三岁的生日所以是三根蜡烛,说说自己几岁了,幼儿广泛发言。

3. 分享快乐。

(1)给××穿公主裙的同时,播放歌曲《生日快乐》,小朋友围着她一起唱生日歌。

(2)介绍自己的名字、性别、年龄。

教师和××共同给小朋友发蛋糕,每个幼儿在取蛋糕时要进行自我介绍(说出自己的名字、性别、年龄)。

(案例提供:吉林省政府机关第三幼儿园 张惠珍)

案例　照照我自己(小班)

设计意图

《幼儿园教育指导纲要》中指出:"引导幼儿参加各种集体活动,体验与教师、同伴等共同生活的乐趣,帮助他们正确认识自己和他人。"在"有趣的小脸"活动中,通过"照镜子"游戏,让幼儿自己照照和同伴互相照照,指指说说,帮助幼儿了解自己的脸部特征,初步感受自己与别人的相同与不同之处,进一步认识自我。在"会变的表情"游戏中,通过"听信号变表情",引导幼儿感受不同表情变化带来的乐趣,并注意引导幼儿关注同伴的表情和情绪,让幼儿理解和体会别人的感受。

活动目标

1. 通过照镜子,了解自己的长相特点。

2. 通过倾听同伴的讲述,初步感受自己与同伴长相的相同点和不同点。

3. 感受与好朋友共同做表情游戏的快乐。

活动准备

1. 经验准备:幼儿已玩过"指五官"的游戏,知道自己五官的名称和位置。

2. 物质准备:幼儿每人一面镜子。

活动过程

一、导入:玩游戏"指五官",复习五官的名称和位置。

游戏玩法:幼儿食指放在鼻尖处,共同念儿歌"鼻子、鼻子,嘴巴、嘴巴,耳朵、耳朵……"老师可讲不同的部位,幼儿快速做出反应。

二、自由观察。

1. 通过观察镜子中的自己,说一说自己长得是什么样子的?

(1)幼儿每人一面镜子,自由观察,并讲述自己长得是什么样子的。

(2)幼儿讲述自己的长相特点。

2. 教师引导幼儿用一些形容词来描述自己的长相特点。如:眉毛是弯弯的,眼睛大大(小小)的,鼻子高高的,嘴巴红红的,耳朵大大的等。

三、合作观察、讨论。

幼儿与好朋友互相介绍自己的长相,感受自己与同伴长相的相同与不同。

1. 幼儿分别照镜子,互相介绍自己长得是什么样子的。

2. 两人同照一面镜子,找一找自己,并说出原因,了解自己与好朋友不同的长相特点。

四、玩游戏"会变的表情",感受不同表情变化带来的乐趣。

1. 幼儿对着镜子,做出高兴、伤心、大哭、生气等表情。

2. 幼儿与好朋友面对面,听教师的信号做出相应的表情,在感受乐趣的同时互相检查表情是否正确。

活动延伸

1. 区域设置:在教室的"科学角"放置一些镜子,幼儿可以随时观察自己和同伴,教师注意镜子的摆放安全和幼儿活动中的安全教育。

2. 集体教育活动"画画我自己"。幼儿边照镜子边尝试把自己的样子画下来,进一步认识自己的长相特点。此活动可以在幼儿园进行,也可作为亲子活动,让幼儿在爸爸妈妈的帮助和鼓励下完成。

(案例提供:南京市第一幼儿园　郑瑞华)

案例　我的兴趣爱好(中班)

设计意图

通过儿童对自己"喜欢什么"的认识,引导儿童加深对自己的认识,促进幼儿间的相互交往,以及幼儿在同伴面前的表达能力。

活动目标

1. 通过活动激发幼儿之间的情感共鸣与交流。

2. 提高幼儿在众人面前大胆表现的能力。

3. 让幼儿了解自己的兴趣爱好。

活动准备

1. 经验准备:通过家园互动,调查幼儿的兴趣爱好。

2. 物质准备:幼儿达人秀的课件、幼儿的作品画、演出服。

活动过程

1. 导入:教师为幼儿提供幼儿达人秀的课件,幼儿欣赏。

2. 教师引入活动主题,幼儿介绍自己的兴趣爱好。

3. 请幼儿说一说在课件的达人秀中看到了什么? 听到了什么?

4. 教师语言引导,让幼儿了解自己的兴趣爱好。

(1)教师为幼儿解释兴趣爱好的概念:兴趣爱好就是你最喜欢和最想做的事情。

(2)教师请幼儿介绍自己的兴趣爱好,并对幼儿进行随机教育和指导。

5. 在幼儿介绍过程中,需要教师语言指导,提高幼儿语言表达的连贯性,鼓励幼儿大胆表现自己。

6. 开展"我是大明星"表演会,为幼儿展示自己的兴趣爱好提供平台。

在日常生活中,懂得兴趣爱好对自己发展成长的作用。

(案例提供:吉林省政府机关第三幼儿园　翟艳春)

案例　设计厕所标志(大班)

设计意图

学前期是儿童性别角色形成的一个重要阶段。通过设计厕所标志,帮助大班幼儿建立起正确的性别意识,知道男孩、女孩的身体结构是有不同点的,器官不同是正常的;帮助幼儿认识到性别不能随自己的意愿改变,接纳自己的性别,使自己的行为表现与性别一致;知道要爱惜、尊重自己的身体和其他幼儿的身体。

活动目标

1. 知道男孩、女孩的身体结构和身体器官是有差异的。尝试根据自身对男女性别特征的已有经验,用符号和色彩等方式设计男女厕所标志。

2. 根据男女的外形特征、颜色及男女力量等方面的不同点,幼儿大胆想象,创造性地使用动物、植物等来表现男女的厕所标志。

3. 要爱惜、尊重自己的身体和其他幼儿的身体。

活动准备

男女孩对比图片、男孩女孩分别上厕所的图片、男女厕所标志的图片。

活动过程

一、教师通过引导幼儿观察图片和调动其已有经验,帮助幼儿明确男孩和女孩的不同点。

1. 教师出示男孩和女孩图片。

2. 指导语:男孩和女孩一样吗? 他们什么地方不一样呢? 教师引导幼儿从外形、服装等方面进行比较,初步了解男孩和女孩的差异。

3. 教师出示男孩和女孩上厕所的图片。

指导语:(1)男孩女孩是怎样上厕所的? 为什么?

(2)原来男孩和女孩小便的器官不一样,所以上厕所时的姿势也是不一样的。

(3)你们还知道男孩和女孩有什么不一样吗?

(4)男孩和女孩身体有些地方是不一样的,因为女孩长大后是要做妈妈的,男孩长大后是要做爸爸的。所以,每位小朋友要爱惜、保护好自己的身体,不能让自己的身体受伤,也不能让人的身体受伤。

二、教师和幼儿玩类比游戏,请幼儿将男孩和女孩与不同事物类比,进一步区

分男孩和女孩的不同点。

1. 教师交代游戏名称及玩法。

指导语:今天我们要玩"像什么"的游戏,每个人说一个,"男孩像什么,女孩像什么",看谁说得有创意。

2. 教师用植物、动物、星球(太阳和月亮)让幼儿逐一想象类比。

指导语:(1)如果用植物来比作男孩和女孩,那么男孩是什么,女孩又是什么?

(2)如果用水果来表示男孩和女孩,那么男孩是什么,女孩又是什么?

(3)如果用动物来表示男孩和女孩,那么男孩是什么,女孩又是什么?

3. 让幼儿自己想象类比。

指导语:请你们将男孩和女孩分别比作两种东西,你想将男孩比作什么? 把女孩比作什么呢?

三、欣赏:成人设计的厕所标志,帮助幼儿明确设计男女标志时要用同类事物。

四、帮助幼儿明确设计要求。

1. 激发设计灵感。

指导语:请你们来给幼儿园的男厕所和女厕所设计标志,你想设计成什么?

2. 提出要求:

有创意,和别人设计的不一样。

让别人一眼就能看出哪个是男厕所,哪个是女厕所。

将纸横着对折,一边画男厕所的标志,一边画女厕所的标志。

五、幼儿设计厕所标志,教师巡回指导。

六、相互欣赏设计作品并交流。

指导语:你认为最有创意的作品是哪个? 你认为最能让人辨识的作品是哪个?

温馨提示

如果幼儿对于男女的不同点非常清晰,教师可以在类比环节上减少内容,可以只类比动物或植物、星球中类比一两个即可,这样可以给予幼儿更充分的创作时间。

(案例提供:南京市北京东路幼儿园 吴邵萍)

除了有针对性地设计幼儿自我认识的活动,还可以在一日生活以及相应活动中进行。对自我的认识并不是每个活动唯一的目标,一般渗透在相关活动中,如小班的认识自我其实蕴含在"生日快乐"活动中。渗透到一日生活中的活动,需要发挥成人的积极影响,尽量使用正面、肯定性评价。

三、在一日活动中促进儿童自我认识的教育要求

1. 发挥成人的积极影响

在幼儿期，成人及时、客观、正确地评价是幼儿的评价榜样。在表扬成绩时要注重幼儿为此付出的主观努力。不断向幼儿明确行为要求，语言或文艺形式应生动、易懂。在集体活动中进行教育，及时给予评价，同时引导幼儿关心伙伴的言行，这是发展幼儿自我评价能力的最好方式。[①]

2. 慎用否定性评价

我国一些研究者在实践中发现，教师的评价对儿童的自我概念有一定的影响。这主要通过两个途径来实现：一是直接对儿童的行为产生影响，使儿童产生类似的观点。如教师有时会为了维持班级纪律、组织教学活动、实现教学目标等目的实施评价行为，或者表扬遵守纪律、完成教学目标的幼儿，或者批评违反纪律、不能完成教学目标的幼儿。不论教师的评价行为是出于维持班级纪律，还是为了实现教学目标等目的，这些评价行为都会被幼儿简单地理解为对个人或某件事的评价，并会以此为标准评价周围事件。

另一个途径是通过影响同伴关系来影响儿童的自我概念。教师对幼儿的评价，特别是当众评价行为，会在很大程度上影响幼儿的择伴行为。幼儿很愿意和一个经常受到教师表扬的幼儿做朋友，却不大愿意和一个经常被教师批评的幼儿一同玩耍。因此，教师在评价幼儿，特别是当众否定幼儿时要慎之又慎。当众的否定评价不仅会伤害幼儿的自尊心，而且会影响其他幼儿的择伴行为，容易孤立受否定评价的幼儿，不利于其积极自我概念的形成。[②]

拓展阅读

0—2岁：让宝宝学会认识自己[③]

研究者认为0—2岁的时候，就可以对儿童进行自我意识方面的教育。家长应该重视孩子的"看"和"听"，通过孩子的感官来感受自我的存在。

从孩子出生时，就开始利用环境刺激宝宝的感官，如妈妈的照片、彩色画报、会动的娃娃等，让孩子的小眼睛转起来。看护者要多和宝宝说话，用"儿语"交谈，让孩子听各种好听的声音，引起孩子对声音的兴趣。

---

① 官旭华,石淑华.儿童自我意识[J].国外医学(社会医学分册),2001(1):16.
② 韩春红.教师评价行为影响幼儿自我概念的形成[J].幼儿教育(教育科学版),2007(3):48.
③ 刘凌.0—2岁:让宝宝学会认识自己[J].早期教育,2005(8):37.

家长还可以带孩子做"认识自己"的游戏。主要是通过成人有意识地碰触刺激孩子的手部、脚部，引起孩子相应的动作，让孩子意识到四肢的存在。

家长还可以通过"假装游戏"，使孩子发现自己和别人的不同。对一岁半以后的孩子，父母可以和孩子玩"过家家"的角色游戏，来帮助孩子发展相关的自我概念。首先，准备好适当的游戏材料，如玩具勺、杯碟以及布娃娃等。接着，家长可以假装用玩具勺喂自己吃饭，再假装喝水，然后让孩子模仿。孩子一般会模仿成人的动作。

家长的积极反馈，帮助孩子意识到自我的变化。婴儿期是人生中自我意识发展最快、最活跃的时期之一。几天不见，孩子就会发生很大的变化。家长把自己对孩子的关注反馈给孩子，帮助他们意识到自己的成长和进步，发展孩子的自我意识。如当孩子发生变化的时候，家长可以把这些惊喜与孩子一起分享："哇！宝宝，你会走路了。""宝宝会自己拿东西了。""宝宝会自己吃饭了"等。有条件的家长可以将场景保存下来，或相机，或 DV，通过让儿童经常性地观看自己的发展变化，引起孩子对自我的相关肯定。

第二节　儿童的自尊与教育

一、儿童自尊的含义与发展

（一）自尊的含义

从字面意思来看，自尊即自我尊重，也就是对自我价值的积极认同。儿童的自尊是指儿童依据社会（成人和同伴）的评价，对自身的感受和认同，对自己有信心、有价值感、有重要感，因而接纳自己、肯定自己和适当地控制自己。[①]

国内外学者对于儿童自尊的研究比较多，最早提出自尊概念的是詹姆斯，他认为自尊是个人对自己抱负的实现程度，即自尊＝成功/抱负，抱负是个人内心的标准，是那些被认为是重要的、期望达到的水平。[②] 而库伯史密斯认为，自尊就是一种个人的价值判断，它表达了个体对自己所持的态度。马乔里·J·克斯特尔尼克等认为，对自己评价的能力称为自尊。[③] 我国学者朱智贤认为，自尊是社会评价与个人自尊需要的关系的反映。在林崇德看来：自尊是自我意识中的具有评价

① 刘剑玲.论儿童的自尊[J].教育评论,2000(4):22.
② 黄敏儿.自尊的本质[J].广州师院学报(社会科学版),1996(2):38.
③ 马乔里·J·克斯特尔尼克,等.儿童社会性发展指南理论到实践[M].北京:人民教育出版社,2009:113.

意义的成分,是与自尊需要相联系的对自我的态度体验;自尊在自我认知的基础上产生,有情绪成分,涵盖自我体验。黄希庭则认为自尊即自我价值感。

魏运华综合国内外关于自尊的研究后,提出自尊是指个体在社会比较的过程中所获得的有关自我价值的积极的评价与体验。这一定义包含四层主要意思:其一,自尊是一种评价与体验;其二,自尊是一种积极的评价和体验;其三,自尊是个体对自我价值的评价和体验;其四,自尊是在社会比较过程中获得的。

自尊首先是对自己的一种评价,同时伴随这种自我评价存在着一种体验。对自己的评价和体验有很多方面,其中自尊是一种积极的方面。对个体的评价主体可以是其他人,也可以是自己,自尊的评价主体是自己。自尊不是自然而然发生的,而是一种个体社会化过程的产物。对儿童来说,它影响着儿童对自己的感觉和判断。

自尊与自我概念有一定的联系,往往容易让人混淆。绝大多数心理学家认为自尊和自我概念(意识)是自我系统中的两个不同的成分或结构。自我概念是个体在外貌、学识、能力等方面对自己的感知,它主要属于自我描述方面的内容;而自尊是指个体对自己做出的或通常持有的评价,它所表达的是个体对自己的一种肯定或否定的态度,表明个体在多大程度上相信自己是有能力的、重要的、成功的和有价值的,即自尊是个体对自己的情感和评价,是对自我价值的判断。如果说自我概念是个体有关自我的描述和评价过程,那么自尊则是指个体自我评价的结果以及由此产生的情感。[①]

(二)自尊的心理意义

无论人的自尊高与低,都对人们在生活中获得的喜悦和满足有着重要的影响。它影响着人们的自我感觉,影响着对他人反应的期待,影响着对自己能完成什么任务的想法。自尊较强的儿童通常自我感觉良好,而且对自己的能力做出较高的评价;自尊较低的儿童通常感觉沮丧、焦虑和不适应,他们不能客观地评价自己的能力,总是把焦点放在自己的缺点上。

自尊作为自我系统的重要特质,对于儿童健康心理及良好个性的形成有着积极的影响,它不仅是心理健康的标志,而且还制约着个性发展的方向,对儿童的情感、动机、社会适应性行为、认知以及品德的发展与教育都起着重要的制约作用。[②]自尊是一种比较稳定的自我情感,它以深层心境的形式存在于人的心理活动中。高自尊的人由于情绪高昂,往往能超越自我,以较大的热情去追求某种目标,表现出积极的行为模式;低自尊或自卑的人则常常感到压抑、焦虑,因为他们难以把精

儿童的自尊、自信、自主教育

---

① 张文新.儿童社会性发展[M].北京:北京师范大学出版社,2006:393.
② 杨丽珠,张丽华.论自尊的心理意义[J].心理学探新,2003(4):10—15.

力投入到感兴趣的活动中,所以表现出消极的行为模式。心理学家戴纽特(Danuta)等人研究发现:高自尊感与儿童对生活的满意和幸福感相关,而低自尊感则与压抑、焦虑、学校生活和社会关系不适应相联系。

儿童积极的自尊与较高的学业成绩之间存在着密切的关系,较自尊、自信的学生有较佳的学业成绩,而自卑、自弃的学生则有较差的学业表现。在孩童时期,学业成绩越好,儿童总体自尊发展水平也越高。追求成功的学生往往是那些自尊心和自信心都很强的学生,他们倾向于依靠内在的动机进行学习;自尊心较差的学生,对自己的能力缺乏信心,倾向于靠外在的动机和外部赞许来支持自己的学习活动。

自尊是个体对自己生活环境及在这种环境中对价值感的体会与理解,是个体适应社会文化环境的心理机制,是心理健康的重要决定因素。健康的自尊对于儿童来说具有特殊的价值,它是一种有助于儿童避免严重心理问题的力量。在婴幼儿时期形成积极的自尊,可使幼儿在成长过程中对自己和事物有正确的态度,容易建立良好的人际关系,对学习有兴趣,情绪稳定。自尊也制约着个性的发展方向:高自尊的人经常表现出较强的好奇心、独立性、创造性、主动性、乐群性、乐于冒险,以及积极进取的行为;相反,低自尊的人经常因感到自身价值的不充分而把大部分精力用于证明自己的价值上,往往表现出消极、畏缩、无益于自我发展的行为。保护和培养儿童的自尊心,对于激发他们的内在积极性、推动他们不断发展、完善自我形象、防止产生病态人格等,具有重要的意义。

(三)儿童自尊的发展特点

关于儿童自尊的发展,杨丽珠等人经过研究后认为:3岁左右的幼儿,伴随着"自我意识"的萌芽,就开始出现自尊的需要,并产生与此相联系的自尊感。具体来说,3—8岁儿童自尊存在明显的年龄差异,4岁和7岁是儿童自尊发展的转折期,3—4岁呈上升趋势,4—7岁呈下降趋势,7—8岁又呈上升趋势。

7岁是儿童自尊发展水平最低的年龄。一个重要原因是环境的变化以及由此导致的主导活动的改变,学习活动逐步取代游戏活动而成为儿童的主导活动形式,并对儿童的心理产生了重大影响。日常观察研究也发现,小学生最害怕的是学业上的失败,学业压力及其焦虑等不良情绪,会造成小学生心理上的紊乱,结果就会出现学校恐惧症。[①] 3—8岁儿童自尊整体发展存在显著的性别差异,尤其是外表感的性别差异极其显著。主要原因是在儿童社会化发展过程中,家长和教师对儿童赋予了文化所规定的不同的性别对待。父母和幼儿园、小学教师一般鼓励和强化儿童以适合性别的方式行动,并对儿童进行性别角色行为指导。幼儿园和小学以女性教师为多,女性教师强调安静、顺从和被动性等具有女性特点的行为,

---

① 张丽华,杨丽珠.3—8岁儿童自尊发展特点的研究[J].心理行为与研究,2005(1):13.

而吵闹、顽皮、竞争性、独立性等有男孩特点的行为则不受教师的赞许和鼓励。

（四）影响儿童自尊发展的因素

影响儿童自尊发展主要有家庭因素、学校因素、自身因素这三种因素。

1. 家庭因素对儿童自尊发展的影响

对3—8岁儿童来说，家庭是其社会化发展的主要场所，父母是他们生活中的重要他人，儿童的个性与社会性发展首先受到的影响来自父母。父母在教育儿童的过程中，父母的社会价值观念、行为方式、态度体系及道德规范都会影响到儿童的发展。

家庭因素主要是父母教养方式、亲子关系、父母自身因素对儿童自尊的影响。对儿童来说，当父母对其采取"温暖与理解"的家庭教育方式时，父母多数情况下会尊重他们的体验，一般情况下能促进他们自尊的发展。反之，如果父母在家庭教育中采取"惩罚与严厉、过分干涉、拒绝与否认"或者"过度保护"的教养方式，会影响儿童对自我的判断，一般会降低儿童的自尊发展水平。以母亲教养方式为例，母亲的不支持行为与儿童自尊发展呈负相关：母亲的不支持行为越多，儿童的自尊发展水平越低。[①]

父母的教养方法和态度也影响亲子关系，进而影响儿童的自尊发展。这个方面的典型对比是城市家长与农村家长。城市家长受教育水平相对较高，而且普遍比较重视亲子关系。整体上，城市儿童的自尊水平要高于农村儿童，农村儿童相对自卑。也有人认为儿童的自尊与父亲的职业有一定的关联，父亲的职业是国家机关干部的子女，其自尊水平最高，工人的子女自尊水平最低。儿童的自尊与家庭经济收入也有一定的相关程度：经济收入高的家庭，子女的自尊水平相对要高；经济收入低的家庭，子女的自尊水平相应较低。

家庭结构对儿童自尊也有一定的影响。一般来说，独生子女的自尊水平总体上相对较高，这主要是由于在独生子女的家庭中，父母及家人与子女交流频繁，子女受到的关注与支持相对要多。[②]

2. 学校因素对儿童自尊发展的影响

学校是影响儿童自尊的另一重要因素。学校生活中的同伴关系、师生关系以及个体的学习成绩，对个体的自尊有较大影响。

学校类型对学生的自尊感也有一定的影响。一般来说，条件好、档次高的学校，其学生整体自尊感要高一些。这在中小学阶段比较明显，重点中学学生在总体自我价值感知方面显著高于普通中学和职业中学的学生。对中学生来说，成绩也有一定的影响，重点中学优秀生在总体和社会取向的一般自我价值感知方面显

儿童的自尊、自信、自主教育

---

① 程学超,谷传华.母亲行为与小学儿童自尊的关系[J].心理发展与教育,2001(4):23—27.
② 张文新.初中生自尊特点的初步研究[J].心理科学,1997(6):504—508.

著高于普通中学和职业中学的差生,普通中学和职业中学的优秀生在社会取向的一般自我价值感知方面显著高于重点中学差生。① 对于儿童来说,教师与同伴对儿童的评价,以及师生关系、同伴关系对儿童的自尊感影响比较大。对于小学生以及幼儿来说,教师的言行,特别是对儿童的看法,对儿童的自尊影响比较大,受教师肯定、鼓励的儿童通常自尊感比较强。特别是教师对儿童的提问方式对儿童自尊感影响比较大,如果教师不断给儿童提出问题直到儿童不能回答为止,那么儿童的失败体验必将影响其自尊。②

对于幼儿园小朋友和小学生来说,同伴关系对其自尊影响也比较大。这主要是由于儿童的大部分时间是和同伴在一起度过的。特别是对于那些对同伴的反应较为敏感的儿童来说,同伴群体对其自尊的影响更大。

张文新等人认为,同伴关系影响儿童的自尊发展主要是基于以下因素③:一是亲密的同伴关系,使得同伴间的依恋关系成立;二是同伴关系的存在,是以社会背景和个性特征相似为前提,因而同伴间有利于建立较为一致的价值观,促进儿童的自尊稳定发展;三是受到同伴喜欢的儿童,自我效能感和归属感得到强化,儿童心理承受能力增强,有利于自尊的稳定。因此,对那些没有形成亲密同伴关系或遭到同伴拒绝的儿童来说,其自尊水平较低。

3. 自身因素对儿童自尊发展的影响

儿童自身的成熟程度以及儿童的学业成绩对儿童的自尊有一定的影响。一般来说,随着年龄的增长,儿童自尊发展到一定水平后,就处于相对稳定的状态。但在这个过程中,还存在一定的波折,特别在升入小学后,由于对新环境存在一定的适应过程,会影响到儿童自尊发展水平,整体上呈现一定的年龄阶段性。儿童的学业水平与儿童的自尊有一定的积极关系。一般来说,学业成绩的取得有利于儿童自尊水平的发展。

因此,培养与保护儿童的自尊应该从教育科学的基本原理出发,注重家庭、学校、儿童自身的因素,彻底转变传统观念,对儿童有一个全新的认识,使之形成一个相互协调、相互作用的有效教育系统。

二、儿童自尊的目标与活动设计

(一)儿童自尊活动的目标

关于人的自尊问题,是社会生活中讨论比较多而且引人关注的话题。儿童对自身

---

① 周碧薇.儿童自尊发展影响因素综述[J].中小学心理健康教育,2008(20):18—19.

② 张文新.儿童社会性发展[M].北京:北京师范大学出版社,2006:402.

③ 同上。

的感受和认同,对自己有信心、有价值感,是目前我们讨论自尊问题时经常关注的内容。设计有关儿童自尊的内容,需要考虑到儿童自尊的发展特点,一般从正向和负向两个方面展开。所谓正向方面的自尊,多指与正向反应相联系的自尊,是指对自我的肯定;而与负向因素相联系的自尊,多指受到委屈或欺负后的正当反应。

与正向反应相联系的自尊:

小班:为自己的良好行为或活动成果感到高兴。

中班:知道自己的一些优点和长处,并对此感到满意。

大班:做了好事或取得了成功后想做得更好。

(二)儿童自尊活动的设计

与儿童自尊相联系的正向反应与负向反应是儿童生活中不可或缺的部分。教师在设计相关活动时,尽可能需要从儿童的生活经验出发,采用正面教育,促进儿童对自我的积极认识。活动"我是最棒的"旨在增加儿童对自我的认同与肯定;活动"我的优点"旨在让儿童知道自己的长处并对此感到满意;活动"爱心天使"旨在让儿童体验做好事的快乐,做了好事后想做得更好。

案例 我是最棒的(小班)

活动目标

1. 让幼儿知道在幼儿园哪些行为是正确的、被鼓励的。

2. 让幼儿为自己的良好行为感到高兴。

活动准备

幼儿在园活动的照片若干。

活动过程

1. 情境再现。

教师把准备好的照片分散放在每组的桌上,请小朋友找找哪张是自己的,照片中还有谁,他们在干什么?

2. 先请照片上的小朋友说一说自己是在干什么,这样做你高不高兴?

3. 教师组织大家轮流分享照片内容,全班小朋友讲一讲照片中的"故事"。

情境一:早上入园后,某某小朋友高兴地跟送他(她)上幼儿园的爸爸说"再见"。

高高兴兴上幼儿园的小朋友是值得鼓励的,是最棒的,应该为自己感到骄傲自豪,是值得小朋友们学习的好榜样。

情境二:毛毛正把她自己的小毛巾挂在贴有她小照片的挂钩上。

用完小毛巾、小水杯后不随便扔,知道放在自己的柜子上,这样的行为是正确

的,应该得到表扬,鼓励小朋友学会正确辨认自己的标志。

情境三:喝完酸奶之后,豆豆主动将自己的酸奶盒扔进了垃圾桶。知道纸屑、果皮等垃圾应该放在垃圾桶,不能随便扔到地上。

4. 自由交谈:你还做过什么是自己觉得特别棒的,和小朋友一起分享。

5. 一起动手:教师和幼儿一起将照片贴在班级"我最棒"的活动区,以示鼓励,并激发其他幼儿模仿学习。

6. 活动总结:小朋友们都知道哪些行为是正确的,是值得表扬的,所以我们应该向那些表现好的小朋友学习,希望我们班的每个小朋友都是很棒的。

活动延伸

幼儿把自己看到的、听到的、认为好的行为告诉爸爸妈妈或者教师和周围的小朋友,也可以用自己喜欢的方式表达出来,比如画画、唱歌。

(案例提供:东北师范大学教育学部　贾慧慧)

案例　我的优点(中班)

活动目标

1. 结合幼儿的经历,通过展览讲述,使幼儿了解自己在不断地成长,引发幼儿对自身发展变化的兴趣。

2. 鼓励幼儿找出自己的优点,在集体面前展示出来,并为自己的优点感到自豪。

3. 帮助幼儿初步认识自己的不足,增强自我意识。

活动准备

1. 幼儿已了解自己小时候和现在身体的生长发育上有哪些主要的变化。

2. 每人一张婴儿时候的照片及表现自己主要优点的录像或图片。

3. 教师了解和掌握幼儿主要的能力发展情况。

活动过程

一、通过照片展览、对比讲述,使幼儿了解自己小时候和现在的变化。

1. 带领幼儿参观照片展览。

指导语:照片上都是谁?是什么时候的照片?

2. 请幼儿谈一谈:小时候是什么样子的,现在又是什么样子的?

可以启发幼儿从外部的变化讲,如:身高、体重等;也可以从自己学会的本领讲,如:念儿歌、画画等。

指导语:你们现在长高了、变重了,更重要的是你们学会了各种各样的本领,学会唱歌画画等,那么你觉得哪些本领学得最好?

二、鼓励幼儿找找自己的优点,并且愿意在集体面前展示出来,激发其自豪感。

1. 请幼儿说说自己的优点,并且勇敢地在集体面前展示。

(1)展览幼儿的绘画作品。(教师平常应有意识地收集幼儿的绘画作品,再用绳子串起来展示在教室里。)

(2)角色游戏玩得好。(录像展示)

(3)进行叠被子、系鞋带比赛,通过竞赛形式让别人看到自己的优点。

(4)现场表演做操,让别人看到自己做操时的认真。

(5)抛接沙袋,参加体育活动,抛得高、准。

2. 小结:每个小朋友都说了自己的优点,并且能够勇敢地将自己的优点在集体面前展示出来,在幼儿园的学习生活中,小朋友们增加了很多本领,小朋友为自己的优点感到自豪。

三、找找自己的不足,鼓励幼儿今后继续努力。

1. 请幼儿谈谈自己在关心集体、参加体育活动、画画等方面还要向哪些小朋友学习?

2. 鼓励幼儿今后继续努力,争取不断地进步。

(案例提供:东北师范大学教育学部　李娜)

案例　爱心天使(大班)

活动目标

1. 在生活中愿意给他人提供帮助。

2. 体验做好事的快乐。

3. 做了好事后想做得更好。

活动准备

感谢信、爱心卡、好人好事图片或照片、胶棒、剪刀、彩笔、装饰物。

活动过程

1. 导入话题。

指导语:小朋友还记得我们班上一周的活动主题是什么吗?(幼:爱心天使)一周过去了,活动也结束了,老师特别高兴,因为咱们班的小朋友在上一周的"爱心天使"活动中涌现出许多好人好事,老师今天收到许多感谢信和爱心卡,有来自幼儿园中班、小班的弟弟妹妹的,有来自爸爸妈妈的,有来自老爷爷老奶奶的,你们想知道咱们班有哪些小朋友被评为"爱心天使"了吗?

2. 公布结果。

教师公布"爱心天使"获奖名单,并给幼儿颁发收集到的感谢信和爱心卡片。

3. 交流分享。

教师组织每位获奖幼儿按次序轮流说一说自己做了一件什么好事,讲一讲在帮助别人的时候是一种什么样的心情?

(1)教小班的某位小朋友折纸飞机。

(2)主动帮老师搬小椅子。

(3)和妈妈在超市购物时将捡到的钱包交还失主。

(4)乘坐公交车时给旁边的老人让座。

指导语:被评为"爱心天使"的小朋友以后会怎么做? 其他小朋友有什么打算?

教师小结:表扬做了好人好事的小朋友,鼓励他们在以后的生活中将这颗爱心保持下去,在帮助他人的过程中体会快乐,继续发扬助人为乐的精神,鼓励其他幼儿向他们学习,用我们的小手去帮助更多的人。

4. 自制爱心树。

教师和小朋友一起将幼儿做过的好人好事图片、照片和收到的感谢信及爱心卡制作成一棵爱心树,用彩笔、装饰物等进行简单的修饰,留出空白,把以后在活动中收集到的好人好事的事迹粘贴出来,督促幼儿要将做好事的行为习惯进行到底。

活动延伸

在爸爸妈妈的帮助下,收集1—2个热心助人的小故事,分享给你周围的小伙伴听。

(案例提供:东北师范大学教育学部　贾慧慧)

三、在日常生活与其他活动中培养儿童的自尊

(一)在日常生活中培养儿童的自尊

以日常生活情景影响儿童自尊,主要是通过语言产生的。成人(教师和家长)可以通过告诉儿童他们是多么的了不起,来给予他们自尊,还有一些人希望通过参加每天的"使人开心"活动使儿童建立高自尊。

一般说来,教师或家长应对儿童生理和情绪上的要求敏锐地做出反应,这有利于儿童自尊的发展,因为儿童有可能认为自己既可爱又有能力。同样,如果教师(或家长)和蔼地回答儿童的问题,和儿童一起欢笑,并告诉儿童自己很喜欢和他们在一起,或者用语言鼓励儿童,消除他们的沮丧情绪,帮助儿童追求他们的目

标,并承认儿童的努力和进步,根据儿童的实际情况给儿童布置他们既有能力掌握又有挑战性的工作,那么这样的交流会让儿童感到温暖、受尊重、被接受、被爱,也让儿童觉得教师(或家长)是愉快和鼓励的源泉,使儿童自我感觉更加良好。教师积极的、肯定的评价有利于儿童自尊的发展。通过发展儿童的相关生活与交往能力,促进儿童对生活的良好感受,以此来提高儿童的自尊。

相反,如果成人对他们很冷漠或对他们的要求不做出反应,儿童就不会有良好的自我感知,甚至认为自己毫无价值。国外研究者认为,当成人不理睬儿童的评论,打断儿童的话并试图纠正儿童,迅速补充事实或改变观点,询问儿童太多的问题时,会让儿童产生较低的自尊心。

教师利用日常生活来发展儿童的自尊时,需要有计划地利用自发的机会和每个儿童进行非正式谈话。在一日生活的各个环节,儿童有许多机会和教师谈论他们感兴趣或关心的话题,如吃饭、上厕所、穿衣服、午睡和排队等待时。教师不要把谈话仅仅列入课表,而忽略了日常的谈话时机。

(二)在其他活动中培养儿童的自尊

在其他领域的活动中,教师如果抓住相关的机会,进行积极有效的评价,也有利于儿童高自尊的形成与发展。

特别是在语言、科学、健康、美术、音乐等领域的活动中,儿童之间、儿童与教师之间会存在一定的互动,即便有些儿童刚开始可能不喜欢与其他同伴或教师互动,但他们肯定会与材料发生一定的关系。教师把儿童的兴趣作为对话的基础,观察儿童的活动并进行评价,和儿童交谈他们感兴趣的问题,一般情况下需要教师顺着儿童的思路,鼓励并肯定儿童。但是教师的鼓励和肯定要有针对性,对不同的儿童、在不同的场合,表扬的内容应有所不同。表扬不能用于儿童之间的比较,也不能通过伤害其他儿童来达到取悦某个儿童的目的。通常情况下,教师应采用正面的评价来肯定儿童,以此达到不伤害儿童的自尊,进而促进儿童高自尊的发展。

第三节　儿童的自信与教育

自信心是人格的重要组成部分之一,它不仅是儿童自我意识不断成熟和发展的标志,而且还深刻地影响着人的心理健康及整个人格的健全发展。

一、自信的含义、发展

(一)自信的含义

自信是日常生活中经常使用的一个词语,字面意思就是相信自己。人本主义

心理学家马斯洛在其需要层次理论中第一次对自信进行了描述,他认为自信是在自尊需要得到满足时产生的一种情感体验。但迄今为止,无论是国外还是国内的心理学界还没有一个被学者们一致认可的关于自信的定义。近年来,我国有学者用系统分析的观点对自信的概念进行了解释,认为自信是一个具有复杂层次结构的心理构成物,是个体对自己的积极肯定和确认程度,是对自身能力、价值等做出客观、正向认知与评价的一种稳定性格特征。它与其他人格系统是密切联系、相互作用的。①

要彻底明确自信的含义,还需要厘清自信与其他相似概念之间的关系。

1. 自信与自我意识

自我意识是指自我的主体意识功能,是主体我对客体我进行的心理活动过程,包括自我认识、自我体验、自我控制三个部分,分别代表自我在知、情、意三种心理过程中的主体表现。而自信是主体我对客体我的正面肯定与确认程度。②即,自信是涉及自我意识中主体我对客体我的积极肯定的心理活动部分,所以自信是自我意识的组成部分,在一定程度上表现了个人的自我意识,二者是部分与整体的关系。

2. 自信与自我效能感

自我效能感不是一种稳定的人格特质,是通过特定的任务、活动、具体的情景来体现的达成特定目标的能力信念,它是具体的(姜飞月,2003)。可见,自我效能感只是反映个体是否具有达到某目标能力的信心,是对某些特定活动和行为能够做得如何好的自我估价。自信比自我效能感更抽象、概括,外延更广,自我效能是自信的重要方面之一。③ 二者的联系在于:自我效能感水平高的人,自信心也强;而自我效能感水平低的人在困难面前缺乏自信(Bandura,1997)。

3. 自信与自尊

二者同属性格特征中对自己的态度范畴,在正向情感方面二者是相同的。二者既有联系又有区别。自信与自尊最主要的区别是:自信是个体对自身能力、价值等的肯定和确认程度,其核心要素是认知,是事件进行之前个体感到有把握的状态;而自尊是个体对自己价值感、重要感的体验,其核心要素是情感体验,是个体完成任务之后的骄傲感或自豪体验。而且,自尊有积极与消极、肯定与否定之分:积极肯定的自尊是对自我的正确认知和评价形成的自我价值感,消极否定的自尊则是在错误认知基础上形成的自我价值感。自信则没有如此区别。二者的

① 车丽萍.自信的概念、心理机制与功能研究[J].西南师范大学学报(人文社会科学版),2002(2):86—89.

② 车丽萍.自信心及其培养[M].北京:新华出版社,2004:7.

③ 车丽萍.自信心及其培养[M].北京:新华出版社,2004:10.

联系表现为自信是积极自尊的基础，自信水平高的个体其自尊程度必然高；但自尊强的个体其自信水平不一定高，积极自尊是自信的情感体验形式之一。[①]

(二)自信的结构

国外的研究者林登费尔德(Lindenfield)将自信心结构分为两大子系统共八个层面：内在的自信心包括自爱、自我认识、明确的目标和积极思维；外在自信心包括良好的沟通、自我表现、果断和情感控制。麦克德莫特等人认为，自信心是由三个相互关联的要素组成的，那就是目标、毅力和智谋。只有在这三方面都具备的情况下，自信心才起作用。[②] 贝蒂·扬斯提出自信的六个要素：生理安全感(免受机体伤害)、情感保障(不用担惊受怕)、自我确认("我是谁"的问题)、归属感(有所归属的感受)、能力意识(对自己能力的认识)和使命感(我们所坚信的就是我们的生活目标)。[③]

我国的研究者采用探索性和验证性因子分析，认为青年学生的自信结构包含五个因素，分别是：才智自信、成就自信、应对自信、品质自信和人际自信。才智自信主要是对于自己创新潜力、能力的肯定，以及对新知识、新观念、新事物、新信息接纳能力的肯定；成就自信主要涉及婚姻、家庭、夫妻关系的建立、子女养育等内容的信息，以及对于获得学习成功、事业成就能力的肯定；应对自信涉及健康维护与恢复，以及对遭遇困难、挫折等事件时心理调整能力的肯定与确信；品质自信主要是对于自己的忠诚、真诚、公平、信任等个性品德的肯定；人际自信主要是交往活动的能力、控制感、适当感的判断，以及对于朋友关系质量、人际环境和谐、被帮助、被接纳的肯定。[④]

国内研究者的研究表明3—9岁儿童的自信心由自我效能感、成就感和自我表现三个维度构成，其中自我效能感是儿童自信心发展的核心因素。[⑤]

幼儿(3—6岁)自信心的结构包括自我评价、自我表现、独立性和主动性四个因素。自我评价主要体现为幼儿对自己能力的评估以及对自己是否能够胜利完成某种任务所做出的推测，是幼儿自信心的力量源泉；自我表现是指幼儿个体在个人能力、智慧、思想方面的自我表达能力；独立性是指幼儿所具有的一种强烈的独立行事、独立表达、独立解决问题的心理特点；幼儿独立做事的经历一方面提高

---

① 车丽萍.自信心及其培养[M].北京：新华出版社,2004:9.

② [美]戴安娜·麦克德莫特,C.R.斯奈德.如何让你的孩子充满自信[M].海口：海南出版社,2003:1—14.

③ [美]贝蒂·扬斯.自信的培养[M].南宁：广西人民出版社,2002:244—245.

④ 毕重增,黄希庭.青年学生自信问卷的编制[J].心理学报,2009(5):444—453.

⑤ 王娥蕊,杨丽珠.促进幼儿自信心发展的教育现场实验研究[J].教育科学,2006,22(2):86—89.

和改进了幼儿的活动能力,另一方面则增强了幼儿的自信心;主动性主要体现在幼儿对外界活动的积极参与上。①

(三)儿童自信心的发展

人的自信心不是与生俱来的,而是一个逐渐形成的过程。

尤德(Yoder)受埃里克·艾里克森关于"同一性和生命周期"观点的影响,根据自己的观察,将儿童期的自信心发展归纳为五大转折时期,又称为"五大自信心危机",它包括:基本的信任期(0—2岁);从幼儿期到蹒跚学步期的创伤性过渡期(2—3岁);兄弟姐妹争宠期(4—5岁);同伴竞争期(五六岁至十二三岁)和独立战争期(13—19岁)。② 人人都要经历这些自信心危机。进一步来说,我们迎接每一个危机的成功与否,可以衡量我们自信的程度。尽管每个阶段都有其独特的问题和解决方案,但是克服恐惧、坚持己见的勇气和对绝对观念的接受这三个主题贯穿于儿童自信心成长过程的每一个阶段。③

我国的研究者对3—9岁儿童自信心发展特点进行了研究,结果表明3—9岁儿童自信心的发展总体上存在显著的年龄差异,随年龄的增长呈曲线式的上升趋势。各因素(自我效能感、成就感、自我表现)的发展也随年龄的增长而呈上升趋势,但发展速度不均衡,4岁和7岁是儿童自信心发展的关键年龄;而且,3—9岁儿童自信心发展总体上存在显著的性别差异,且各年龄段都是女孩自信心的发展水平略高于男孩;但是3—9岁儿童在自信心总体及各维度的发展上不存在年龄和性别的交互作用,但在自信心总体发展上年龄和性别的主效应均达到极其显著的水平。杨丽珠等人对3—6岁幼儿自信心的研究也表明,幼儿自信心各因素(自我评价、自我表现、独立性、主动性)随着年龄的增长而发展,并表现出年龄的差异。幼儿自信心总的发展趋势,也表现出随着年龄的增长而发展。幼儿自信心在3—4岁之间较4—5岁之间的发展更为迅速。④ 幼儿(小、中、大班)自信心具有显著的年龄特征,4岁是培养幼儿自信心的关键时期。⑤

郭黎岩等人的研究表明,小学中高年级儿童自信心发展随年龄增长呈现不均衡的发展状况:小学中高年级女生自信心发展水平高于男生自信心发展水平;双亲家庭儿童自信心发展水平优于单亲家庭儿童自信心发展水平;独生子女与非独

---

① 杨丽珠,吴文菊.幼儿社会性发展与教育[M].大连:辽宁师范大学出版社,2000:89—90.

② Jean Yoder,William Proctor. The self—confident child. NewYork:The United States of America, New York:Facts on File,1988:33—119.

③ [美]吉恩·尤德,威廉·普罗克特.自信心[M].于海梅,译.北京:北京航空航天大学出版社,1990:29.

④ 杨丽珠,吴文菊.幼儿社会性发展与教育[M].大连:辽宁师范大学出版社,2000:91.

⑤ 王娥蕊.3—9岁儿童自信心结构、发展特点及教育促进的研究[D].大连:辽宁师范大学, 2006.

生子女自信心发展水平没有显著差异。[①]

(四)影响自信心发展的因素

影响自信心发展的因素是非常多的,既有来自家庭的、自身内部的,也与对成功的体验和特定的文化背景有关。

1. 家庭因素

首先是来自父母的影响。父母的教养方式和教育态度与儿童自信心的发展有密切联系。[②] 当儿童了解到父母不仅重视他们,而且相信他们的能力时,信任关系就在父母和儿童之间建立起来,其结果儿童就很可能感到自己的重要性,认为自己有能力,从而增强了自信心。[③] 父母对孩子性别的期望也会对幼儿自信心的发展产生影响。

家庭结构及环境的影响。国外研究表明,简单的家庭结构类型容易使人产生自信心;国内研究表明,自信心强的幼儿家庭类型主要是三代同堂,其次是三口之家的小家庭,最差的是缺损家庭。父母的婚姻状况也是影响儿童自信心发展的一个较为直接而又十分重要的因素,由于离异而失去父爱或母爱的状况对学前儿童自信心的发展会产生不利的影响。

2. 内在因素

学龄前期是儿童自信心发展十分迅速的时期,自信心受性别的制约,女童自信心高于男童。[④] 随着年龄的增长,儿童的自信心有减弱的趋势。通过对3—6岁和3—9岁幼儿自信心发展特点的研究发现,幼儿自信心的发展受性别和年龄的影响。

人的性格特征也是影响自信心的重要因素之一。活泼开朗、积极主动、乐于与他人交往合作的人,更有自信心;性格内向、不善交往、消极被动的人自信心水平低。情绪状态是指情绪经验或心境,是自信的信息来源。当情感是正向的时候,会体验到比较高的自信;焦虑和沮丧则会减损自信。Schunk 提到焦虑情绪征兆的出现,可以被解释成个体缺乏能力或技术,这会反过来影响自信。[⑤] 气质的趋避性、适应性、持久性、反应强度和反应阈等维度对自信存在一定的影响,活动水平、节律性、心境和注意分散等气质维度与自信没有相关性。

归因方式也是影响自信心的一个因素。归因,简单来说就是人们把他人或自

---

① 郭黎岩,杨丽珠,刘正伟,等.小学生自信心养成的实验研究[J].心理科学,2005(5):1068—1071.

② 刘海虎.上海市家庭心理研究会的一项研究表明三代同堂家庭利于培养幼儿自信心[J].中国人民大学复印报刊资料:幼儿教育,1991(11/12).

③ S. Doescher & L. Burt. You, your child, and self—confidence. Oregon State University, 1995,EC1453:1152—1156.

④ 马晓欣.3—6岁儿童自信发展及行为问题有关影响因素的研究[D].济南:山东大学,2011.

⑤ 毕重增.自信人格理论的建构[D].重庆:西南大学,2006.

儿童的自尊、自信、自主教育

己的成败归为某种原因,把成功或失败的决定因素归为什么,对以后学习、工作的积极性有很大影响。如果把成功的事件归为自身的努力、能力,即进行内部归因,人们会体验到成就感和满足感,从而增强自信心,如果习惯于将失败归于内因,会感到内疚,产生"无能感",失败次数多了,自尊心受到伤害,不利于自信心的形成。

3. 文化背景

社会文化背景也是影响自信心发展的一个不容忽视的重要因素,在不同的文化背景下,自信心存在一定的差异。以赖特(Wright)及其同事在 1978 年的研究为开端,一些信心差异的跨文化研究发现:所有被试都是过于自信的,亚洲被试比西方被试更加过于自信。耶茨(Yates)等人发现:中国被试比美国和日本被试显示出更好的信心辨别力。

伦德贝格(Lundeberg)等人在教育背景中对信心校准和辨别力的跨文化差异加以研究,揭示了自信的国家和文化效应。他们的一项最新研究发现了总体自信的巨大差异,并发现正确与否的信心主要与国家及其文化有关。他们对跨文化的信心校准研究发现,国家之间在 3 个领域中存在显著差异:一般自信心、正确时的信心及错误时的信心。他们对信心辨别的跨文化研究表明,不同国家、地区,不同领域内被试的准确性与自信状况也不相同:美国、中国台湾省、荷兰和以色列的学生准确性得分与总体自信得分很接近;巴勒斯坦学生的信心远远高于准确性。最显著的文化差异体现在信心辨别力上,巴勒斯坦学生正确与错误时信心的分辨力很差,证实了自信心的文化差异性。[①]

二、幼儿自信心的目标与活动设计

(一)幼儿园自信活动的目标

幼儿的自信心体现了幼儿对自己的肯定,这对幼儿性格有较大影响。培养幼儿自信心的活动目标应该定位在儿童敢于尝试困难与自主活动两方面。

敢于尝试困难与自主活动方面的目标:

小班:喜欢承担一些小任务。

中班:敢于尝试有一定难度的活动。

大班:主动承担任务,遇到困难能够坚持而不轻易求助;与别人的看法不同时,敢于发表并坚持自己的合理意见,并说出理由。

(二)培养幼儿自信心的活动设计

与幼儿自信心相关的活动,常用的是渗透式活动,即在相关领域的活动中渗透与幼儿自信心相关的目标。"我会找朋友""我能找到你"和"我是超级值日生"

---

① 车丽萍.国外关于自信的研究综述[J].心理科学进展,2002(4):418—424.

三个案例把树立幼儿的自信心目标渗透在音乐游戏中。

案例 我会找朋友(小班)

设计意图

　　小班幼儿与朋友交往的能力处于萌芽状态,他们喜欢用动作表现自己喜欢好朋友的方式。根据小班幼儿的年龄特点和与同伴交往的需要,通过"找朋友"的游戏方式,鼓励幼儿尝试主动与同伴、家长交往。从认识的同伴开始,与自己的爸爸妈妈,与其他小朋友的爸爸妈妈交往、互动。在这样的过程中,幼儿从熟悉的人开始,逐步试着与不熟悉的人交往,在交往的过程中体验快乐,树立交往的自信,感受接纳别人与被别人接纳的成功体验。

活动目标

　　1.跟随音乐模仿动物,按照节拍行走,在音乐结束的时候,找朋友抱一抱。

　　2.在故事情境中,通过倾听音乐与教师的口令,尝试自主随乐律动,并在规定的时间内,快速反应,找到朋友并抱在一起。

　　3.遵守游戏规则,体验亲子游戏中成功找到朋友后的喜悦。

活动安排

　　时间:家长开放日。

　　地点:户外。

　　方式:集体。

活动准备

　　1.经验准备:与同伴玩过"找朋友"的音乐游戏。

　　2.物质准备:红、黄颜色的胸牌若干,话筒(教师在音乐结束时,模仿狼叫的声音)。

活动过程

　　一、感受游戏情境,家长和幼儿共同了解基本的游戏规则。

　　指导语:(1)今天,来了一群小动物,小朋友猜猜它们是谁?(教师模仿小狗的动作)小狗们在树林里找好吃的,突然,它们听到了狼嚎叫的声音,两只小狗快速找到了好朋友,抱在一起,这样就不会害怕大灰狼了。

　　(2)听到音乐响起来的时候,"小狗们"在做什么?音乐停下时"小狗们"要快速找到朋友,抱住不动哦!

　　二、尝试跟随音乐游戏,初步学习快速找到朋友。

　　1.幼儿尝试跟随音乐找朋友。

　　指导语:(1)"小狗们"站在地上画的圆圈上准备!我们要出发了!(幼儿跟随

音乐游戏找朋友一至两次)

（2）刚才，你是怎么快速找到朋友的？

2. 家长参与游戏活动。

指导语：瞧！"小狗爸爸"和"小狗妈妈"也加入了游戏，这次要找自己的爸爸妈妈做朋友哦！（家长与幼儿共同参与游戏两次）

三、游戏难度逐步增加，让幼儿感受找到朋友的快乐。

1. 增加狗熊的脚步声，使幼儿感受游戏的趣味性。

指导语："小狗"来到了森林，森林里面真大呀！它遇到了许多好朋友，这次会有什么可怕的动物出现呢？如果它出现了，"小狗"怎么办呢？（迁移经验，说出大家要立刻找到好朋友抱一抱。）幼儿与自己的爸爸妈妈共同游戏一到两次。

幼儿随音乐模仿小狗走路，一拍走一步，双手在头两侧做耳朵抖动的动作，一拍一下。当音乐停止时，开始找朋友，当教师发出狗熊走路的脚步声时，幼儿需要立刻找到好朋友并相互抱住不动。

2. 游戏规则的逐步增加（佩戴有颜色胸牌），让幼儿更加积极参与游戏。

指导语：瞧！这一次"小狗"要找到与自己的胸牌颜色相同的"小狗"，狗熊才不会发现你们哦！来，我们一起看看，自己的好朋友是哪些人呢？（幼儿与家长共同游戏）

活动建议

1. 变式练习：幼儿与家长戴上不同颜色的胸牌，在圆圈场地内散点随音乐模仿动物行走，当音乐停下时，由教师提出颜色要求，在规定时间内，幼儿需按照相应的颜色要求找到家长做朋友，两人抱在一起。

2. 区角活动：在班级可开设音乐角，为幼儿提供胸饰、颜色记号等相关材料，创设游戏情境，鼓励幼儿尝试随音乐自主进行游戏。

温馨提示

在游戏中，教师要时刻肯定幼儿主动找朋友的行为，激发幼儿主动参与和交往的信心和乐趣，鼓励幼儿愿意与不同的朋友交往，积极参与到游戏中。

（案例提供：南京师范大学附属幼儿园　蒋倩）

案例　我能找到你(中班)

设计意图

制作面点是幼儿在游戏区角比较喜欢的活动，题材来源于生活。通过面包的制作过程，让幼儿从来源于生活的体验中感知并随音乐律动，体验自己动手制作的快乐。后面的游戏，从固定位置的猜测，到移动位置的猜测；从猜一名幼儿，到猜测多名幼儿；从猜测到找出同伴。幼儿在一次次的难度增加过程中，勇敢尝试。

活动目标

1. 欣赏轻松愉快的乐曲,在 A 段音乐时创编动作做面包,B 段音乐时玩躲避大熊的游戏。

2. 通过观察、讨论、迁移猜谜游戏的经验,知道哪个"面包"被"大熊"吃掉了。

3. 敢于尝试有一定难度的猜谜音乐活动,体验大胆猜出被"大熊"吃掉的"面包"的成功和喜悦。

活动安排

时间:集体活动后的音乐游戏活动。

地点:教室。

活动准备

1. 经验准备:玩过猜猜"谁不见了"的游戏。

2. 物质准备:实物面包一个。

游戏基本方法

A 段音乐:幼儿随音乐的节奏揉面粉、刷黄油、撒果粒,以及放进烤箱后,面包一下下变大的样子。B 段音乐:幼儿快速蒙住自己的眼睛,教师悄悄带走一名幼儿,到音乐结束时,猜猜哪个"小面包"被带走了,大家一起喊他的名字,如果喊对了,就将其带回来。

活动过程

1. 教师出示实物面包,并讨论做面包的流程。

(1)观看实物面包,使幼儿对活动产生兴趣。

指导语:看看这是什么呀? 哦,是面包! 你们来闻一闻,香不香? 今天我们就一起来做面包。

(2)了解做面包的流程。

指导语:面包怎么做呢? 哦,原来我们要先揉面,捏捏捏,接着要刷黄油,刷刷刷,再撒点好吃的果粒吧,撒撒撒。放进烤箱,一段时间后面包变大了,变大了。哇,香喷喷的面包出炉啦,真好吃呀! 哎呀,香喷喷的面包把狗熊都引来了,快带着面包藏起来。

2.尝试随音乐做 A 段的动作。

(1)随乐合拍做四个乐句的不同动作,体验音乐的乐段。

指导语:我们一起来做面包吧! (游戏一遍)啊,面包做好了,真香啊! 我来闻一闻。

(2)尝试在 A 段末尾做动物造型。

指导语:一起再来一次,最后看看我会变成一个什么面包哦! (教师做一个兔子的造型)除了小兔子面包还可以做什么样子的面包呢? (再游戏两遍)

（3）尝试在身体的不同部位做捏面团的动作。

指导语：这次我在腿上捏面团了。你们可以在哪里捏呢？（再游戏一遍）

3.完整欣赏音乐，玩游戏，猜测哪个面包被带走了？

（1）增加"大熊来了"的游戏情节，幼儿感受并体验。

指导语：呀，好香的面包，可能会把大熊引来哦，大熊要是来了，我们怎么办？赶快把"面包"藏起来。小"面包"们不可以抬头哦，否则就要被大熊带走了。好，现在我们一起做"面包"吧！（游戏一遍）大熊走了，你们刚才有没有躲好呀？大熊有没有带走我们的小"面包"呀？（没有带走）

（2）完整进行游戏，重点在B段音乐的猜测游戏，分享找朋友的方法。

指导语：这次大熊又要来了！一定要躲好哦。找找看，大熊把谁带走啦？你怎么知道的？我们一起把他救回来吧！（其他幼儿一起说：××面包快回来。）

4.增加游戏难度，幼儿勇于挑战。

（1）增加人数。

指导语：这次，看看会有几个面包不见呢？（两到三个面包不见了）

（2）增加回答方式和移动座位的难度。

指导语：这次，烤箱的位置要变化了，请大家迅速换位子。好，我们开始游戏了，这次会请一个小"面包"来找出被大熊带走的小"面包"哦！

指导语：这次烤箱的位置都变化了，你是怎么发现哪个小"面包"不见的呢？

（3）增加寻找的难度。

指导语：这次小"面包"要到大熊那里把带走的朋友领回来哦！猜一猜、想一想，大熊有可能带着小"面包"躲在哪里呢？

游戏升级玩法

玩法1：播放B段音乐时，教师可以带走两名幼儿，其他幼儿共同猜测正确后，请一到两名幼儿将其找出来。

玩法2：播放B段音乐时，教师带走三或四名幼儿，请其他幼儿猜测是哪些伙伴，请三到四名幼儿将其找出来。

玩法3：打乱幼儿的座位顺序，播放B段音乐时，教师带走三或四名幼儿，请一名幼儿猜测是哪些伙伴，请三到四名幼儿将其找出来。

玩法4：幼儿站起来，找一个空地方进行游戏。播放A段音乐时，幼儿分散做动作。播放B段音乐时，教师带走三或四名幼儿，请一名幼儿猜测是哪些伙伴，请三到四名幼儿将其找出来。

温馨提示

在游戏的第4个环节，教师不断增加游戏难度时，要不断激发幼儿猜测的积极性,同时注意帮助幼儿分享如何找到小"面包"的方法与策略。在策略的支持下,幼儿才可能有不断战胜挑战的勇气与自信。

(案例提供:南京师范大学附属幼儿园　周洁)

案例　我是超级值日生(大班)

设计意图

这是一个以音乐活动为载体的社会活动。在这个活动中,教师通过领唱、齐唱的方法,让幼儿感受到独立领唱时的挑战和战胜挑战的快乐,并分享领唱的方法。后期通过加入猜测声音的游戏,在分享猜测声音的方法时,感受到自己战胜挑战后的快乐。通过不断地感受挑战—尝试挑战—战胜挑战,在这样的过程中,幼儿会更有自信、更快乐地参与活动。

活动目标

1. 熟悉歌曲旋律,理解歌词内容,用齐唱、领唱的方式演唱歌曲,并猜测出领唱同伴的姓名。

2. 在根据听声音猜同伴游戏难度层层增加的基础上,尝试大胆领唱 B 段音乐;遇到问题时,乐意动脑筋思考、分享策略、解决问题。

3. 遵守猜谜游戏规则,感受玩"找不同"游戏的快乐,体验解决问题并做"超级值日生"的成就感。

活动准备

1. 经验准备:玩过"请你猜猜我是谁""领头人""找不同"的游戏;能遵守猜谜的规则。

2. 物质准备:歌谱、钢琴、眼罩、"找不同"的图片若干。

活动过程

一、倾听关于《超级值日生》的故事。

指导语:每天早上值日生都会早早地来到幼儿园。他们有的拿抹布,有的拿扫把,准备打扫教室。他们擦呀擦呀,教室里被他们打扫得焕然一新,真干净!而且他们还准备争做超级值日生呢!

二、倾听并熟悉歌曲 B 段旋律,通过变式练习学唱歌曲 B 段。

1. 幼儿用动作感受并倾听歌曲的 B 段。

指导语:超级值日生要用抹布打扫卫生啦,猜猜他用抹布擦哪里?怎么擦的?

(教师范唱一遍)

2. 变式练习,继续用动作感受歌曲 B 段的歌词和旋律。

指导语:你们还想用抹布擦哪里呢? 怎么擦呢? (再次倾听1—2遍)还有哪里没有擦干净呢? (再次倾听2遍)

3. 幼儿尝试学唱 B 段音乐。

指导语:你们边擦边唱,就要成为超级值日生啦! 我们一起擦擦哪里呢? 小抹布准备好! (师幼一起练习唱 B 段音乐2—3遍。)

三、加入"点兵点将"的游戏,幼儿大胆尝试齐唱和领唱。

1. 个别幼儿尝试在"点兵点将"游戏中尝试领唱。

指导语:(1)那我来点兵点将吧! 现在你得先想想如果你是超级值日生你会带领大家一边唱歌一边擦哪里? (教师边唱 A 段音乐边点,唱到最后一个字"下"的时候选出超级值日生。)

(2)刚刚你擦的是什么地方?

2. 分享问题,个别幼儿继续尝试,并敢于领唱歌曲。

指导语:(1)你们刚刚是用什么方法记住歌词的呢?

(2)我刚才是唱到哪个字的时候选出超级值日生的? 那这次看看谁是超级值日生?

(3)谁觉得自己可以一个人边唱边带领大家做动作呢? 这次选到的超级值日生,他一个人唱,大家只跟着他学动作!

3. 尝试领唱歌曲并带领大家做动作。

四、加入"请你猜猜我是谁"和"找不同"的新游戏。

1. 加入"请你猜猜我是谁"的游戏。

指导语:(1)现在我们来玩个游戏,大家都蒙上眼睛,让你抬头的时候再抬头哦! 看看你能不能用耳朵听出来超级值日生是谁?

(2)超级值日生是谁呀? 你们怎么猜到的? (分享策略:总结通过音色、音源等策略辨别是何人。)

2. 加入"找不同"游戏。

指导语:(1)超级值日生到底让教室发生了什么变化呢? 请你带大家来看一下! (游戏1遍)

(2)谁想挑战一个人来猜? (可以多猜几次,并再次帮助大家总结猜测声音的方法和策略。)

五、小结:原来,有这么多方法可以猜出"谁是超级值日生"啊! 真是太棒了,回家后小朋友可以将这些方法教给爸爸妈妈哦!

歌　谱

超级值日生

1=C 2/4

(5 4 5 5　5 5 4 3 2 | 1 7 6 5　4 3 4 3 | 2　1　7　7 1 2 3 | 3　1 6　7　1 1 1)

1 1 1 1　1 | 3 5 5 5　5. 3 | 4.　3　4.　3 | 3 1 2 3　2 |

你 拿 小 擦　布　我 拿 大 扫 把　马 上　把 教　室 打 扫 一　　下

1 1 1 1　1 | 3 5 5 5　5. 3 | 4.　3　4.　3 | 3 1 1　1 |

看 看 我 们　是　超 级 值 日 生　今 天　让 老　师 休 息 一　　下

B段

(1 1 1 1　1 1 1 1) | 1 1 1 1　1 1 2 3 | 4 4 4 4　4 4 5 6 | 7 7 6 5 4 3 4 |

　　　　　　　　　　擦 呀 擦 呀 擦 呀　擦 呀 擦 呀 擦 呀　擦 呀 擦 呀 到 处 都 焕 然 一 新

5　6　5 | 1 1 1 1　1 1 2 3 | 4 4 4 4　4 4 5 6 | 7 7 6 5 4 3 4 |

真 干 净　扫 呀 扫 呀 扫 呀　扫 呀 扫 呀 扫 呀　扫 呀 扫 呀 到 处 都 焕 然 一 新

5　6　5 | (5 6 7　1 2 3 4 4 | 5 5 0 5　5 0 6 1 | 3　3 2 1 2 1 |

真 干 净

3 1 1　1 6 1 2 | 3　2　1 2 1 6 | 1 6 3 5 5 3 1 2 | 3 2 1 6 1 2 1 6 |

1 1 2 1　6 1 2 | 3 3 4 5 6 7 4 3 | 2 1 1　1) ‖

(案例提供：南京师范大学附属幼儿园　周洁)

案例　我喜欢我自己(大班)

设计意图

结合语言领域的活动,加深儿童对自我的认识,促进儿童自信的发展。

活动目标

1. 知道自己与别人的异同。

儿童的自尊、自信、自主教育

2. 悦纳自己的相貌和身体特征,喜欢自己。

3. 能大胆讲述喜欢自己的理由。

【活动准备】

镜子若干;丹顶鹤、青蛙、大象的图片;歌曲《我的身体》《大家来跳舞》。

【活动过程】

一、听音乐《我的身体》做律动,初步感知自己与别人的相同部位。

指导语:刚才我们一起做了律动,大家都摸到了身体的哪些部位?(头、肩、胸、腰、腿、脚、手)我们每个人的身体都有这些部位,可是我们每个人的部位都长得一样吗?

二、"看看我自己"。

1. 引导幼儿说一说自己在身材上与他人的不同。(如:身高、胖瘦)

2. 幼儿照镜子,看看自己的外貌,说说自己长得什么样。(眼睛是大大的还是小小的;鼻子是高高的还是扁扁的;眉毛是粗的,还是细的;头发是长的,还是短的;嘴巴是大的,还是小的?)

3. 幼儿自由交谈,说说自己长得什么样。

三、结合课件讲故事。

指导语:今天老师还带来了几位动物朋友,它们是谁呢?(出示丹顶鹤、青蛙、大象的图片)它们也在讲自己,我们来听一听它们都说了些什么。结合课件讲故事《我喜欢我自己》。

一个小池塘里,有一只丹顶鹤看着自己在水中的影子,高兴地说:"我长得又瘦又高,会跳舞、会唱歌,我喜欢我自己。"

青蛙在荷叶上,看着水里的自己,高兴地说:"我的个子不高,可是我会游泳、唱歌,还会捉害虫,我喜欢我自己。"

大象正在水塘边喝水,它也高兴地说:"我虽然长得很胖,还有一条长长的鼻子,可我很有力气,可以帮助人们运送木材,还能帮助小动物洗澡,我喜欢我自己。"

四、幼儿讲述喜欢自己的理由。

1. 幼儿之间相互交流。

指导语:小动物们不论是高,是矮,是胖,还是瘦,它们都有自己的本领,都喜欢自己。你喜欢你自己吗?想想自己长得什么样?有什么本领?会为别人做些什么?

2. 幼儿轮流说说喜欢自己的理由。

指导语:小朋友们的本领可真不少,请你现场为大家展示一下好吗?(如:跳舞、唱歌、武术、劳动……)老师及时鼓励。

五、鼓励幼儿随音乐做出各种自信的表情和动作。

播放音乐《大家来跳舞》，幼儿随音乐拍手，当音乐停止时每人做一个自信的动作。

教师小结：我们的身体在不断成长变化，每个人通过学习都会有越来越多的本领。如果有人问你"你喜欢你自己吗"，你应该怎么告诉他？（幼：我喜欢我自己。）

（案例提供：吉林省政府机关第三幼儿园　张春玲）

三、儿童自信心的培养

儿童自信心的发展是其自我意识不断成熟和发展的标志，是时代对儿童的素质要求。它对一个人一生的发展所起的作用，无论是在智力上还是在体力上，或是在处世能力上，都有着基石性的支持作用。[①]

1. 积极的评价

幼儿期的自我意识的一个很重要的特点就是依赖、从属他人，尤其是成人的评价。儿童自我评价水平低，往往是以别人的评价作为评价自己的依据，年龄越小的孩子越容易受到成人评价的影响。根据幼儿的这一心理特点，我们应该给予他们积极的评价，让他们对自己有一个积极的认识，不断肯定自我，相信"我能行"。

父母或教师经常批评、责骂幼儿，或者当众贬低、嘲讽幼儿，这样做会极大地挫伤儿童的自尊心、自信心，这样的做法是不可取的。当然，评价也不能盲目，避免过犹不及，因为过高的评价会使儿童的自信心膨胀，变得自大、自满、自负，反而不利于自信心的培养。评价要具体客观，如："×××，今天早上主动跟老师问好了，值得表扬"，"×××的颜色涂得很均匀"，为幼儿指明今后努力的方向。

2. 成功的体验

成功的体验是一种驱使幼儿主动行动、克服活动中的困难并坚持下去，直到取得满意活动成果的强大内部力量，它对幼儿自信心发展水平的提高起着极其重要的促进作用。所以，一定要唤醒幼儿内心的力量，才能真正培养其牢固而强大的自信心，从"他人依存型"的自信走向"自我主导型"的自信。

幼儿在成长的过程中，在家庭或幼儿园里，会经历多种多样的事情，会获得或成功或失败的体验，从而逐步形成对自我能力的认识。成功的体验无疑是增强幼儿自信心的催化剂，而失败的经历会削弱幼儿的自信心。所以，家长或者教师首先应该相信幼儿，为幼儿提供活动和表现的机会与条件，让幼儿在活动中了解自己的各种能力与发展进步，学着自己穿衣服、系扣子、系鞋带、搬椅子、收拾玩具、

---

① 克劳蒂娅.美国人的家庭教育[M].胡慧，译.北京：专利文献出版社，1997：14.

选择游戏材料、帮教师做事。每做成一件事情,幼儿内心就会产生一种积极的情绪体验,在对周围环境的控制感中获得成功的欢乐,从而增强自信。日本教育家木下百合子认为,幼儿期重要的课题就是"基本生活习惯的自立",而基本生活习惯的自立能给儿童带来巨大的自信。相反,如果家长经常否定孩子的努力或包办代替,孩子会产生愧疚感,不利于自信心的形成。①

3. 教育活动

自信心就像播撒在幼儿头脑中的一粒种子,要想使它继续生长壮大就需要有一定的环境和条件,幼儿园的各种活动便是培养幼儿自信心的沃土之一。

"利用游戏和运动技能的发展,建构儿童的自信心和自尊"等研究表明,通过特定的训练,可以改进和提高人在某一方面的自信心水平。② 国内研究表明:幼儿学习数学的自信心可以通过在学习中不断获得成功的体验来提高,而这种成功的体验来自于特定的课程设计,必须通过长期的培养才能使自信心获得相对的稳定性。③

王娥蕊、杨丽珠等人依据儿童自信心结构的三个维度,即自我效能感、自我表现和成就感,在幼儿园创设了一系列能促进幼儿自信心发展的教育活动。通过游戏、学习、劳动等活动领域,对小、中、大三班幼儿进行自信心促进的教育现场实验,研究结果表明系列主题教育活动,使不同层次水平的幼儿都有机会获得成功的体验,并能在其现有水平上增强自信心。④

不仅专家们在幼儿园对幼儿实施有计划、有目的培养自信心的研究可以促进幼儿自信心的发展,幼儿园的许多活动都可以增强幼儿的自信心。

通过游戏不仅能发展幼儿的智力,还能培养幼儿的动手能力及自我服务能力,有利于幼儿形成积极的自我评价,产生愉快的感受;并使幼儿逐渐获得影响与控制环境的能力,建立起对自己的信心。在小班幼儿的绘画教学中,通过为幼儿创造条件,使每个幼儿在力所能及的范围内制作出一件作品,可以使幼儿看到并真正感受到自己的能力,从而增强了自信心。体育活动对幼儿自信心的培养也有极大的影响力。⑤

---

① Glenn I. Roisman & R. Chris Fraley. The Limits of Genetic Influence:A Behavior—Genetic Analysis of Infant—Caregiver Relationship Quality and Temperament. Child development,2006,vol 77(6):1656—1667.

② Linda K. Bunker. The Role of Play and Motor Skill Development in Building Children's Self—Confidence and Self—Esteem. The Elementary School Journal,1991,vol 91 (5):467—471.

③ Cheng Zijuan. A follow—up study of the fostering of young children's self—confidence in leaning mathematics. Psychological Science China,1993,16(2):115—118.

④ 王娥蕊,杨丽珠.促进幼儿自信心发展的教育现场实验研究[J].教育科学,2006(2):86—89.

⑤ 苏永善.在绘画教学中培养幼儿自信心[J].学前教育,1990(11):12.

第四节　儿童的自主性与能力发展教育

一、儿童能力及其发展

(一)儿童能力的概述

在《现代汉语词典》(第 7 版)中,能力就是指能胜任某项工作或事务的主观条件。在心理学研究中,一般认为能力有两种含义:一是指已经发展出或表现出的实际能力;二是指可能发展的潜在能力。潜在能力是实际能力的基础和条件,而实际能力则是潜在能力的展现,实际能力和潜在能力密切地联系着。[①]

桑代克把人的智慧活动能力分为三种:"社会的智慧"是了解和处理人与人之间相互交往、相互关系的能力;"具体的智慧"是人对事物的了解以及对技术和科学的应用能力;"抽象的智慧"是人们应用文字或数学符号的能力。[②] 其中"社会的智慧"多指社会能力,社会能力是一种含有温暖、合作、助人和顺从等特征的人格特质。社会能力是一种适应环境的能力[③],也是一种表现在人际互动中的能力。社会能力分为工作取向特质、自主性、领导取向特质、与他人共处的能力、行动取向特质、依赖性(指对成人)以及情绪开放性七个维度。[④]

(二)学前儿童能力的发展与教育

学前阶段是个体能力认识形成和发展的关键时期。一方面,儿童阶段形成的能力概念对成年后的自我评价、成就行为和社会适应具有重大而深远的影响;另一方面,儿童的自我能力认识对于儿童的学习动机、学业行为、学业成绩以及学校适应性等具有重要影响。[⑤]

1. 儿童在认知领域能力自我知觉的发展

幼儿对自己的能力都有较高的评价。如:当问到幼儿"是否因表现好而得到奖励","会不会自己看书","是否很会讲故事"等问题时,幼儿的回答基本上都是觉得自己做得很好,并且是以成人的看法来评价自己的。[⑥]

①　高月梅,张泓.幼儿心理学[M].杭州:浙江教育出版社,1998:287.
②　程正方,高玉祥,郑日昌.心理学[M].北京:北京师范大学出版社,2008:213.
③　Ladd,Gary W. & Mize,Jacquelyn. A cognitive－social learning model of social－skill training. Psychological Review,1983,Vol 90(2):127－157.
④　钟凤娇.幼儿社会化历程中社会能力之探讨[J].国家科学委员会研究专刊(人文及社会科学),1999(3).
⑤　吕凯,桑标.论影响儿童能力认识的内外部因素[J].心理科学,2008(2):463—467.
⑥　王素娟.大班幼儿自我概念特点之研究[D].开封:河南大学,2008.

幼儿在记忆领域对自身表现出高估倾向,小班幼儿的高估显著大于中、大班幼儿,中、大班幼儿之间不存在显著差异。如,研究者在一项记忆实验中向幼儿呈现了 10 张测验图片,让其尽可能多地记住,然后将这 10 张测验图片与 10 张干扰图片混在一起,要求幼儿挑出测验图片。主试首先向幼儿详细解释任务,然后开始实验。这时,把每个年龄组的幼儿根据预测条件的不同随机分为两组:一组幼儿作为预期组,其指导语为"你觉得自己能记住几张图片";一组幼儿作为愿望组,其指导语为"你希望自己记住几张图片"。先让幼儿练习一次,然后开始正式实验。在正式实验中,幼儿共尝试三次。每次尝试之前都让幼儿预测自己能记住几张图片,三次预测的平均值作为预测成绩,三次尝试的平均值作为实际成绩。

与此相关的一些有关婴幼儿早期数的能力研究还表明,婴儿已具有对数量的鉴别能力。儿童的这种能力随年龄的增长而发展。

3—6 岁儿童已具备一定的数量估算能力,但其合理估算水平较低。其中,3—4 岁儿童的数量估算大多处于"大胆猜测"阶段。这种行为不是真正的估算,它仅表现了估算技能发展的第一阶段。4—5 岁儿童开始对参照做出反应,能有依据地进行估猜。5—6 岁幼儿已能够有效地利用参照进行估算。[①]

2. 儿童在人际交往领域能力自我知觉的发展

在幼儿对自己受欢迎或不受欢迎程度的知觉方面,大班的幼儿多数都能给出自己的判断,中班的部分幼儿、小班的大部分幼儿则未能做出判断。在自己人际地位的一般知觉方面,大班的绝大部分幼儿对自己的人际地位有着积极的评价,感觉自己被周围的人喜欢和接纳,在不同对象、不同交往情境中都表现出一致性判断倾向,且大多数幼儿能对"交往对象为什么喜欢自己"做出解释。在自己增进他人喜欢的能力的知觉方面,大多数幼儿对自己的人际关系有一定的控制感,觉得自己能够赢得更多人的喜欢。在增进他人喜欢的手段的知觉方面,他们针对不同对象、不同情况,幼儿对于如何赢得更多人的喜欢会采用不同的策略、手段。如:大多数幼儿知道要想让老师喜欢自己,就应该表现好一点,这是老师平时在教育中经常提到的要求,是被老师所认可的,所以肯定也是老师所喜欢的;而对于同伴,在日常交往中,幼儿认识到互惠互利是彼此最突出的需要,所以要想让别的小朋友喜欢自己就得用东西(玩的和吃的)、话语(说好话)或行为(忍让、谦让和他们玩)去讨好他们。[②]

3. 儿童在身体运动领域能力自我知觉发展

中、大班幼儿在没有即时直接经验的情况下就已经能对自己的能力做出相对

① 赵振国.3—6 岁儿童数量估算能力发展的研究[J].心理科学,2008(5):1215—1217.
② 李凌.幼儿人际领域能力自我知觉特点的研究[J].心理科学,2005,28(1):66—68.

准确的判断;当然,相比较而言,大班幼儿能更客观、准确地对自己的能力做出判断。中、大班幼儿身体运动领域的一般经验相对丰富,所以在测试前的能力判断中表现得相对准确,与其实际能力没有显著差异,而小班幼儿则由于缺少相关经验而对自己的能力表现出不切实际的高估。[①] 大班幼儿对自我身体能力的评价虽然还停留在直观、表面的层面,但已经能够不依赖成人的看法而独立地评价自我的身体能力。

例如,在问到"是否会跳绳"这一问题时,大多数幼儿都能实事求是地回答"不会"。事实表明,这一年龄段的幼儿还不具备很好的自我平衡能力。从这里也反映了幼儿对自我身体能力的认知还是比较客观真实的,没有过高地评价自我,也不再完全依赖成人的看法了。但幼儿还没有形成客观的评价自我的标准,需要以其他幼儿为参照物,如"我比××跑得快,就说明我跑得快"。也有幼儿在对自我的身体能力进行评价时,会较多地提到与其他幼儿的比较。这说明幼儿以他身边的同伴作为标准,才能更好地表达自我的能力水平。[②]

(三)影响儿童能力发展的因素

1. 家庭特征

根据国际上相关的研究文献发现,影响儿童能力发展的因素不仅包括是否接受正规学前教育,而且一些可观察到的个人和家庭特征对儿童的能力发展也有影响。家庭是幼儿生活的重要场所,是幼儿走向成熟、走向社会之前的"微社会"环境。家庭中成人的受教育程度、性格及教养方式等都会影响幼儿的能力发展。

交往中成人的作用不只是为幼儿提供某种认识的桥梁,减轻认知的负担,而且也是其实现趋向、自尊需要的积极的维护者和热情的鼓动者。一般认为,学前幼儿乐观主义的能力知觉往往得益于成人无条件地接受和爱。儿童最初的控制感来自于照料者对他们的即时、敏感的反应,诸多互动中包括代理控制的使用:儿童可以通过成人达成自己想要却又无力实现的结果。成人也会宽容地对待幼儿的不足,总是会热情地鼓励:"等你长大以后,就会……"连幼儿异想天开的梦想,也往往都能得到理解和支持:"好啊,等你长大了,发明一个……就可以……"成人的这些反应,能将幼儿的关注点(特别是标志能力的前途、本领等)引向未来。[③]

2. 个体经验

幼儿以往的经验水平,不仅限制他们在操作任务之前对自己能力的判断,而且还影响其从直接经验中获益的可能性。[④] 儿童在与他人频繁的交往过程中能够不断

① 李凌.幼儿能力自我知觉的发展研究[D].上海:华东师范大学,2002.
② 王素娟.大班幼儿自我概念特点之研究[D].开封:河南大学,2008.
③ 吕凯.影响幼儿能力评价的内外部因素研究[D].上海:华东师范大学,2006.
④ 李凌.幼儿能力自我知觉的发展研究[D].上海:华东师范大学,2002.

积累语言的技能,这样有利于儿童语言、社会性的发展;相反,交往机会太少,语言发展就缓慢,事事以自我为中心。"狼孩、猪孩"就是典型的事例。此外,教育经验对儿童的能力发展也具有重要作用。教育经验能够增进儿童的认识,更多时候是对事实的认识,包括对自己的准确知觉、客观评价,但对那些不切实际的东西似乎不应该简单地否定,更多地应该引导,使之变为寻求解决方案、解决策略的信心和热情。[①]

3. 激励

激励包括言语性的激励和实物性的激励。实物奖励由于直观、具体,所以具有更大的激励意义,使幼儿表现出更高的尝试意愿和更积极的目标行为。[②] 因此,家长和教师善于发现表扬、激励幼儿的机会,注重言语表扬的及时性与适宜性,同时注重实物性的激励并遵守诚信。

4. 主观能动性

能力的提高离不开个体的主观能动性。儿童能力的发展需要个体具有广泛的兴趣、强烈的求知欲、积极向上及亲社会性的品质。儿童只有具备内在的主动性才会去热爱自己的"工作",并有坚强的意志及自我分析、评价的能力,才愿意与他人交流合作,乐于帮助别人和分享。

二、儿童认识自我能力的活动设计

(一)幼儿园认识自我能力的活动目标

设计幼儿能力方面的活动,需要考虑到幼儿能力发展的程度,在此基础上,教师方可进一步设计幼儿对自己能力认识的相关活动。幼儿对自己能力的认识也存在一定的年龄差异,因此在目标设定上,也会存在相应的要求。幼儿园认识自我能力的活动目标如下:

小班:能根据自己的兴趣选择游戏或其他活动。(自己能做的事情愿意自己做)

中班:能按自己的想法进行游戏或其他活动。(自己的事情尽量自己做,不愿意依赖别人)

大班:能主动发起活动或在活动中出主意、想办法。(自己的事情自己做,不会的愿意学)

(二)幼儿园认识自我能力的活动设计

设计幼儿园的活动时,除了要考虑儿童的年龄特点,还需要考虑活动内容,这直接决定着活动策略的选择。一般来说,儿童的自我认识活动多采用渗透式。通常是在相关领域的活动中,教师在进行拓展时,引导儿童认识自我能力,因此这类

---

① 吕凯.影响幼儿能力评价的内外部因素研究[D].上海:华东师范大学,2006.
② 李凌.幼儿能力自我知觉的发展研究[D].上海:华东师范大学,2002.

活动通过谈话展开,采用的是谈话式教学法。案例"我能照顾大蒜宝宝"是在科学领域活动中,引导儿童对自我能力的认识。

案例　我能照顾大蒜宝宝(小班)

设计意图

　　自然角不是摆设,它应该是充满活力的。班级种植活动的开展,能真正让自然角与幼儿互动起来,调动幼儿参与活动的积极性,让幼儿在操作中体验发现和探索的乐趣,充分发挥幼儿自己学习、观察、动手的能力。自然角里的植物需要人们的爱护才会生机勃勃,特别是刚被种下的大蒜宝宝。幼儿直接地观察到一颗种子从种下到发芽到长叶的全过程,这些经验的获得远比看一个课件、看一幅图片的效果要真实许多。早晨,幼儿会给大蒜宝宝浇水,嘴里还小声嘀咕着:"大蒜宝宝,快喝水,你要和我一样长大哦。"天气晴朗的时候,幼儿又会说:"今天外面有太阳,我们带大蒜宝宝去晒晒太阳吧!"作为老师,我们需要给幼儿提供实践的机会,告诉他们正确的方法,让他们的爱心在草、花、小动物的世界中不断地延伸。

活动目标

1. 了解大蒜的外形特征,初步学习种植大蒜。

2. 学习照顾大蒜的方法,知道要给大蒜浇水、晒太阳。

3. 幼儿体验种植活动的乐趣。

活动准备

大蒜若干、大号酸奶罐、泥土、水等。

活动过程

一、情景导入,观察大蒜的外形特征。

1. 指导语:看看老师今天带来了什么?(出示装有大蒜的神奇布袋)

2. 请幼儿闻一闻、摸一摸,说说口袋里装的是什么?

3. 幼儿观察、讨论大蒜的外形特征。

二、学习种植大蒜的方法。

1. 指导语:你知道怎样种植大蒜吗? 种植大蒜时需要哪些工具?

2. 教师示范种植大蒜的方法。

3. 教师小结种植过程中应注意的问题。

4. 幼儿分组种植大蒜,教师给予幼儿个别帮助。

三、学习照顾大蒜的方法,爱护大蒜。

1. 引导幼儿讨论:怎样才能让大蒜宝宝长得更好?(浇水、晒太阳)

儿童的自尊、自信、自主教育

2. 观看挂图《我会照顾植物》中有哪些好方法？

指导语：我们都喜欢好听的话和歌曲，植物也一样。如果每天和植物聊聊天，唱唱歌给它们听，它们就会长得特别健康、漂亮！

活动延伸

教师将种好的大蒜宝宝放置在自然角，让幼儿照顾自己的大蒜宝宝，观察其生长过程并记录，鼓励幼儿每天和自己种的植物说说话，唱唱歌，浇浇水，晒晒太阳。

（案例提供：南京市第一幼儿园　郑瑞华）

案例　才艺表演（大班）

设计意图

每个幼儿都有自己的个性，都有与众不同的地方。每个幼儿又都有自己的喜好，有自己的闪光之处。才艺表演给幼儿提供了一个展示自己的平台，让每一个幼儿都有机会在集体中表现自己的才艺。幼儿可以将自己平常在生活中喜欢做的事情，以及在园外兴趣班学的本领等作为才艺表演的内容。从报名开始，到正式表演，经历反复练习、在家预演、调整改进等过程，让幼儿不断看到自己的进步，增强自信，体验成功。

活动目标

1. 参加才艺表演活动，愿意在集体中展示自己日常生活中喜欢做的事情。

2. 有自信，能完整、大方地在集体中进行才艺表演。

3. 能认真欣赏同伴的才艺表演，在教师的指导下，较为准确地评价同伴的表现。

活动准备

1. 教师提供才艺表演报名表，幼儿根据自己的情况报名参加。

2. 认真准备自己的才艺表演节目，反复练习。

活动过程

1. 教师出示才艺表演报名表，幼儿了解今天的表演内容。

指导语：看看今天有哪些小朋友表演？他们表演什么节目？

2. 教师和幼儿共同讨论对才艺表演中表演者和观众的评价标准。

(1)指导语：小朋友表演完以后，我们要告诉表演者，他（她）的表演好在什么地方？还有什么需要改进的？评价的标准是什么呢？

表演者表演之前要做自我介绍，要告诉大家自己表演节目的名字，要能把整个节目表演完整，表现大方，声音响亮，动作认真等。

(2)指导语：我们给表演者提出了表演的要求，对观众又有哪些要求呢？

观众要认真看着表演者，不和别人讲话，不做小动作，节目表演完了要鼓掌表示感谢,并积极参与评价,表达自己的观后感。

3. 教师按照报名表的顺序组织幼儿进行才艺表演。

(1)教师在组织表演过程中,注意及时反馈观众观看的情况。

(2)表演过程中,教师对表演者出现的紧张、忘记表演内容等情况,应及时给予鼓励和指导。

4. 教师组织幼儿按照评价标准,交流自己对表演者表演情况的评价。

指导语:你喜欢谁的表演,为什么? 你觉得小演员的表演还有哪些需要改进的地方?

5. 教师请表演者介绍准备的过程。

指导语:你为什么能表演得这么好? 你是怎么准备的?

6. 教师引导幼儿向认真准备、反复练习的表演者学习。

活动延伸

1. 开始组织幼儿进行才艺表演时,为了提高幼儿的兴趣,减轻幼儿的负担,体验活动的乐趣,让幼儿有成就感,教师可以让幼儿根据自己的爱好确定表演的内容。等幼儿慢慢熟悉了才艺表演活动以后,可以开展主题式的才艺表演,引导幼儿在才艺表演中相互学习,取长补短,更多地学会欣赏同伴,看到同伴身上的优点。

2. 才艺表演初期,教师做主持人。等幼儿熟悉后,教师可以让幼儿自己报名做主持人。幼儿还可以轮流担任才艺表演中的"裁判、评审团"。

3. 才艺表演的形式可以不断发展,例如成立才艺表演者的"亲友团、啦啦队",在表演过程中为表演者加油鼓劲等。

温馨提示

1. 教师在组织幼儿开展才艺表演时,在评价标准的制定上,要注意从基本标准开始,逐步提高要求,引导幼儿从积极的角度评价同伴的表演,给幼儿以支持和鼓励。

2. 在才艺表演活动不断发展的过程中,内容上要以激发幼儿不断挑战自我、突破自我为目标,形式上注意不要功利化,不以竞赛、评选第一名为目的。要注意挖掘活动背后的故事,让幼儿多讲讲自己练习过程中认真对待、克服困难的事情。

3. 才艺表演中既要重视表演者,更要关注观众的表现。教师要对认真观看、给同伴准确评价、能看到同伴闪光点的"观众"同样给予表扬。

(案例提供:南京市北京东路幼儿园　王树芳)

案例　探索做笔套(大班)

设计意图

铅笔是小学生必备的学习用具,家长常常因为笔盒晃动导致铅笔尖在笔盒壁

上撞断而烦恼,但笔套可以起到一定的保护作用。"探索做笔套"是大班的一个幼小衔接的教育学习内容。探索活动就是一个发现问题、解决问题的过程,在探索性操作中,让幼儿不断地发现问题,不断地解决问题,在深入探索的过程中,不仅使幼儿经历了一个科学探索的过程,同时也给幼儿创造了克服困难、磨炼意志的机会。

活动目标

1. 在探索活动中有耐心,能意识到自己的困难及原因,遇到困难时能努力想办法解决,愿意面对挑战。

2. 通过研究制作的方法,解决在探索做笔套时的困难。

3. 尝试用长方形纸卷成圆筒状的技能做笔套,初步了解可以通过研究范例来学习。

活动准备

每人一个已经制作好的笔套、两种长方形纸若干。(短边对折 3 次后 1/6 的A4 纸和长短边各对折一次的 1/4 的 A4 纸。)

活动过程

1. 谈话导入,引起幼儿制作的欲望。

(1)教师出示事先折好的笔套。

指导语:快入学了,老师送给你们礼物,你们知道这是什么? 做什么用的?(笔套,保护铅笔用的)

(2)指导语:笔多,笔套少,怎么办? (自己做)

(3)教师引导幼儿猜测笔套是怎么做的。

2. 教师提供笔套,供幼儿研究,引导幼儿探索拆笔套及将笔套还原。

(1)指导语:今天老师不教,你们有没有办法学会?

可以把笔套拆开看一看是怎么做的。教师强调要求:把礼物拆开看过后,一定要记住,把它还原成原来的样子后再做新笔套。

(2)幼儿探索拆笔套。教师观察,鼓励幼儿耐心思考、研究范例,不轻易看同伴的作品,实在不会时再观察同伴的作品借鉴经验。

指导语:笔套是用什么样的纸折成的? 教师引导幼儿观察材料的特征及制作方法。

幼儿探索笔套还原时,教师观察幼儿是否能意识到借助原有的折痕。

3. 幼儿自制笔套,教师观察、指导,鼓励幼儿发现问题并想办法解决,鼓励幼儿遇到困难时不退缩,坚持探索。

(1)观察幼儿遇到的困难及如何解决。

(2)引导幼儿遇到困难时可以再次研究范例。

（3）引导幼儿做下一个笔套时思考如何改进，将笔套做得更好。

（4）鼓励幼儿耐心、细致，表扬坚持探索、不断改进的幼儿。

4. 集中交流。

（1）引导幼儿讨论：今天得到了什么礼物？学会了什么本领？用什么方法学会做笔套的？在制作的过程中遇到什么困难了？用什么方法解决的？

（2）教师小结：这个礼物就是学会了通过自己研究、克服困难来学习的方法。

activity延伸 活动延伸

1. 可以根据需要让幼儿制作更多的笔套。在这个过程中，幼儿会不断总结制作的技巧，使自己的制作不断精细化，同时也使幼儿不断提高自己参与活动的兴趣。

2. 可以在区角活动中让幼儿装饰自己的笔套。

温馨提示

这是幼小衔接的活动之一，是在对幼儿进行爱惜学习用具的教育。活动中，如果用传统教学方法入手，通过教师示范，幼儿模仿，很快就能让幼儿掌握制作的方法。但这样就不需要幼儿去发现问题、解决问题了，也就失去了幼儿自己面对问题，克服困难的机会。因此在活动中，要注意让幼儿通过自己的探索来学习，让幼儿成为学习的主体，活动中的问题让幼儿自己去发现，让幼儿自己想办法解决自己遇到的困难。教师要关注幼儿在遇到困难时的态度，鼓励幼儿坚持探索、克服困难。

（案例提供：南京市北京东路幼儿园　陈一平）

三、在生活与其他学科教学活动中认识自己能力的活动

活动与能力之间有十分密切的关系，能力在活动中逐渐产生，也只有在活动中才能被观测和进行对比。个体的能力也与其他的心理特征一样，是在先天因素和后天因素的共同作用下逐渐发展起来的[①]，因此成人应在生活和其他领域的教学活动中不断促进儿童认识自己能力的发展。

（一）在生活活动中认识自己的能力

目前许多家长和幼儿园普遍重视儿童的早期教育，在学龄前期进行汉字、计数、音乐、舞蹈、社会交往等特殊能力和才能的培养，这表明了家长及社会对儿童接受教育的重视及观念的更新。但早期教育过程中，我们切记要尊重儿童的身心发展规律及兴趣需要，遵照教育的规律，重视对儿童进行观察能力、探索、合作、创新等品质的培养，重视表达能力和动手能力的培养，切勿只重视机械的知识掌握。

在生活中，教师和家长应对幼儿的能力发展进行及时的、随机的、潜移默化的

---

① 张莉.儿童发展心理学[M].武汉：华中师范大学出版社，2006：194.

教育。如家长可以利用孩子早晨起床的时候锻炼孩子的自理能力,鼓励孩子自己穿衣服、叠被子、洗漱等,对孩子的每一个进步给予关注与奖励。这样幼儿便能不断地认识到自己的能力,有利于帮助他们养成自立、自信的品质。

在幼儿园的时候,教师应该为儿童提供展现能力的机会,鼓励幼儿帮助同伴解决问题,和教师共同装扮教室环境等。这样十分丰富的生活,有利于幼儿情感的培养,形成自信、乐于合作、勤于思考等品质。案例"蚂蚁小可"就是在一日生活中展开对自我能力的认识。

案例 蚂蚁小可(小班)

设计意图

小班幼儿缺乏对自我能力的认识,对自己和他人能力的判断依赖于成人的标准。本次活动由幼儿非常熟悉的小动物引入,通过认识动物的本领,让幼儿知道每个人都有自己的优点,鼓励幼儿喜欢自己、肯定自己,帮助幼儿感知自我存在的价值和重要性,同时学习发现和欣赏同伴的优点。

活动目标

1. 幼儿了解常见的小动物的本领。

2. 知道每个人都有自己的优点,并喜欢自己、肯定自己。

3. 尝试发现和欣赏同伴的优点。

活动安排

时间:餐前。

地点:教室。

方式:先集体听故事,再针对话题"夸夸我的好朋友"进行个别、小组交流。

活动准备

故事图片、小蚂蚁指偶,幼儿熟悉的小动物(猫、狗、鸡、猴等)图卡、本班幼儿的生活照。

活动过程

1. 教师引导幼儿回忆已有经验,丰富对动物特点的认识。

指导语:每种动物都有自己的本领,你知道小鱼有什么本领吗?蝴蝶呢?你还知道哪些动物有什么特殊的本领?

2. 教师引导幼儿将常见动物及其本领的图片匹配起来。

指导语:看看老师这里还有一些小动物,他们是谁呀?你们能不能把小动物的名称和他们会的本领用线连起来。

3. 教师出示图片后讲故事,幼儿倾听并了解故事的主要情节。

(1)教师引出故事。

指导语:有一只蚂蚁叫小可,他总是羡慕其他的小动物,我们一起来听听他的故事。

(2)教师引导幼儿观察图片,进一步丰富对故事的理解。

指导语:小可羡慕哪些小动物? 小可的妈妈说了什么? 小可的梦想是什么? 妈妈爱小可吗? 你是怎么看出来的?

4. 教师在小蚂蚁指偶的帮助下,带领幼儿边表演边学习故事中的对话。

教师扮演蚂蚁小可的妈妈,幼儿扮演蚂蚁小可,表演小蚂蚁遇见蜗牛时的对话。

5. 教师引导幼儿说一说小蚂蚁的本领。

指导语:小可说开始喜欢做一只蚂蚁了,小朋友,你们来告诉小可,当蚂蚁有什么好处。其实,小可就生活在我们的幼儿园里,下次我们也来观察一下蚂蚁的生活。

6. 教师出示班级幼儿的照片,引导幼儿针对话题"夸夸我的好朋友"进行交流。

(1)教师出示幼儿照片,引出话题。

指导语:你们看这是谁呀? 他有什么本领? 谁能说一说。

(2)幼儿一人选一张好朋友的照片,交流同伴的优点。

指导语:你的好朋友是谁? 你有什么甜甜的话要说。听到好朋友甜甜的话,你高兴吗? 和好朋友抱一抱。

活动延伸

教师指导幼儿在幼儿园的花园里寻找并饲养蚂蚁,了解故事主角的本领。

温馨提示

本活动可以采取比较自由的形式,在活动过程中,教师如果发现大部分幼儿精神不集中,可以分成几个部分进行:第一部分可以讨论动物的本领;第二部分可以听故事、演故事;第三部分可以到幼儿园的小花园找蚂蚁;第四部分可以交流自己同伴的优点。

故事内容

蚂蚁小可

小可是一只爱幻想、爱做梦的蚂蚁,看见树叶上爬行的蜗牛,小可羡慕地说:"真希望变成一只蜗牛,可以背着房子到处走,好方便呦。"妈妈提醒他:"可是你是一只蚂蚁呀,小可。"

看见在水里游泳的小鱼,小可羡慕地说:"真想变成小鱼,可以在水里游来游去,好快活呦。"妈妈提醒他:"可是你是一只蚂蚁呀,小可。"

看见在天空中飞翔的蝴蝶，小可羡慕地说："真希望变成蝴蝶，可以想飞多远就飞多远，好神气哟。"妈妈提醒他："可是你是一只蚂蚁呀，小可。"但是小可根本就听不进去。

小可爬上高高的大树，张开双臂，往下一跳，身体很快往下掉！还好，他先落到花上，又落到妈妈的怀抱里，小可抱着自己的妈妈说："哦，谢谢你，妈妈，因为有你，我开始喜欢做一只蚂蚁了。"

（案例提供：南京市游府西街幼儿园　周瑾）

（二）在其他学科教学活动中认识自己的能力

身体运动、人际交往和认知能力是学前幼儿重要的三大活动和发展领域。幼儿园一般都有专门性的活动，从幼儿园课程改革的方向来说，整合化或渗透性的课程使得相互间的界线变得模糊，一种学科或领域活动中往往会渗透其他学科或领域的活动。

1. 身体运动活动和发展领域

例如，首先确定儿童立定跳远的大致水平及差距范围。然后用颜色醒目的贴纸剪成 2 厘米宽、100 厘米长的色带，在地板上标出间隔距离相等（均为 21 厘米）的九个平行格子，每两根相临色带间随机在靠右一边放置一个儿童熟悉的玩具小动物（由近到远依次是小猪、小青蛙、小狗、小象、小鸭、小猩猩、小鹿、小兔和小牛），并反复修改指导语，直到意思明确，且易于幼儿理解。活动可以这样进行：试前能力判断、集中试跳和试后能力判断。试前、试后各采用两种方法进行能力判断：一种是从最简单的任务到最难的任务，逐级询问幼儿对于自己达成目标的能力判断；另一种是在试前、试后能力判断之后，分别让幼儿就自己最大跳远能力作一总的判断，即能跳到第几格。集中试跳阶段，要求幼儿"用劲往前跳"，并在每次跳好落定之后，询问幼儿："你跳到谁的家了？"在幼儿回到起始点小猪家进行下一次试跳前，提出要求："这次你再用点力，往前跳，看你能不能跳得更远一点？"尝试三次，记下幼儿每次所到的距离（以跳过的格数计）。对于个别不得动作要领的幼儿（如按照习惯一格一格做兔子跳状），实验者要做动作示范，强调"一下子跳过去"。

在这个活动中幼儿不断地对自己达成目标的能力进行判断，可以促进幼儿对自己能力的认识。

2. 人际交往活动和发展领域

例如，活动可以分为三步进行：首先，运用结构性会谈，询问幼儿对自己在老师和同伴中的受欢迎情况及原因；然后，运用提名法，让幼儿就自己最喜欢或最不喜欢的同伴和最喜欢或最不喜欢一起做游戏的同伴进行提名，并报告相关原因；最后，再运用结构性会谈，询问幼儿对自己增进与他人关系、赢得更多教师、同伴喜欢的能力和方法手段。

在这个练习活动中能促进幼儿对自己的人际关系进行积极的评价,总结自己人际关系情况的原因并为自己积累人际交往的经验。

3. 认知能力活动和发展领域

例如,小班幼儿记忆能力自我认识的活动。先让幼儿做"猜猜看"的游戏,即让幼儿判断自己在短时间里能否全部记住呈现给他的卡片(开始猜 2 张卡片,然后依次递增 2 张,最多至 10 张卡片),并询问记住或记不住的程度(是肯定能全部记住还是可能记住的? 是可能记不住还是肯定记不住? 依次记分为 4,3,2,1)。然后让幼儿做"试试看"的游戏,即让幼儿识记并回忆卡片。卡片呈现时间最长为 1 分钟,幼儿如果觉得自己记好了,也可以提前告诉教师。将被测试者对半分组,一组为反馈组,即幼儿回忆时,每猜对一张,主试就从收在手中的卡片中找出该张卡片放在幼儿面前,手中最后剩余的是幼儿没有回忆出来的。另一组为无反馈组,即主试对幼儿回忆结果没有任何提示,待幼儿回忆不出后,就进入下一轮识记。全部回忆完之后,再做一遍"猜猜看"的游戏。卡片呈现时采用两张两张逐层叠加的方式,让儿童直观感觉到图片的数量一次比一次多,并且教师一边操作一边告知幼儿"这次再增加两张,给你看 4 张或 6 张或 8 张或 10 张",以强化幼儿对任务难度的知觉。在这一活动中幼儿会不断提升自信心,锻炼自己的记忆力。

第六章　关爱与尊重他人

关爱与尊重是儿童与他人关系的一种体现,带有一定的社会价值取向。本章介绍幼儿关爱与尊重他人的教育途径和策略,结合《幼儿园教育指导纲要》和《3-6岁儿童学习与发展指南》介绍相关的教育目标与建议等方面的内容。

第一节　儿童的关爱行为与教育

一、儿童关爱的含义及其发展

关爱是个体主动对周围的人及自然环境形成一种关心爱护的情感及心理活动。体现在个体对自然界及人类的多样的爱心,从而形成热爱祖国、热爱家乡、热爱人民、热爱生活的良好情感。

国内研究者指出,幼儿一岁半后就开始观察别人的内在状态(思想、情感要求),并能认识到另一个人的内在状态有可能不同于自己的内在状态。皮亚杰指出,14个月的幼儿能对兄妹表示关心,并以自己特有的方式向他们提供同情、关心和帮助。

由此看来,幼儿已经具备了感知关爱,表达关爱的心理基础。还有研究表明,不同年龄的儿童对父母关爱的感知能力存在显著差异,且随着年龄的增长,他们对父母关爱的感知能力也在不断发展。女孩对父母关爱的感知能力高于男孩,但不存在显著差异;女孩对父母情感关爱的感知显著高于男孩。独生子女对父母关爱的感知能力高于非独生子女,但不存在显著差异;独生子女对父母生理关爱的感知显著高于非独生子女。[①]

但有些家长认为,孩子现在还小,不懂事,"树大自然直",因此对幼儿关爱他人品质的培养并不重视。但苏联教育家苏霍姆林斯基认为,完全不懂得关心别人

---

① 张群华,等.儿童对父母关爱的感知能力的发展[J].心理学探新,2011(5):440—444.

的孩子,是不能够理解人类真正的爱的,这些孩子往往会成为难以教育的学生和冷酷自私的人。[①] 许多成年人的人格缺陷就与童年时代教育的缺陷有关,中国当代著名作家莫言说,他小时候受仇恨教育很多,由于缺乏爱的教育,因此长大后对于爱的表达就很困难。[②] 由此看来,在幼儿心灵里播下关爱他人的种子是非常必要的。

当今,独生子女越来越多,他们只有亲子、亲孙的纵向关系,而无兄弟姐妹的横向关系。对于这些独生子女来说,缺乏与之分享物质和情感的兄弟姐妹。再加上"四二一"综合征及部分父母在教育子女方面的不足,以及社会极端个人主义思潮对幼儿的负面影响,致使许多幼儿习惯于以自我为中心,出现了一些不良情绪。如:接受他人关心多,主动关爱他人少;不懂得珍惜物品;在与同伴交往中自私、不合群,缺乏交往、合作、关爱、同情、助人为乐的情感能力及行为。

二、幼儿园的关爱教育目标与设计

(一)幼儿园关爱教育目标

幼儿园关爱教育目标是依据幼儿的生活经验以及社会的要求来制定,同时也考虑到了幼儿的身心发展特点。具体如下:

小班:身边的人生病或不开心时表示同情。

中班:能注意到别人的情绪,并有关心、体贴的表现。

大班:能关注别人的情绪和需要,并能给予力所能及的帮助。

(二)幼儿园关爱教育活动设计

幼儿对他人的关爱活动虽然是幼儿园社会教育的重要内容,但却经常性地表现在日常生活中。这在一定程度上要求幼儿园的关爱教育活动应尽可能联系幼儿的一日生活,并渗透到其他领域活动中。案例"我喂爷爷奶奶吃橘子"结合现实中的隔代教育问题,引导幼儿关爱他人;案例"灰角鹿"引导幼儿关爱身边的人;案例"没有不方便"通过谈话引导幼儿关心特殊人群。

案例 我喂爷爷奶奶吃橘子(小班)

设计意图

九月初九是我国的传统节日重阳节,重阳节又叫"老人节"。通过开展"老人节"的活动,幼儿在与老人们的交流、互动中知道,爷爷奶奶关心我们,我们也要做

① 李生兰.幼儿园与家庭、社区合作共育的研究[M].上海:华东师范大学出版社,2003:207.
② 孙云晓.运动是儿童社会化最有效的途径——孙云晓教育感悟[J].少年儿童研究,2011(15):16—18.

力所能及的事情尊敬爷爷奶奶。通过与爷爷奶奶互动来培养幼儿从小关心爷爷奶奶的意识,愿意尝试为爷爷奶奶做力所能及的事。如:给爷爷奶奶剥橘子,喂橘子等等。通过各种简单的方式表达对爷爷奶奶的爱。

活动目标

1. 知道重阳节是爷爷奶奶等老年人的节日,了解平时爷爷奶奶对自己的关爱。

2. 通过喂爷爷奶奶吃橘子,给爷爷奶奶捶捶背、唱唱歌等简单的方式表达对爷爷奶奶的爱。

3. 在与爷爷奶奶一起游戏的过程中,感受亲情的温暖和快乐。

活动安排

时间:上午。

地点:教室。

方式:集体。

活动准备

1. 每位幼儿邀请家里的一位老人。

2. 橘子若干(每个幼儿两个左右),爷爷奶奶日常照料幼儿的图片若干,幼儿会唱的歌曲3—5首、舞蹈一支。

活动过程

一、幼儿感受重阳节的节日氛围。

师:亲爱的爷爷奶奶、小朋友们,大家好! 小一班"九九重阳,祖孙同乐"主题活动现在开始! 小朋友们,你们知道今天是什么节日吗?

幼:重阳节。

师:是谁过节呀?

幼:老人过节。

师:那我们一起祝爷爷奶奶节日快乐! 预备齐!

幼:祝爷爷奶奶节日快乐,健康长寿!

师:重阳节已经有2000多年历史了,是我们国家传统的节日,重阳节又叫老人节、敬老节。就是告诉我们要尊敬爷爷奶奶,要孝敬他们,对他们好,那我们是不是只有今天过节才对他们好呀?

幼:不是。我们每天都要对他们好! 爷爷奶奶我爱你们!

二、幼儿回忆爷爷奶奶的关爱。

指导语:小朋友们,你的爷爷奶奶平时爱你,对你好吗? 谁愿意说说,爷爷奶奶是怎么爱你的呢? 他们做了哪些爱你的事情呀?

当幼儿说的时候,教师出示相应的图片给幼儿看,幼儿可以结合图片说一说。

三、幼儿讨论:可以用什么方式表达自己对爷爷奶奶的爱。

1. 指导语:你们说了那么多爷爷奶奶对你们的好,对你们的爱,那我们要怎么来谢谢他们呢?我们可以做哪些事情来表达对他们的爱呢?(幼儿讨论,教师倾听)

2. 幼儿进行歌曲表演或舞蹈表演,爷爷奶奶欣赏。

指导语:除了可以表演节目表达我们的爱之外,我们还可以做哪些事情呢?

3. 幼儿剥橘子,爷爷奶奶品尝橘子。

指导语:(1)瞧,这是什么呀?平时都是爷爷奶奶给我们剥橘子。今天,我们来帮爷爷奶奶的忙好不好?

(2)那么,橘子怎么剥呢?谁来剥给大家看看?大家一起分享剥橘子的方法。

(3)橘子吃完了,爷爷奶奶还需要什么啊?哦,需要纸巾来擦擦嘴,请大家帮帮忙!

4. 幼儿帮爷爷奶奶捶捶背。

指导语:爷爷奶奶坐的时间长,背有点酸了,怎么办呢?

幼儿一边捶背,一边问一问爷爷奶奶:轻不轻?重不重?舒不舒服?

四、幼儿与爷爷奶奶共同随音乐《爱我你就抱抱我》一起抱一抱,感受亲情的温暖和快乐。

指导语:今天,小朋友把爷爷奶奶邀请到幼儿园来过节,开心吗?如果开心就和爷爷奶奶一起抱一抱吧。

温馨提示

老人来园参与活动时,教师需要关注班级座位的摆放一定要利于幼儿和老人行走,也可以邀请外公外婆来园参加活动。

(案例提供:南京师范大学附属幼儿园　周琴)

案例　灰角鹿(中班)

设计意图

本活动借助《灰角鹿》这个故事,在幼儿理解故事的基础上,通过幼儿讨论以及绘画等方式参与,让幼儿明白原来爱是相互的,只有无私地给予别人帮助,爱护他人,才能真正地获得快乐,才能体验到互助的喜悦。

活动目标

1. 知道人有很多情绪,快乐的情绪能让人舒服,有益于健康。

2. 通过动作参与、讲故事、绘画等进一步明确爱是相互的,帮助别人自己也会

关爱与尊重他人

开心,别人也愿意帮助自己。

3. 愿意主动帮助身边的小伙伴。

活动准备

各种表情的小图片、16开白纸、水彩笔。

活动过程

1. 教师出示不同表情的图片,引导幼儿讨论,并用动作表现出来。

指导语:这是什么表情?什么时候会有这样的表情?我们来学一学。

2. 教师引导幼儿讨论看到的表情,进而引出故事。

指导语:(1)你见过别人有过什么表情?他为什么会有这种表情?

(2)你最喜欢哪一种表情,为什么?

图 6-1　开心表情　　　　图 6-2　生气表情　　　　图 6-3　惊讶表情

(3)今天,一只灰角鹿有伤心的表情,发生了什么事情呢?

3. 教师讲述故事《灰角鹿》,幼儿倾听故事。

指导语:(1)小鹿为什么会不开心?最后它开心了吗?是什么事情使它开心的呢?

(2)故事中的小鸟开心吗?为什么?

教师小结:原来爱是相互的,你帮助了别人,别人也会帮助你。

4. 教师调动幼儿已有的经验,引导幼儿结合自身经验进行讨论。

指导语:(1)有人帮助过你吗?怎么帮助你的?别人帮助你的时候你心情怎么样?

(2)你帮助过别人吗?你帮助别人做什么事情了?你开心吗?

5. 教师引导幼儿围绕"我会帮助别人……"绘画。

指导语:刚才小朋友都说了自己帮助别人的事情,在我们班上也可以做很多帮助别人的事情,想一想你可以帮助别人干什么呢?请把你想到的事情画下来。

6. 教师引导幼儿交流、分享画画的内容。

活动延伸

可以把幼儿画的画剪下来,简单装饰一下布置在班级的环境中。还可以在班级中开展"今天我的开心事"活动,让幼儿每天回家跟爸爸、妈妈说一说在幼儿园里帮助别人的开心事。

领域渗透

第3个环节设计渗透到语言领域,让幼儿仔细倾听故事,如果教师讲一遍故事,幼儿回答问题有困难,教师可以再讲一遍故事,也可以借助故事图片,引导幼儿倾听故事,观察小鹿的表情变化。第5个环节设计渗透到美术领域,让幼儿画一画可以帮助别人做什么事情。

故事内容

灰角鹿

一只小鹿因为生病,头上的角变成了灰色,它伤心极了!一天,它正在树丛中睡觉,一只小鸟飞到了它的头上,小鸟看了看四周想:这里要是搭个鸟窝该多好啊!于是,小鸟衔来许多干草和树枝放在小鹿的头上,不一会儿,一个漂亮的鸟窝就搭好了,小鹿睡醒后发现自己的头上多了一个鸟窝,心想:小鸟搭一个窝多不容易,以后我得慢慢地走,别把小鸟给摔坏了。下雨时,小鹿就躲到树叶下,不让小鸟淋湿;天晴时,小鹿就站在太阳下让小鸟把羽毛晒干;小鸟学习飞时,小鹿就用鼻子接住它,不让小鸟掉下来。看着这么舒适的鸟窝,小鸟们高兴极了。渐渐地,小鸟长大了。有一天,小鸟和它的孩子们一起衔来许多漂亮的牵牛花放在小鹿头上,把小鹿的灰角打扮成了美丽的"花角",小鸟们一起围着小鹿高兴地唱歌、跳舞,小鹿也开心极了。

(案例提供:南京市游府西街幼儿园　杨静)

案例　朋友生病了(中班)

设计意图

现在的幼儿都是家长手心里的宝,幼儿的身上承载了家庭成员的许多关心和爱护。幼儿在感受关爱的同时是否会关心他人呢?让幼儿从身边做起,从同伴做起,学着去关心他人,关心生病的同伴。

活动目标

1. 知道同伴生病了需要大家的关心,愿意主动关心、关爱同伴。

2. 在教师的引导下,尝试用打电话、制作慰问卡等方式表达对生病同伴的关心。

3. 激发同伴间互相关注、互相关心的情感。

活动准备

与生病的幼儿家长联系好。

活动过程

1. 教师提问,引出活动,了解幼儿是否关注同伴。

指导语:你们知道今天谁没有来上幼儿园吗? 他为什么没有来上幼儿园呢?

2. 迁移原有经验,讨论同伴生病了我们可以怎样关心他。

指导语:(1)小朋友都生过病,生病的时候是什么感觉?

(2)爸爸妈妈是怎么关心你的呢? 你感觉怎么样?

(3)人生病的时候最想得到别人的关心,现在我们班也有小朋友生病了,我们怎么让他们感受到我们的关心呢?

3. 现场打电话,让生病的小朋友感受到大家的关心。

(1)指导语:刚才小朋友说了很多好方法,如做慰问卡、送小礼物、病好了教他本领等。有没有什么办法让他现在就感受到关心呢?

(2)教师出示电话,告诉幼儿打电话慰问也是一种表达关心的方式。

(3)教师拨打家长电话,并调至免提状态,保证每位幼儿都能听到。

(4)教师在电话中询问生病幼儿的病情,表达大家的问候,最后让所有幼儿一同祝他"早日康复"。

4. 师生共同整理、回忆拨打慰问电话的内容。

(1)指导语:电话接通后我说了什么?

(2)接着先询问了什么? 为什么要询问?

(3)最后我又说了些什么?(祝福的话)

5. 集体练习,打电话慰问生病的同伴。

活动延伸

1. 可以为生病的幼儿制作慰问卡,由教师或家长代为邮寄给生病的幼儿。

2. 如果生病幼儿的家离幼儿园较近,可与家长联系,在其身体好转的情况下,集体到该幼儿的家去看望,帮助幼儿积累关心他人的方法。

(案例提供:南京市北京东路幼儿园　陶蓉)

案例　没有不方便(大班)

设计意图

通过活动中幼儿的亲身体验、感受与交流,发现人们是怎样为残疾人提供方便的,理解周围一些特殊人群不方便的同时,能珍惜自己幸福的生活。发现身边还有哪些不方便之处,并动脑、动手去改善各种设施,体会为身边的同伴和幼儿园的弟弟妹妹提供方便时带给自己的快乐,具备身为幼儿园哥哥姐姐的主人公意识。

活动目标

1. 发现周围设施的不便之处,尝试想办法解决。

2. 用制作标记、剪贴等方式,为班级及周围环境制作标记。

3. 引导幼儿感受残疾人的不方便,教育幼儿要尊重、平等对待残疾人。

活动准备

残障设施图片。

活动过程

一、图片导入,集体讨论。

指导语:每个人小的时候,都还不会自己走路、自己吃饭,这样就会有许多不方便的地方。听妈妈说过你小时候有什么不方便的事情吗?

每个人都有不方便的时候,你还发现身边什么人有不方便的事情吗?(老年人行走不方便需要搀扶、残疾人上楼梯不方便需要残疾人通道等等。)

二、向幼儿介绍生活中的无障碍设施。

1. 通过看图片,教师介绍无障碍设施的功用。

指导语:这些设施你们在生活中看到过吗?它们是为谁设计的?有什么用途?

人们为残疾人提供了许多的方便设施,你看到残疾人在不方便的时候会帮助他们吗?小朋友可以做什么?(尊重和接纳身体不方便的人。)

2. 请幼儿寻找、讨论幼儿园中的方便设施。

教师带领幼儿在幼儿园中寻找专门为小朋友们设置的方便设施。

指导语:你在幼儿园中发现了哪些方便设施?它给你提供了什么方便?(各种标记让不同物品的摆放位置更清楚,玩具不会放错等。)

三、请幼儿介绍自己发现的不方便的地方。

指导语:刚刚在寻找方便设施的时候,你们有没有发现不方便的地方?为什么觉得不方便?怎么办?(比如图书角的书不整齐,可以制作标记,把书分类摆放,放回去的时候就不会乱。)

四、引导幼儿自己设计方便设施。

指导语:我们一起来想办法,改善不方便的设施,让大家使用起来更方便,好吗?

1. 让幼儿与同伴交流自己的设计和发明。

指导语:你想到制作什么样的标记来让教室里的图书角变得更方便了吗?可以制作什么样的标记?(文字类"大、中、小",也可以用图形、不同的色块表示,由教师和幼儿共同商量好,成为班级特有的"方便标记"。)

2. 用制作标记、搭建简单设施的方式让幼儿通过合作,把自己的想法付诸实践。

关爱与尊重他人

指导语:在制作标记时,我们可以先画好要剪的形状,然后大家分工一起剪,剪好后由小朋友一起贴在大家都能看到的地方,方便标记就做好了。

活动延伸

1. 鼓励幼儿回家动手制作一种给大家生活带来方便的生活用品。用拍照的方式记录下来,带到幼儿园向大家介绍和分享自己的发现。(如方便手巾、方便文具盒等等)

2. 在幼儿园的整体环境中继续寻找可以制作方便标记的地方,由幼儿在区域活动时间,分组自主合作进行方便标记的制作,鼓励幼儿在教师的引导下将标记贴到相应的地方,让幼儿感受作为幼儿园的小主人的快乐。

(案例提供:南京市游府西街幼儿园　郑姗姗)

三、在生活与其他学科教学活动中发展儿童的关爱能力

苏联教育家苏霍姆林斯基说过:"善良的情感是良好行为的肥沃土壤。""良好的情感是在童年时期形成的,如果童年蹉跎,那么失去的将永远无法弥补。"可见幼儿期是心理成长和人格形成的关键期,是良好情感形成的重要时期,因此抓住这一关键期进行情感教育刻不容缓。同时,3—6岁是幼儿行为习惯养成的关键时期,因此成人需要从小就在幼儿的生活及人格中注入爱的元素,让他们在接受爱的同时也要付出爱。

(一)生活活动中的关爱教育

日常生活中的每一个环节都渗透着关爱教育,这些真实的情境使幼儿关心他人的情感不断得到激发和强化。

1. 创设能够激发幼儿关爱行为的环境

陈鹤琴先生说:"怎样的环境就得到怎样的刺激,得到怎样的印象。"《幼儿园教育指导纲要》在组织与实施中指出:"环境是重要的教育资源,应通过环境的创设和利用,有效地促进幼儿的发展。"因此为了使幼儿形成良好的自发的关爱行为,教师必须依靠坚实的教育理论,创设一定的教育环境。

2. 让幼儿在游戏活动中学习关爱行为

幼儿自发的关爱行为,有利于建立人与人之间相互关怀的关系,同时也是其个体的需要。根据幼儿年龄小,在认知、理解等方面处于情绪化、感受化阶段,对于集体活动中的教育感受得快、忘得也快这些特点为幼儿设计相关的游戏活动,使其在游戏活动中受到良好的教育。在日常生活中,我们设计了一些游戏,如:角色游戏中,在公共汽车上给老人让座;表演游戏"门铃响了""小象病了"等,让幼儿从他人的角度考虑问题,唤起类似的情绪体验,并且学习如何关爱他人。

案例 小蚂蚁避雨(中班)

活动目标

1. 学习演唱歌曲,体会并表现出"避雨时互相帮助"的情境。

2. 通过"捉迷藏"的游戏,让幼儿逐步掌握歌词内容,明确图谱对自身学习的支持作用。

3. 体验接受帮助和帮助别人其实都是快乐的事情。

活动准备

1. 经验准备:熟悉乐曲的旋律。

2. 物质准备:幼儿制作的教学歌谱(七幅)。

活动过程

一、观察图片、导入故事,初步熟悉歌词。

1. 教师引导幼儿观察图片,猜一猜图片上可能讲的是什么故事? 提取图片"小蚂蚁避雨"的核心线索。

指导语:故事中讲了一件什么事?

2. 教师在音乐伴奏下讲述故事,引导幼儿初步感受歌词内容。

二、引导幼儿初步学习演唱歌曲。

1. 教师加入指图的动作,一边指图,一边带领幼儿初步学唱歌曲。

指导语:蚂蚁避雨的故事还能用歌声唱出来,我们一起来听一听。(教师示范唱)

2. 引导幼儿用动作体验小蘑菇热心帮助小蚂蚁,以及小蚂蚁在蘑菇伞下快乐的情感。

指导语:(1)小蘑菇是怎么呼唤小蚂蚁的? 一起说说小蘑菇的话。

(2)在小蘑菇的伞下,一点雨也淋不到,小蚂蚁心里是怎么想的? 又是怎么做的?

3. 通过语言表述体验关心别人的情感。

指导语:(1)小蚂蚁在小蘑菇的伞下避雨,他们玩得非常快乐。不一会儿,天晴了,雨停了,小蚂蚁要离去了。他们是怎么说的呢?

(2)幼儿分角色学说小蚂蚁和小蘑菇的话。教师可通过动作帮助幼儿记住最后一句话:"你帮我,我帮你,世界更美丽。"

三、在藏图游戏中,进一步学习演唱歌曲。

1. 幼儿试着看图来演唱歌曲。

指导语:小朋友想不想用歌声来唱一唱小蚂蚁避雨的故事呀?这首歌的歌词有点长,不过没关系,老师准备了一张图谱,我们可以一边看图谱一边唱。(教师出示图谱)

关爱与尊重他人

2. 教师尝试藏起图片二,引导幼儿看图演唱歌曲。

指导语:现在我收起这幅图片,你们还能完整地演唱歌曲吗?

3. 教师再次藏起其他的图片,引导幼儿看图演唱歌曲。

指导语:这次我又要收起一幅图片,你们还能完整地演唱吗?

4. 教师引导幼儿主动提出藏起更多的图片。

指导语:这一次你们来说收起哪幅图片?

5. 教师藏起所有的图片,引导幼儿凭记忆演唱歌曲。

指导语:这一次我们不用图片的帮助来演唱,你们可以吗? 还可以加上好看的动作。

活动建议

教学变式:当幼儿熟悉歌曲后,可以增加一个环节——引导幼儿创编表演歌曲的环节。

(1)教师扮演小蘑菇,小朋友扮演小蚂蚁。一起表演小蚂蚁在小蘑菇的伞下快乐地跳舞唱歌。(加入音乐)

(2)指导语:小蘑菇除了像老师一样张开小伞,还会怎样张开小伞让小蚂蚁来避雨呢?(请幼儿在自己的位置上试着做一做,教师表扬做出不同动作的小朋友。)

(3)请几个幼儿扮演小蘑菇,其余幼儿扮演小蚂蚁。教师观察指导幼儿的表演。(加入音乐)让幼儿对这首歌曲印象更加深刻。

活动延伸

1. 在以后的活动中,如果幼儿对这首歌曲越来越熟悉,可以引导幼儿用合唱、分角色演唱等方式进行。

2. 请幼儿尝试讲故事《小蚂蚁避雨》。

领域渗透

结合本次活动,可以引导幼儿发现身边需要帮助的同伴,开展互助互学的活动,如"快乐一帮一",为幼儿建立相互学习和帮助的平台。

故事内容

小蚂蚁避雨

一天,一群小蚂蚁正在搬东西,沙沙沙,沙沙沙,天上突然下起了雨。怎么办呢? 小蚂蚁真着急呀! 正在这时候,两个小蘑菇看见了,他们一起呼唤小蚂蚁:"小蚂蚁,快快到我的伞下来避一避吧。"小蚂蚁高兴地来到小蘑菇的伞下。在小蘑菇的伞下一点雨也淋不到了,小蚂蚁心里很感激。他们给小蘑菇唱歌,围着小蘑菇跳舞,他们和小蘑菇玩得可开心了。小蚂蚁和小蘑菇成了好朋友。不一会儿,天晴了,雨停了,小蚂蚁要回去了。小蚂蚁对小蘑菇说:"谢谢你,好朋友。"小蘑菇说:"不客气,不客气。你帮我,我帮你,世界更美丽。你帮我,我帮你,世界更美丽。"

(案例提供:南京市游府西街幼儿园　郑姗姗)

3. 运用反面情境帮助幼儿掌握和理解关爱行为

"反面情境"有两种:一种是反面情境全程化,指的是创设错误的、不规范的行为过程,仅用语言描述行为结果;另一种是反面情境结果化,指的是创设错误的、不规范的行为所导致的结果,仅用语言描述行为过程。通过反面情境的创设,淡化了幼儿注意的过程,将不良行为的表现用语言轻描淡写,不至于在幼儿的脑海中形成负效应。既让幼儿在充分体验不良行为带来的否定情绪基础上抑制不良的行为,同时也让幼儿逐步掌握和理解关爱行为,并逐步内化成为关爱行为的动机。例如,幼儿在观看完情境表演"笔丢了"之后,我们组织幼儿讨论:"你有笔画画,而明明的水彩笔没有了,他心情会怎样?""没有人帮他,他没有了笔,会怎样?""画完不成,明明心里会怎么想?""明明难过,你会高兴吗?"等等。通过淡化反面情境的行为过程,重点强调不良行为带来的后果,不仅让幼儿感受到他人的愿望,理解他人的处境,而且使幼儿从中产生了正确的、积极的内心体验和行为。在活动中,很多幼儿都拿出了自己的水彩笔借给明明用,在帮助他人的过程中幼儿也感受到了帮助人的快乐。

4. 运用榜样示范引导幼儿的关爱行为

幼儿园里的榜样主要来自于同伴和教师。同伴关系是幼儿成长中的重要社会关系,对幼儿的心理发展和社会性的发展有着不可替代的作用。幼儿在与同伴的互动过程中,会认识到他人的观点和需要,学会了解别人、约束自己;学会付出、接受、友爱等。同伴是幼儿观察学习的榜样,在同伴中树立有关爱行为的好典型,让其他幼儿学习。当幼儿有某种物质利他行为时,教师要做出积极评价和鼓励,这样会激发其他幼儿模仿和学习。

教师是幼儿模仿的重要对象,教师的日常行为、言行举止对幼儿的发展产生了潜移默化的作用。因此教师首先要做有心人,抓住一切可能的机会,为幼儿做好行为示范。如:有意识地将自己的食物,与幼儿分享;当教师有了快乐体验时,与幼儿一起分享自己的快乐;与幼儿一起游戏时,使用礼貌用语等。

此外,教师还要善于在日常生活中发现幼儿关心帮助他人的事例。比如,班上的静静因为生病已经两天没来幼儿园了,经常和他在一起的伙伴就会问:"老师,静静怎么还不来幼儿园?""她是住院还是在家呢?"此时教师应抓住这个机会引导幼儿:"大家都很关心她,我们都用什么方法来表示对她的关心呢?"通过这一活动,让幼儿体验关心帮助他人的乐趣,从而激发幼儿自发关爱行为的发展。

四、幼儿园的关爱教育途径与方法

(一)幼儿园的关爱教育途径

1. 在领域活动中培养幼儿关爱他人的情感

在领域活动中创设情境,激发幼儿关爱他人的情感。"关爱他人"的教育虽然是幼儿园社会领域的内容,但在其他领域也都渗透着关爱。如:在语言活动中,利用语言活动的多种教育模式,通过欣赏文学作品,引发幼儿情感共鸣;开展丰富的主题讨论活动,将关爱情感内化为自身的情感认识;运用阅读和书写的技能,激发幼儿的关爱行为;通过语言交流为幼儿提供关爱他人的交往机会等,帮助幼儿将良好的情感进行内化,逐步形成良好的行为习惯。

案例　慢慢变老(中班)

设计意图

人的生长变化是自然界的规律,让幼儿感受、体验人的"长大、变老"等变化,可以促进其自我意识的发展。通过开展"慢慢变老"活动,让幼儿收集爷爷奶奶从小到老的照片,并进行排序,让幼儿感受人的生长变化,体验生命的奥妙。在活动中,幼儿通过观察爷爷奶奶照片的变化,想象自己长大的样子,并画出"长大"后的自己,体验到成长的快乐。在此过程中,通过讨论自己的变化,感受在自己的成长过程中长辈给予的精心呵护和关爱,从而更加热爱、尊重长辈。

活动目标

1. 知道人会慢慢长大、变老。

2. 通过观察、讨论,能按照从小到老的顺序为照片排序。

3. 想象自己长大的样子,并用绘画的方式表现。

活动准备

1. 事先让幼儿收集爷爷奶奶从小到老的照片。

2. 制作"照片"所用的笔、纸等。

活动过程

一、导入:请你猜猜他是谁?

出示一位小朋友爷爷的照片,请幼儿猜测。

二、游戏。

1. 请幼儿拿出自己爷爷或奶奶的照片,并按照从小到老的顺序进行排列。

2. 指导语:哪一张是爷爷奶奶小时候的照片呢? 请你找一找。

三、观察、讨论爷爷奶奶的变化。

1. 通过观察，讨论：爷爷奶奶从小到老有哪些变化？

2. 引导幼儿想象自己长大、变老的样子。

3. 教师引导幼儿用语言进行表述：我长大了会是什么样子呢？（如个子会变……）

四、幼儿创作想象画：《我长大了》。

教师鼓励幼儿积极想象，画出自己"长大后"的样子。

五、作品欣赏。

鼓励幼儿猜测作品中的"同伴"是谁？并请他来介绍自己长大后的样子。

活动延伸

开展小记者采访活动"爷爷奶奶的最爱"。

(1)讨论"小记者行动"计划。（采访的内容、时间、地点）

(2)通过采访了解爷爷奶奶的最爱。（最爱吃的、最爱做的、最爱的人）

(3)学习用画图的方式记录采访结果。

（案例提供：南京市第一幼儿园　郑瑞华）

2. 应用文学作品进行关爱教育

欣赏文学作品主要包括听故事、散文、诗歌、观看木偶剧、动画片等。这些活动都是幼儿喜欢参与、积极性较高的活动。在欣赏这些文学作品时，幼儿往往把自己的情感融入有情节的情境中去，比较容易引发情感共鸣。

我们首先从让幼儿体验关爱他人的良好情感入手，依据实验的要求和目标选择，创编了与关爱他人相关的故事、诗歌、木偶剧等教材。如故事《大象的朋友》《小熊请客》《天蓝色的种子》《过河》《小泥人》等，木偶剧《小熊让路》《送你一把伞》《好事情》《热心的小鸭子》等，诗歌《让座》《不知道》《对不起，没关系》等。同时，将作品中的事情与日常生活结合起来，启发幼儿在生活中如果遇到这样的事会怎么办？如讲述故事《小熊让路》后，教师提问："为什么大家最后都喜欢小熊了？"结合本班特点又问："我们班的盥洗室地方比较小，并且只有三个水龙头。可我们班有三十多名小朋友，大家洗手时应该怎样做？是争？还是让？"大家都选择了"让"。从此以后，班中不但洗手、走路会谦让，做其他的事时争抢的现象也减少了许多。通过聆听故事、诗歌，观看木偶剧，激发幼儿关心别人、帮助有困难的人等积极情感，养成助人为乐、团结友好、互相谦让等良好品德。

3. 开展多彩的主题讨论活动

主题讨论活动是指在一段时间内围绕一个中心内容开展讨论，让幼儿通过讨论将关爱内化为自身的情感认识，从而完成主题活动的目标。结合关爱他人的教

育,我们可以开展"谁对谁不对","我们都是好朋友","学会礼貌朋友多","假如我是他","关心朋友故事多","他怎么了","齐心合作力量大","谁有困难我来帮"等主题活动。通过不同的主题,培养幼儿关爱他人的不同情感达到各项目标。

4. 应用节日活动培养幼儿关爱他人的情感

如"重阳节"到了,我们组织孩子去敬老院看望孤寡老人,给老人送上水果、饼干和幼儿动手制作的手工作品等,还给老人们表演节目、敲敲腿、捶捶背。老人们也对孩子们的行为给予了积极的回应,抚摸他们或拥抱他们。孩子在与老人互动时体验到关爱他人给自己带来的快乐。

还可以开展节日亲子活动。由于许多传统节日孩子大都放假在家度过,因此,我们主动和家长联系,共建节日教育的桥梁,做到家园一致,让孩子在节日亲子活动中积累过节经验,感受节日的快乐,体验亲子间的关爱。

5. 为幼儿提供关爱他人的交往机会

开展"关爱日"活动,是为了让幼儿更多地体验关爱比自己小的伙伴的情感,学会关心照顾别人。我们开展的"关爱日"活动,就是让大班幼儿到小班进行关爱弟弟妹妹的活动。活动以大带小的形式进行,通过以大带小活动丰富幼儿关爱他人的社会体验,培养幼儿学会关爱比自己小的伙伴,培养幼儿的接纳意识和责任感,激发幼儿积极参与各项活动的兴趣,进而发展幼儿良好的关爱行为习惯,以及幼儿的交往能力。主要活动有:帮弟弟妹妹的小椅子"洗澡",帮弟弟妹妹穿衣服,带来的玩具给弟弟妹妹玩,给弟弟妹妹表演节目,"六一"节时制作节日贺卡送给弟弟妹妹,教弟弟妹妹折纸,教弟弟妹妹拍球,给弟弟妹妹讲关心别人的故事、朗诵诗歌和唱歌曲等。

案例 爱心花语(中班)

设计意图

在教学中,借助故事《七色花》切入主题,唤醒幼儿的情感,使幼儿在轻松自在的情境中理解"送花表达关心"这一做法,再由感悟而生发的内心动力推动幼儿去实践关心他人的行动。

活动目标

1. 了解几种花所表示的不同含义,知道什么情况下送什么花最合适。

2. 尝试用花送温暖,针对不同人送不同的花,说不同的问候语。

3. 能用自己的语言去表述自己知道的不同的花的含义,并进行较准确的表述。

活动准备

各种不同的鲜花若干;代表各种不同的花的含义的图片若干;幼儿每人一份

小卡片。

活动过程

一、欣赏故事《七色花》，提升经验。

指导语：你们喜欢故事里的七色花吗？为什么？故事里的珍妮最后为什么很快乐？（七色花可以帮助别人，珍妮在最后用它帮助了双腿有病的小男孩，所以她很快乐。）

二、提取幼儿表象，迁移已有经验。

指导语：平时，你们都见过哪些花？

三、提供各种花的图片，帮助幼儿了解每种花代表的不同含义。

1. 出示图片，请幼儿先猜测各种花代表的含义。

2. 引导幼儿观看图片，明白各种花的含义。

指导语：这些花不仅好看、美丽，很多花还被赋予了不同的含义，知道的小朋友请说说看？

3. 教师小结不同种类的花的含义；同种类的花，不同颜色代表的意义也不同。

4. 教师提供相关图片，并将图片的顺序打乱，引导幼儿按花及花的含义重新排列。

四、边送花边与同伴相互问候。

五、尝试有针对性地借用图片问候同伴。

1. 引发幼儿讨论：

(1)有人生病了，应该送给他什么花比较合适呢？

(2)有人过生日了，应该送给他什么花呢？

2. 幼儿间相互问候。

活动延伸

1. 利用小卡片进行同伴间的相互问候。

2. 向爸爸妈妈说问候的话语。

3. 根据家庭的情况和能力购买鲜花装扮、美化自己的家。

4. 将相关花的图片放在展示区域，以便同伴间、师幼间互相关心和送温暖。

5. 绘画制作各种各样的花，并用自己的方法表示出其含义。

故事内容

七色花

有个女孩名叫珍妮。有一天，她迷了路，心里害怕极了，哇哇地哭了起来。

一位老奶奶看珍妮哭得怪可怜的，就对她说："我这儿有朵七色花，它会帮你的忙，你想要什么，撕下一片花瓣，它就会照你的意思去办。你拿去吧!"

珍妮接过七色花，谢过老奶奶。她撕下一片花瓣，把它扔出去，照着老奶奶教她的话说："飞吧，飞吧，我要回家……"她的话还没说完，就回到了家。

珍妮走进屋里，想把七色花插进美丽的花瓶，可是一不小心，花瓶掉在地上摔碎了。

这可是妈妈最心爱的花瓶呀！珍妮赶快撕下一片花瓣，扔出去说："飞吧，飞吧，给我一只同样美丽的花瓶。"她的话还没说完，地上的碎片又合成了一只花瓶。

珍妮到院子里，看见男孩子们正在玩"到北极去探险"的游戏。男孩子都不跟珍妮一起玩。珍妮说："你们不跟我玩，我自己到北极去。"珍妮又撕下一片花瓣，神奇的花瓣很快把她带到了北极。

珍妮穿的是夏天的衣裙，北极冰天雪地，多冷呀！她大声喊妈妈，眼泪一串串流下来，马上结成了一颗颗冰珠子。

珍妮用冻僵的手指抓住七色花，撕下一片花瓣，赶忙说："飞吧，飞吧，快让我回家！"一会儿工夫，她又在院子里了。

珍妮看见邻居小孩有很多玩具，她多么想要呀！她把一片花瓣扔出去，说："飞吧，飞吧，我要好多好多的玩具。"好多好多的玩具从四面八方向珍妮飞来，把整个院子都挤满了，珍妮害怕了，赶忙撕下一片花瓣，扔了出去。

七色花只剩下最后一片花瓣了。珍妮想，这一片怎么用，得好好想一想。忽然，珍妮看见一个双腿有病的小男孩不能站起来走路，就扔出最后一片花瓣说："飞吧，飞吧，让这个小男孩能像我一样走路。"她的话还没说完，小男孩就站了起来，高兴地跑呀、跳呀。

珍妮心里充满了快乐。

（案例提供：南京市第一幼儿园　史菁林）

6. 形成幼儿园、社区、家庭三合一的关爱教育环境

家庭是儿童的第一生活环境，必须为儿童创设良好的关爱氛围，有意识地增强儿童的情感体验。家庭和幼儿园要经常沟通，教育上要保持一致，让儿童在家长和教师的言传身教中，在积极健康的情感体验中形成正确的道德行为，养成良好的个性品质。关爱教育是一项长期的系统工程，存在于幼儿园、社区、家庭等方方面面，需要幼儿园、社区和家庭多方力量共同参与、密切配合并长期坚持。

总之，培养幼儿的关爱情感，提升幼儿的关爱行为，应注重从幼儿的感受出发，激发幼儿关心他人、帮助他人的情感，从自身感受、想法出发，渗透引导幼儿自发关爱行为的出现，并帮助幼儿进一步强化。关爱行为的培养不是一朝一夕的事情，教师和家长必须长期坚持，要采取适当的方法，持之以恒。幼儿期是人生的奠基时期，儿童的心就像一片广袤的土地，种植仁爱，就会收获尊重、关心、宽容、同

情,因此教师应从小就在儿童的心田播下爱的种子,进行关爱行为的培养,为幼儿的健康成长打下良好的基础。

(二)"关爱他人"的教育方法

教育实践者在教育过程中,在经验积累的基础上,总结出了以下方法:

1. 自然习得法

我们利用幼儿身边的自然资源,不断更换主题环境,创建良好的园风园貌,倡导和谐的家庭氛围,让幼儿在自然情景中通过"感、触、悟、仿"等内心体验,获得感性经验。幼儿通过潜移默化的影响,在实际生活和活动中学习,形成正确的价值取向。

2. 游戏学习法

游戏是幼儿的基本活动,幼儿一日活动的大部分时间都是在游戏中度过的。教师每天要有目的、有计划地设计和组织幼儿开展各类"关爱他人"的游戏。

3. 情境学习法

在研究实验过程中,教师根据活动的需要,有目的地创设具有一定情感色彩的、以形象为主体的生动具体的场景,让幼儿在真实的情境中萌发"关爱他人"的愿望,从而使幼儿的心理机能得到发展,激发幼儿"关爱他人"的情感。

4. 社会学习法

在关爱他人的教育过程中,我们每年都组织幼儿参观敬老院、聋哑学校、残疾人中心,引导幼儿观察盲道、盲杖、轮椅等残疾人用品。通过参观、访问等活动方式,让幼儿走出幼儿园,走向纷繁复杂的社会,在社会经历中获得直接的社会体验。研究证明,幼儿关爱他人的行为不是与生俱来的,而是后天习得的,只要教育得当,就能激发幼儿关爱他人的情感,形成关爱他人的行为。

第二节　儿童的尊重行为与教育

尊重他人在儿童的道德发展中具有重要的意义,学会尊重他人是儿童社会化的一个重要内容。

一、儿童尊重他人的含义

(一)含义

在《现代汉语词典》(第7版)中,尊重有三个意思:尊敬,敬重;重视并严肃对待;庄重(指行为)。与我国强调尊重的有序、等级、尊卑、顺从不同,国外比较有权威的词典《斯坦福哲学百科全书》对尊重的界定是:尊重表示主体对客体理解的一种特定模式,根据其对客体的知觉做出一种恰当的回应,更强调一种平等的尊重的理念。

尊重可以表示对权威的单向服从,也可以表示与他人的互惠情感。[1] 皮亚杰是真正较全面地解释了尊重的内涵和发展的心理学家,他认为真正的尊重是发生在平等的个体之间的双向过程。尊重他人从本质上来说,就是把他人评价为一个不同于其他人的个体,并把他人看作一个独特的整体,认识到他人自身的价值。尊重是社会道德规范内容,尊重他人是一个人在社会中所必须具备的道德品质,它有助于个体与他人建立良好的社会关系,拥有健康的社会生活。[2]

(二)特点

皮亚杰认为年幼儿童的尊重主要是单向尊重,例如儿童对父母的尊重。从七八岁开始,随着儿童与他人的交往互动,双向尊重开始出现,一直到青少年期才逐渐发展成熟。Meht 发现,在新加坡,尊重年长者的含义已经由过去的服从转变为现在的有礼貌的行为。[3]

中小学生对尊重概念的理解普遍停留在浅层次的水平,他们在对尊重概念的理解中,独立、平等的尊重的核心内涵较少,对尊重概念的理解具有模糊性,包含了一些不属于尊重内涵的概念。中小学生对尊重的理解因尊重对象不同而存在差异:对同学强调平等的尊重、独立的尊重、依存的尊重、有礼貌的尊重;对父母更多的是顺从的尊重、依存的尊重;对教师主要是顺从的尊重、有礼貌的尊重。[4] 小学生认为,尊重就是有礼貌,尊重对象的特征和原因都是要求对方品质好或学习好;对父母或教师的尊重是出于父母或教师给了自己抚养和教育,以及认为父母、教师是长辈而应该尊重,或者认为他们养育教导自己很辛苦而应该尊重;对朋友的尊重则主要出于朋友能够陪伴自己,与自己关系很好。[5]

小学生的尊重行为主要表现为三方面:文明礼貌、理解欣赏和宽容平视。文明礼貌是我国儿童尊重行为的主要表现之一,这与已有研究发现的我国儿童的尊重观念主要就是文明礼貌的结果相一致[6];理解欣赏是从积极的、正面的情感角度出发的一种行为,并且与一定的认知水平相关联;宽容平视则主要是反向项目,由儿童自发的消极情绪引发的非理性行为,是不能宽容对待他人,以及平等看待所有人的行为表现,能够真正做到宽容平视需要理性和意志的努力。因此,这三个维度分别反映了尊重行为的不同方面:较浅表层的行为、积极的情感和认知、消极

---

① 皮亚杰,英海尔德.儿童心理学[M].吴福元,译.北京:商务印书馆,1980.

② Jennifer R. Frei & Phillip R. Shaver. Respect in close relationships:Prototype definition,self—report assessment,and initial correlates. Personal Relationships,2002,vol 9(2):121—139.

③ Kalyani Meht. Respect Redefined:Focus Group Insights from Singapore. The International Journal of Aging and Human Development. 1997,Vol 44(3):205—224.

④ 陈会昌,马利文.中小学生对尊重的理解[J].教育理论与实践,2005(6):32—34.

⑤ 张春妹.小学儿童的尊重观念及其与友谊的关系[D].武汉:华中师范大学,2003.

⑥ 张春妹,周宗奎,Yeh Hsueh.小学儿童的尊重观念及其发展[J].心理科学,2005,28(2):337—341.

的情绪和意志,较全面地揭示了小学生的尊重行为。同时,小学生尊重行为较成熟的表现也只是能够欣赏他人的个体差异,理解、体谅宽容他人,平等看待他人,而没有诸如坦诚交往、平等交流沟通、平等对待以及重视每个生命独有的价值等较高级的相互尊重的行为表现。这种现象与我国儿童尊重观念"主要是单向尊重,开始向双向尊重发展"的规律具有一致性,与我国整个中小学生对尊重的理解都是肤浅的、非本质的研究发现也相一致。[①]

尊重行为具有显著的性别差异,女生的理解高于男生,这与一般认为女生的移情能力高于男生的研究具有一致性。[②]

(三)尊重产生的心理基础

尊重是指一个人对其他人的态度,包括对别人的认知、情感和行为倾向。这种态度不是与生俱来的,而是个体出生以后,在遗传天性基础上,伴随着认知能力的发展、参与社会交往、积累社会化经验、接受教育影响之后逐渐形成的。因此,它是一种心理形成物,当这种态度稳定形成之后,它将成为个体的人格与道德面貌的组成部分。[③]

1. 刚刚出生的婴儿并不能意识到自己是一个独立的个体

根据发展心理学家马勒(Mahler)提出的"分离—个体化"理论,一个婴儿出生后与母亲的关系,要经历正常孤独阶段(a state of normal autism)、共生阶段(the symbiotic phase)、分离—个体化阶段(the phase of separation—individuation),才能形成独立的自我。此时的幼儿才知道,他不是附属于别人的,也不是别人身体的一部分,而是一个独立的存在物。这种独立自我的意识,是个体一切人格与道德特性产生的基础。

2. 尊重态度的产生还需要以一定的社会认知能力为基础

两三岁的儿童虽然开始意识到自己是独立的,但他们还是以自我为中心的,还不懂得别人和自己是不同的,还不能站在他人的角度看问题。如果儿童不能觉察到他人与自己有不同观点,那么当面临涉及他人权利的问题时,他就不会和别人产生任何道德冲突,他也不会知道去尊重他人。

3. 移情或共情能力是尊重态度产生的情感基础

儿童要摆脱以自我为中心的心态,一方面须通过观点采择,学会站在他人立

① 马利文.中小学生的尊重观念、在家庭和学校中被尊重经历及其与社会适应的关系[D].北京:北京师范大学,2005.

② Victoria Del Barrio & Anton Aluja & Luis F. Garcia. Relationship between empathy and the Big Five personality traits in a sample of Spanish adolescents. Social Behavior and Personality,2004, vol 32(7):677—682.

③ 马利文,陈会昌.尊重的心理学本质与内涵[J].教育理论与实践,2005(8):31—33.

场看问题;另一方面还须细心体察别人的内心感受,了解别人此时的情绪状态。只有这样,他们才能对处于困境中的人产生同情心,如自己玩秋千时,知道排队玩秋千的同伴焦急等待的心情,还要通过对自我的行为约束不去妨碍他人、伤害他人。何以儿童能够克服自我中心,约束自我行为? 美国心理学家霍夫曼认为,移情是助人、合作等道德行为形成和发展的基础。一个三四岁的孩子做出了违反道德规范的、不尊重别人的行为时,如果父母和教师通过模仿受害者、角色扮演,或者诱导幼儿间接联想的方式,让幼儿想象自己处在受害者的位置会是什么感受,引起儿童相关的经验,引起幼儿对受害者遭受痛苦和伤害的同情心,这种教育方式就容易激活幼儿的某些移情唤起机制,使幼儿意识到他人的忧伤与自己行为的因果关系,从而产生内疚感,改正其不尊重别人的行为。

4. 在交往过程中积累经验

出生以后不和任何人打交道的孩子,不可能形成独立自我的意识;一个从来不和别的小孩一起玩的孩子,不可能懂得轮流玩和按规则玩的重要性;一个从来没有见过别人的痛苦、悲伤状态的人,也不可能对别人产生同情心和共情体验。在这一点上,成人的教育引导固然重要,但更重要的是要让儿童参与群体生活,让他们和别的孩子整天在一起摸爬滚打。

(四)影响儿童尊重行为的因素

1. 人格特征

尊重他人是一种人际互动行为,它必然会受到个体稳定的行为风格即人格特征的影响。人格在很大程度上决定着个体对待世界的基本行为方式,它与特定的环境或情境的结合,使得尊重他人的行为具有不同的表现。[①]

尊重行为与人格因素有较强的正相关。宜人性高的人往往将自己置身于人际交往中,他们通常比宜人性低的人经历更少的人际冲突。[②]宜人性人格维度包括利他、移情、关心和慷慨等特质,与理解欣赏在含义上具有很大的一致性,因此,高宜人性的儿童必然更能够理解欣赏他人,更能够尊重他人。谨慎性与尊重行为的相关也很强,尤其是对文明礼貌和宽容平视具有显著的正向预测作用;情绪性和开放性与尊重行为具有中等程度的相关,并且主要是对儿童的宽容平视行为具有较强的负向预测作用;外向性与尊重行为具有较强的相关,但高外向性不一定就有高人际交往能力,因此,外向性并不能预测尊重行为。[③]

---

① 张春妹,邹泓.小学儿童尊重行为与人格、班级环境的关系[J].心理发展与教育,2006(3):16—23.

② 骆一,戴冰,张惠.关于宽恕的人格因素的初步探讨[J].四川教育学院学报,2005,21(1):16—18.

③ 张春妹,邹泓.小学儿童尊重行为与人格、班级环境的关系[J].心理发展与教育,2006(3):16—23.

2. 环境

对儿童来说,学校环境以及其中的师生关系和同伴关系对其社会性发展具有重要意义。皮亚杰认为,同伴之间的互动合作对儿童的尊重发展具有重要意义,双向尊重的产生只能发生在平等的同伴关系之中。[①] 托马斯认为,教师能够鼓励班级里的友谊精神和团体精神,改善班级里的群体交互作用,促进一种成员归属感,从而促进道德的发展,使儿童形成公平游戏、合作、宽容、尊重他人的价值和尊严。[②] 课余的人格培养项目能够使有行为问题和学习困难的小学生学会尊重和欣赏差异性以及学会结交新朋友。而其作用的关键在于项目环境有利于儿童与其他同伴建立新的友谊关系。[③] 团结、积极的班级环境有利于儿童尊重行为的发展,而其中起主要作用的是积极互动的同学关系。[④]

二、幼儿尊重他人的活动目标与设计

(一)幼儿园尊重他人的活动目标

在以自我为中心的发展时期,尊重他人既是社会对幼儿发展的要求,也是幼儿身心成长的需要。幼儿园中尊重他人的活动一般也需要考虑幼儿的生活经验与年龄发展特点。

小班:长辈提出要求时能听从;在提醒下能不随便打扰别人。

中班:会用礼貌的方式向长辈表达自己的要求和想法;知道父母的职业,能体会到父母为养育自己所付出的辛劳。

大班:能有礼貌地与人交往;尊重为大家提供服务的人,珍惜他们的劳动成果;接纳、尊重与自己的生活方式或习惯不同的人。

(注:"接纳、尊重与自己的生活方式或习惯不同的人"参见《多元文化教育》一节。)

(二)幼儿园尊重他人的活动设计

尊重他人的活动设计一般要求尽可能做到联系幼儿的日常生活,只有联系幼儿生活经验的活动设计才能吸引幼儿的兴趣。案例"香香的路"联系的是日常生活中的盲道、案例"你是我的老师"与幼儿美术活动联系紧密,这两个活动又是不同类型的尊重。

① Lightfoot,Cynthia. On respect. New ideas in Psychology,2000,vol 18 (2):177—185.

② Thomas,L. Creating a moral community in the classroom. Instructor,1990,vol 103 (2):69—73.

③ Muscott,Howard S. & O'Brien,Sara Talis. Teaching Character Education to Students with Behavioral and Learning Disabilities through Mentoring Relationships. Education and Treatment of Children,1999,vol 22 (3):373—390.

④ 张春妹,邹泓. 小学儿童尊重行为与人格、班级环境的关系[J]. 心理发展与教育,2006(3):16—23.

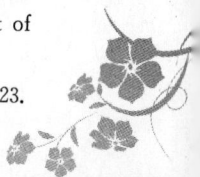

案例 香香的路(中班)

设计意图

先集体讨论生活中残障人士会有什么样的不方便,通过玩蒙眼游戏让幼儿在游戏中感受盲人的不便,鼓励幼儿在日常的生活中也能用自己的实际行动去关心和帮助残障人士,让他们感觉到温暖。再针对话题进行小组交流,听一听故事《香香的路》,了解大头儿子是怎样帮助盲童的。

活动安排

时间:午后。

地点:教室。

方式:集体或小组。

活动准备

1. 手绢。(用来蒙眼做游戏用的)

2. 找寻一些社会生活中帮助残障人士的公共设施图片。例如:无障碍通道、无障碍专用公共电话、导盲砖、无障碍电梯等等。了解这些公共设施可能会出现的场所,帮助幼儿认识这些设施的用途。

活动过程

一、做蒙眼捉迷藏的游戏,体验"盲人"的不便。

1. 请个别幼儿把眼睛蒙起来,去找指定的小朋友。

指导语:眼睛看不见了有什么感觉? 你需要用什么方法才能找到别人呢?(听声音、摸一摸、闻一闻等等)

2. 请全体幼儿把眼睛蒙起来,体验"盲人"的不便。

指导语:眼睛看不见了,会有哪些不方便的事? 假如你是盲人,你会需要一些什么样的帮助?(有声音的提示、有同伴的搀扶等等)

二、教师讲述故事《香香的路》。

指导语:这个故事里,有一群看不见路的小朋友,他们每天上学、放学都很不方便。如果你遇到了这样的小朋友,你会想什么办法去帮助他们呢?

三、进一步引导幼儿理解故事内容。

指导语:大头儿子和小头爸爸想出了什么更好的办法帮助更多的盲童? 这条香香的路是怎么来的? 对盲童小朋友有什么样的帮助?

四、认识各种残疾人专用设施。如:无障碍通道、无障碍专用公共电话、导盲砖、无障碍电梯等等。

五、幼儿讨论:如果在路上遇见盲人,可以帮他做什么呢?(用语言和他交流,询问他需要什么帮助,或请身边的成人搀扶他过马路等等。)

活动延伸

帮助幼儿认识一些无障碍设施,让幼儿进一步了解人们是怎样帮助和关爱身体有残疾的人的?鼓励幼儿在平时的生活中也能用自己的实际行动去关心和帮助残障人士,让他们感觉到温暖。

温馨提示

1. 在与幼儿交流故事内容的过程中,教师要根据幼儿的回答及时给予反馈、提升。

2. 本活动是比较开放、自由的活动,整个活动的组织不一定在一节完成,教师要根据时间进行把握,可分几次完成。如:第一次活动,请幼儿玩一玩蒙眼游戏,对盲童的世界感同身受,能体会到残障人士的不方便,并说一说自己可以怎样帮助身体不方便的人;第二次活动,讲述故事,在幼儿已有经验的基础上形成新的话题,调动幼儿的谈话兴趣,进一步围绕主题进行谈话活动;第三次活动,向幼儿介绍现在社会中的成人是怎样帮助残障人士的,都提供了哪些方面的帮助和方便;第四次活动,谈一谈如何用自己的实际行动去帮助残障人士。

故事内容

香香的路

一天,大头儿子和小头爸爸路过盲童学校时,遇到了一群正在上学路上的盲童,因为看不见,他们好不容易才能找到上学的路。大头儿子想到了和妈妈玩蒙眼捉迷藏时,是闻到了妈妈的香味才找到妈妈的。于是和小头爸爸在学校的附近种了一排"一年四季都能开花的香香树"。很快,树长大了,盲童学校的孩子们闻着花的香味就能找到自己上学的路了。这条路也很快成了一条香香的路。

(案例提供:南京市游府西街幼儿园 郑姗姗)

案例 你是我的老师(大班)

设计意图

幼儿在与环境互动的过程中,逐渐发现自然界的万事万物其实都是自己的老师。在欣赏绘画大师作品的同时,鼓励幼儿向大师学习画画的技法,了解一些大师作品、同伴作品或是大自然的一些"杰作"的特点,进行学习和描摹。在本次活动中,教师通过引导幼儿进行细致入微的观察,抓住大师作品的典型特征,尝试积累作画的经验,为幼儿认识身边的事物构建一个别样的平台。

活动目标

1. 了解身边的老师、同伴、大自然都是自己的老师,通过细致的观察,抓住经

典大师作品的典型特征进行描摹。

2. 通过对范例的欣赏,积累作画的经验。

3. 愿意进行积极的尝试,大胆表现。

活动准备

准备不同类型的名家作品、教师作品、幼儿作品、自然界的风景图片多张,并制成 PPT。

活动过程

一、玩游戏"猜猜这是谁的画"。

1. 指导语:让我们一起来玩"猜猜这是谁的画"的游戏。

游戏玩法:教师逐一出示图片,请小朋友猜一猜,这幅画是谁的作品?(有名家作品、教师作品、幼儿作品、自然界的风景图片)

2. 教师与幼儿欣赏图片,讨论描摹过程中可以学习的作画特征。

指导语:你喜欢哪一幅作品?你觉得这幅作品的什么地方值得你学习?色彩怎样搭配更好看?线条如何运用?整体构图有哪些要注意的地方?

二、从范例作品中,了解不同的作画方法。

1. 教师带领幼儿继续欣赏范例作品。

(1)指导语:请看这两张画上的风景有什么不同?

重点引导幼儿观察作品中色彩的呈现。如:对比色运用、同色系颜色的运用等等。

(2)指导语:这两张画有什么相同的地方?

重点引导幼儿讲述绘画方法、线条运用、大小比例等方面的相同点。

2. 幼儿自由交谈。找一张自己喜欢的作品,再仔细看看,找出最喜欢的地方,想一想自己画的时候可以怎样学?

启发幼儿找出多幅作品中可以共同学习的地方,让幼儿明白大师作品、同伴作品或是大自然的一些"杰作"都可以作为自己绘画的"老师",帮助自己完成新的作品。

三、幼儿自由作画,教师巡回指导。

1. 教师交代绘画的内容和要求。

指导语:请你选择1—2幅绘画作品,要画出"老师"的作品特征,让大家一猜就能猜出你的老师是谁。画中的主体要画得大一些,仔细看看"老师"的作品有什么特别的地方,有什么就画什么。

2. 幼儿绘画,教师指导幼儿完成作品。

指导语:引导幼儿抓住特征以及帮助作画有困难的幼儿。

四、展示、评价作业。

将幼儿的作品布置成"猜猜他的老师是谁"的互动墙饰,让幼儿自由交流、欣赏,相互介绍自己的老师,表达对身边事物的喜爱之情。

活动延伸

在区域活动中,提供更多的绘画作品范例,让幼儿自主选择喜欢的作品,在区域活动时间继续进行绘画描摹作品的练习。同时,画得好的作品,作为对幼儿作画兴趣的鼓励和提升,也可以将其作品留在区域活动中。

领域渗透

结合"教师节"的主题活动,谈一谈"我眼中的老师"。谈话活动中帮助幼儿建立"三人行必有我师"的经验,谈一谈"生活中谁是我的老师?为什么?"

在平时的活动中,不断帮助幼儿积累经验,让幼儿相互说一说:"我向身边的老师学什么?"创设幼儿之间相互学习、共同促进的良好学习氛围。

图 6-4　幼儿作品《你好!星星》　　　图 6-5　教师水粉作品

(案例提供:南京市游府西街幼儿园　郑姗姗)

三、在生活与其他学科教学活动中促进儿童尊重他人

(一)环境创设

班级中良好的师生关系和同学关系会有助于儿童尊重他人的发展,改善班级环境能够成为促进儿童尊重行为发展的有效途径。这里的环境主要指心理环境,为幼儿创设一个宽松、积极、友好、互助的环境,以及民主平等和谐的师幼关系能给同伴之间的关系提供一种参照,教师也要为幼儿树立一个尊重幼儿的榜样。

(二)日常生活

尊重他人,我们应该懂得欣赏他人的优点;尊重他人,我们应该用真诚的语言

去赞美他人。利用幼儿在园生活的各个环节,时刻促进儿童尊重他人。如:当幼儿吃着可口的饭菜时,对辛苦了半天的幼儿园的叔叔阿姨说声……当班里的小朋友在运动会上奋力拼搏为班级争得了荣誉时,其他的小朋友应该说……当调皮的可可认真整理图书角时,其他小朋友应该说……当门口的保育员阿姨耐心地给幼儿检查身体时,小朋友应该说……再如:在干干净净的走廊里,不应该乱涂乱画,这是尊重他人的劳动成果;在绿油油的草地上,小朋友不应该随意践踏,这是对自然生命的尊重;在郊游时,小朋友应该把自己的垃圾带走,这是尊重环境,尊重自然。

(三)教学活动

通过专门的、有组织的教学活动能够促进儿童尊重他人的行为习惯的养成。可以利用语言领域中的一个小故事"找朋友",鸭子走路的姿势难看、小猪不爱干净、小猴狡猾……让幼儿了解每个小动物都有自己的优点和缺点,就像每个人一样,尊重他人就要包容他人的缺点,而不是嘲笑和讥讽。还可以利用一些节日开展课程,组织教学活动,如:"五一"劳动节,通过介绍工作在不同岗位上的工作人员,让小朋友产生尊重他人的情感,进而在日常生活中产生尊重他人的行为;母亲节,了解妈妈工作的辛苦和对自己的爱,学会关心妈妈,表达对妈妈的尊重和热爱。鼓励小朋友把对他人的尊重用自己的方式表达出来,可以是一幅画、一首歌、一句话,也可以是一个动作、一个行为……在社会领域当中可以"做客"为主题的活动对幼儿进行尊重他人的教育。如:应该轻轻敲门、主动向长辈问好、做客时不乱翻、乱拿别人的东西、有礼貌地跟他人告别等等。

社会适应

第七章　儿童群体生活与社会行为规范

在群体社会中,就涉及对集体的态度、集体秩序的建立,以及相关的诚实与责任心等问题。本章主要讨论儿童的乐群、儿童的秩序与规则,以及儿童的诚实与责任心等问题。这些问题既是当今理论界关注的前沿问题,也是困扰实践者多年的问题。(考虑到章节间的平衡,我们把乐群与行为规范合并为一章。)

第一节　儿童的乐群与教育

一、儿童乐群的含义

(一)乐群性的内涵

乐群性又称合群性,指个体积极接近他人、参与他人的活动、想获得他人认同的趋势或倾向,以及被他人所接受的程度。儿童的乐群性在生活中一般表现为亲近、同情、谅解、谦让、团结友爱等。

儿童乐群性发展状况对其社会化有重要影响,主要表现在以下三个方面:

1. 良好的乐群性有助于儿童获得熟练成功的社交技巧

儿童与群体成员的交往可以锻炼儿童的言语沟通和人际交往的能力。当儿童学会如何处理与解决群体交往中出现的冲突时,促进了社会观点采择能力的发展,促进了社会交流所需技能的获得。在与群体的交往中,儿童能逐渐明确群体成员之间合作的重要性,意识到积极的群体交往是可以通过一定的社交技巧获得的。[1]

---

① 张文新.儿童社会性与发展[M].北京:北京师范大学出版社,2006:139.

2. 良好的乐群性有助于儿童安全感和归属感的形成

儿童在社会化过程中,经常会遇到一些烦恼与困惑、紧张与焦虑。除了从父母和教师那里得到安慰和帮助以外,他们还可以从同辈群体那里得到宽慰和同情,并能够宣泄自己的情感。归属感是指一个人属于群体和被其接纳的感受,成为同伴群体的一员可以培育归属感和安全感(邹泓,1997)。当儿童知道团体中的其他人赞同或肯定自己的某些方面时,就会表现出愿意遵守群体的规范、愿意与人合作的态度,以希望得到群体的认同和接纳。[①]

3. 良好的乐群性有利于儿童自我概念和人格的发展

儿童正是在与他人的相互作用中,才能根据自己与父母、姐妹、教师和同学的交往经验确立他们的自我,并通过其他具有不同价值体系背景的学前儿童来检验自己的观念和情感等,从而促进人格的健康发展。

总之,儿童是在群体生活中相互模仿、相互学习的,群体生活给了儿童一个认识别人和认识自己的极好环境。[②] 具有较高乐群性水平的儿童,更易于建立良好的人际关系,能更好地适应社会生活,从而较顺利地完成其社会化过程。可见,儿童的乐群品质是实现个体与社会统一的重要保证。

(二)儿童乐群性的发展特点

学前儿童乐群性发展状况存在以下特点[③]:

1. 儿童乐群性个体差异较大

导致个体差异较大的原因主要有两个:一方面是主观上的,如一个儿童性格是内向的还是外向的,其倾向程度如何,儿童各方面能力的强弱,在日常生活中他对别人所表示出来的友好、亲热程度等;另一方面,教师对一个儿童的评价,也会影响儿童得到别人认同的程度,如果一个儿童经常得到教师的好评,其乐群性就可能高,反之则低。

2. 儿童乐群性的增长速度呈现性别差异

Donald S. Hayes 认为,儿童之间的相互接触(亲近)和共同活动,对于儿童的相互认同起重要作用。[④] 在幼儿园,随着儿童年龄的增加,儿童之间相互接触和共同活动的机会增多,相互之间越来越熟悉和亲密,儿童的乐群性就得到提高。

3. 男孩女孩都更易得到同性的认同

研究者推测,在我们国家,传统的思想习惯是:有一些活动只鼓励男孩参加,而

---

① 张明红.学前儿童社会教育[M].上海:华东师范大学出版社,2008:57.

② 王海英.以"群"化"独"——培育儿童交往共同体[J].儿童教育,2004(1):8—9.

③ 郑晓鸿.儿童合群性的特点及其发展[J].心理发展与教育,1987(2).

④ Donald S. Hayes. Cognitive Bases for Liking and Disliking among Preschool Children. Child Development,1978,vol 49 (3):906—909.

另一些活动只鼓励女孩参加,大人对于同性之间进行共同的活动是赞许的、鼓励的,但是对于异性之间进行某些活动并不鼓励,甚至是反对的。这就导致了男孩女孩之间从小就有一些活动不能共同进行。由于这些因素的影响,就产生了男孩和女孩在得到异性认同的程度上差别不大,但男孩和女孩更多地得到同性的认同。

(三)影响儿童乐群性的因素

在同伴群体中,同伴关系可以形成五种接纳类型:一是受欢迎儿童,这是指在同伴中获得的积极提名多,消极提名少,被大多数同伴喜欢的儿童;二是被拒斥儿童,这是指被大多数同伴消极提名,不被同伴喜欢,受到同伴拒绝和排斥的儿童;三是被忽视儿童,这是指一些很少被同伴提名的儿童,无论是积极提名还是消极提名;四是矛盾的儿童,这是指被某些同伴喜欢,同时又被其他一些同伴看作具有破坏性、不被喜欢的儿童;五是一般的儿童,这是指被同伴接纳程度处于一般情况的儿童。在一个普通的群体中,前四类儿童约占 2/3,一般的儿童占 1/3。那么,影响学前儿童普通的同伴关系的主要因素是什么呢?[①]

1. 儿童的行为特点

受欢迎儿童是通过看着或接近其他儿童来开展社交活动的,当其他儿童发出社交信号时,他会做出积极的反应;而不受欢迎的儿童则在行为上表现得很专断,当其他儿童发出社交信号时,他对这些信号不予理睬或以不恰当的方式做出反应。[②]

庞丽娟在其研究中也发现了儿童行为特点对儿童交往的影响。她将儿童行为分为积极行为和消极行为两大类:积极行为包括友好、帮助、分享、合作、同情、谦让等;消极行为包括打人、说难听的话、抢占玩具、招惹别人、淘闹、引起冲突等。研究中还发现:受欢迎儿童表现出较多的积极、友好行为和很少的消极行为;被拒斥儿童则表现出较多的消极、不友好行为,积极友好行为则很少;被忽视儿童表现出的积极友好行为和消极、不友好行为均较少;一般儿童在各项研究中均居于中间水平。[③] 通过上述研究可见,儿童的行为特点是影响其交往的一个重要因素。

2. 儿童的性格特征

性格是个性中最重要的心理特征。研究发现,学前儿童的性格特点对同伴关系具有一定影响:受同伴欢迎的儿童性格比较外向,不易冲动和发脾气,活泼好动,善于言谈,敢于自我表现;被同伴拒斥的儿童性格外向,活泼好动,很爱说话,脾气急躁,容易冲动和乱发脾气,也比较敢于自我表现;被同伴忽视的儿童一般性格内向,好静不好动,慢性子,好脾气,不易兴奋和冲动,不太爱说话,容易害羞,不

① 张明红.学前儿童社会教育[M].上海:华东师范大学出版社,2008:58.
② 周宗奎.儿童社会化[M].武汉:湖北少年儿童出版社,1995.
③ 庞丽娟.幼儿不同社交类型的心理特征的比较研究[J].心理学报,1993(3).

敢自我表现。①

3. 儿童的认知能力

社会认知能力对儿童乐群性发展状况有重要影响,儿童解决社交问题的策略是儿童社会认知能力的一种综合反映。在交往过程中,儿童掌握一些有效的社交技能与策略有利于被其他群体成员认可和接纳。有研究发现,受欢迎儿童掌握使用的策略多,有效性、主动性、独立性、友好性均较强;被拒绝儿童掌握和使用策略也较多,独立、主动,但策略有效性较差;被忽视儿童掌握和使用策略较少,主动性、独立性、有效性均较差,较多地使用退缩性、依赖性策略;一般儿童在交往技能及策略上均处于中间水平。②

4. 儿童与成人的依恋关系

依恋理论的创始人约翰·鲍尔比(John Bowlby)认为儿童与母亲(或代替母亲角色的其他监护人)之间建立的依恋关系将成为儿童与其他个体建立关系的内部模式,并决定儿童与其他个体之间关系的特质。③

国外研究者认为:通过儿童与母亲依恋关系的特质和由此而形成的"内部工作模式"可以预测儿童与同伴的社会交往方式。与母亲依恋关系安全性高的儿童,他与同伴也容易建立具有相同特质的依恋关系。而与母亲依恋关系安全性较低的儿童则会与同伴交往困难。由此可见,良好的亲子关系对幼儿与同伴的社会交往能力有积极的影响。而安全性高的依恋关系是建立在成人对幼儿的良好行为反应基础上的,幼儿在与成人交往过程中,习得成人对待自己的方式,在与同伴的交往中,他便会以同样的方式去对待同伴,就会获得同伴的喜爱。④

5. 儿童的家庭教育因素

幼儿个体在社会化过程中,会经历一个交往中心由家庭向同辈群体转化的时期,家庭是幼儿社会化的重要场所。在家庭中能够感受到爱并学会爱是幼儿与他人建立良好关系的基础。幼儿生活的家庭如果温馨、和睦,家庭成员之间互相关心,会对儿童乐群性发展产生积极影响;反之,如果儿童生活在一个敌对的家庭氛围中,家庭成员之间冷漠,甚至互相仇视,幼儿在这样的家庭中就会学会争吵、打架等,幼儿与同伴的关系也就很难协调。⑤ 另外,家长对孩子的溺爱和过度保护也会对儿童乐群性发展产生消极影响。有些家长无原则地溺爱孩子,或者为了给孩子

---

① 张明红.学前儿童社会教育[M].上海:华东师范大学出版社,2008:59.
② 庞丽娟.幼儿不同社交类型的心理特征的比较研究[J].心理学报,1993(3).
③ 吴放,邹泓.幼儿与成人依恋关系的特质和同伴交往能力的关系[J].心理学报,1995(4):434—448.
④ 杨丽珠,吴文菊.幼儿社会性发展与教育[M].大连:辽宁师范大学出版社,2005:265.
⑤ 同上。

一个"安全"的生活环境,禁止孩子与别的小朋友交往,这种家教方法培养出来的孩子往往不善交流、依赖性强,容易养成自私自利的处事方式,缺乏包容心、不合群。

总之,影响儿童乐群性发展的因素是多种多样的。除上述诸项因素外,儿童在集体中生活的时间长短、家长及教师对儿童在交往方面的训练培养、儿童的外貌与年龄等都会对儿童的乐群性发展产生影响。

二、幼儿园乐群活动目标与设计

(一)幼儿园乐群活动目标

幼儿园的乐群活动实际上体现在幼儿对群体活动的态度与集体生活的适应上。从幼儿对群体活动的态度维度来看,幼儿的态度有三个层次,即有兴趣、主动参加、表现积极。适应集体生活的程度根据集体的变化也存在三种情况,即幼儿园集体、集体成员变化、新的集体。具体如下:

1. 乐群目标

小班:对群体活动具有兴趣。

中班:愿意并主动参加群体活动。

大班:在群体活动中表现大方、积极。

2. 适应性目标

小班:对幼儿园的生活好奇,喜欢上幼儿园。

中班:愿意与家长一起参加社区的一些群体活动。

大班:对小学生活有好奇和向往。

(二)幼儿园乐群活动设计

幼儿的乐群性主要体现在对幼儿园生活的态度上。设计相关的活动需要联系幼儿园的具体情况,并尽可能联系幼儿的日常生活。"朋友多又多""幼儿园里朋友多"是两个以认识朋友为主题的教学活动,通过结交朋友以及与朋友交往来增加幼儿对幼儿园生活的喜爱;案例"我演你猜"让儿童通过游戏的方式体验幼儿园生活的快乐。

案例　朋友多又多(小班)

设计意图

小班幼儿到了一个新的环境中,在他们的心中会有一丝丝的紧张和不安。教师要帮助幼儿尽快地熟悉新环境,熟悉集体生活及同伴,让幼儿早日适应新环境,融入集体中。本次活动通过游戏帮助孩子认识更多的朋友,使幼儿愿意和别人交朋友,初步学习关心朋友,让愉悦的心情伴随着孩子在幼儿园的每一天!

活动目标

1. 学习大胆地介绍自己,愿意与别人交朋友。

2. 在说说玩玩中体验与朋友在一起的乐趣。

3. 初步学会关心同伴、团结友爱。

活动安排

时间:饭前。

地点:教室。

方式:小组或集体。

活动准备

1. 每个幼儿准备一张自己的大头贴。

2. 教师自制一座纸板小房子。

活动过程

1. 玩"点名点将"游戏,鼓励幼儿大声地介绍自己。

(1)教师介绍游戏规则。

指导语:今天老师要带小朋友们玩一个"点名点将"的游戏,老师点到的小朋友要站起来,大声告诉我们,你叫什么名字,让全班的小朋友都认识你,好吗?

(2)师幼尝试玩游戏。

指导语:点名点将,点到你,请起来。

边说边用手挨个摸幼儿的头,说到"来"时,就请被点到的幼儿站起来,说出自己的名字,说完了就请他当"点名点将"的人,游戏继续进行。

2. 玩"找朋友"游戏,说出同伴的特征。

(1)教师请幼儿找出和自己穿一样颜色或一样款式衣服的幼儿,说出这个小朋友的名字和特征。

(2)教师引导幼儿发现同伴的特征。

如:他(她)是谁? 他(她)穿什么颜色的衣服、裤子等等。

(3)幼儿在集体面前讲述。

3. 玩游戏"我住新房子",体验与朋友一起游戏的快乐。

(1)指导语:这是我们××班的新房子,我们每个小朋友都要住在这个新房子里面,新房子一共有6层,第一组的小朋友就要住在第一层,第二组的小朋友就要住在第二层……我们把自己的照片贴在房子里面。这样,这座房子就成了我们××班小朋友的新房子了。

(2)幼儿依次上来贴自己的照片。

(3)指导语:看,这么多小朋友都住在了这座房子里,大家高兴吗? 你为什么会高兴呢? (体验与朋友一起的快乐)

4. 师幼共同小结。

(1)指导语:今天大家认识了班上的许多朋友,你们开心吗? 那以后我们班上的小朋友就要在一起学本领、玩游戏,我们应该怎样好好地在一起玩呢?

(2)引导幼儿学会关心同伴,友好地进行游戏。

温馨提示

教师可布置"朋友墙",让幼儿将自己认识的朋友告诉爸爸妈妈,让爸爸妈妈写下来,张贴在"朋友墙"上,让幼儿体验认识许多朋友的快乐。

(案例提供:南京师范大学附属幼儿园 季骏)

案例 幼儿园里朋友多(中班)

设计意图

随着幼儿动作、语言、认知能力、社会交往范围的扩大,中班的幼儿开始主动与同伴一起玩了。可由于缺少交往的经验和解决问题的能力,幼儿往往遇事就与同伴发生争吵。为了满足幼儿交友的渴望,发展一定的交友能力,同时拓展幼儿对"朋友"这一含义的理解,设计了"幼儿园里朋友多"这样一个活动。

活动目标

1. 在与别的班级幼儿相互介绍、共同游戏的过程中,学习交朋友的方法和技巧。

2. 通过语言交流、玩游戏、交换朋友等方法,让幼儿尝试与不同的朋友一起游戏。

3. 让幼儿体验朋友多的乐趣,在游戏、分享中感受交朋友的快乐。

活动安排

时间:午睡后。

地点:教室。

方式:小组或集体。

活动准备

1. 幼儿会玩语言游戏"请你猜猜我是谁"。

2. 事先与同年级的教师沟通好,活动是两个班的幼儿在一起进行的。

活动过程

1. 师幼谈话,感受与别的班级小朋友共同游戏的快乐。

指导语:(1)我们小朋友在班上都有自己的好朋友,谁来说说自己的好朋友都有谁?

(2)在幼儿园除了班上的小朋友是自己的朋友外,还有更多的小朋友呢,你们想认识他们吗?

(3)今天我就请到了××班的小朋友,他来和我们班的小朋友交朋友,让我们

儿童群体生活与社会行为规范

一起来认识认识,好吗?

2. 各班级间的幼儿混坐,相互交流,学习交朋友的方法。

(1)指导语:现在每个小朋友的旁边都是其他班级的小朋友,你们先自己说说话吧。

(2)反馈刚刚与其他班级幼儿交流的方法。

指导语:你们刚刚说了什么? 怎么和别人交朋友的呢? 幼儿相互交流,学习交朋友的方法。如:告诉对方自己的名字;自己喜欢吃什么食物,喜欢玩什么玩具或游戏等等。

(3)教师要关注幼儿在交友过程中有何行为或特殊行为,并加以引导。

3. 幼儿和新朋友进行两两游戏,大家友好相处。

(1)指导语:刚才大家已经相互认识了,你们想在一起玩游戏吗? (鼓励幼儿进行两两游戏)

(2)交换朋友,继续玩游戏。

指导语:当你已经和一个小朋友玩过一个游戏了,你还可以找另一个小朋友玩游戏呢!

4. 幼儿谈谈"交友会"的成果。

(1)幼儿介绍自己新交的朋友。朋友叫什么名字? 在一起玩了哪些游戏?

(2)幼儿分享自己是怎样交到这么多朋友的。

小结:幼儿要大胆地、主动地去结交新朋友,而且还要在游戏中主动邀请别人并友好地和同伴一起玩……

5. 以"请你猜猜我是谁"的语言游戏结束活动,体验朋友多的乐趣。

活动延伸

1. 可以让幼儿认识自己班级中经常接送小朋友的家人,如爸爸妈妈、爷爷奶奶等。

2. 认识幼儿园里的保健老师、门卫师傅、厨房的叔叔阿姨等,扩大幼儿在"幼儿园朋友圈"的范围。

3. 本次活动是在同年级进行的,还可以进行"大带小"的活动。如:一同去散步、一起到图书室看书等。

4. 与美术课结合,同伴间进行绘画,画出好朋友的特点。

(案例提供:南京师范大学附属幼儿园　季骏)

案例　我演你猜(大班)

设计意图

语言是人类传递信息,进行人际交往的重要工具。教师在设计活动时反其道而行之,即限制幼儿使用语言的习惯,鼓励幼儿大胆地运用身体动作传递信息。

为了能够使幼儿在活动中大胆、富有创造性地表现事物,教师首先从模仿幼儿喜闻乐见的孙悟空入手,然后是幼儿熟悉的动植物,最后是观察模仿和猜测。本活动所营造出的有趣的、愉悦的氛围使幼儿体验到了集体生活的快乐。

活动目标

1. 尝试用身体动作表示各种常见的事物。
2. 勇于在集体面前大胆表现自己。

活动安排

时间:游戏时间。

地点:教室或户外。

方式:集体与小组结合。

活动准备

背景音乐、动物和植物等的图片。

活动过程

一、通过游戏引导幼儿尝试用身体动作表示各种常见事物。

1. 介绍游戏"点兵点将"。在一名幼儿做出反馈后,教师将幼儿动作提炼后请全体幼儿模仿。

指导语:今天我们要来玩一个游戏,是大家都会玩的,叫点兵点将(点兵点将,点到谁,谁就变成孙悟空)。好,谁会变?我们来跟他学一学,怎样做动作才会模仿孙悟空更像?

2. 进行游戏3—4遍,帮助幼儿巩固各种身体造型。

指导语:刚才我们变成是孙悟空,还可以变成我们大家比较熟悉的什么动物?还会变成我们熟悉的植物吗?

二、帮助幼儿回忆日常生活中的事物,通过讨论丰富幼儿身体动作模仿的相关经验。

指导语:刚才我们变成是熟悉的动物和植物,那仔细想一想,我们还能用身体动作变出什么样的动作造型呢?

这一次变的时候有一个要求,我们只能用动作表示,不能说话,变好之后让大家来猜一猜你变成的是什么,看你变得像不像?

三、引导幼儿观察动物、物品的图片,共同探讨如何用身体动作模仿。

1. 教师出示各种动物图片、物品图片,引导幼儿感知。

指导语:你们认识它们吗?谁会用身体动作来表示图片内容?

2. 教师引导幼儿共同讨论,如何用身体动作让大家知道自己的模仿对象。

指导语:如果表演的时候不能说话,你怎样才能让大家更清楚地知道你演的

是什么？

四、游戏"我演你猜"。

1. 介绍游戏规则。

指导语：现在我们就来玩一个我演你猜的游戏，这个游戏的规则就是只能用身体动作表示图片内容，不能说话。

2. 教师表演，全体幼儿猜。

3. 请一位幼儿看图片提示表演，其他小朋友猜。

4. 幼儿可以到户外进行分组游戏。（音乐声结束之前，猜对卡片数最多的小组获胜。）

活动延伸

请家长和幼儿在家中进行亲子游戏"我演你猜"（家庭中表演可以不用图片，一人演，一人猜，猜对更换表演对象。）也可以在幼儿园的亲子活动中进行这个游戏项目，家庭与家庭之间进行比赛，看看哪个家庭合作猜出得最多。

温馨提示

1. 日常生活中可以鼓励幼儿把在日常生活中积累的事物图片（小动物的形象、日常活动的场景）画下来放在区域中，利用这些图片结伴游戏。

2. 初次游戏时，教师需要用自己的动作引导幼儿根据图片的内容做出相应的动作。

3. 当"点兵点将"中幼儿做出反馈后，如果幼儿动作不明显或幼儿不愿做动作，教师需要帮助幼儿把动作提炼后请全班幼儿模仿。

（案例提供：南京市游府西街幼儿园　杨静）

三、在生活与其他学科教学活动中促进儿童乐群

良好的乐群性对个体社会化的顺利进行、良好道德品质的发展以及健康心理品质的形成，都会起到独特的作用。反之，不良的乐群性不仅会影响儿童当时的发展，而且会影响其以后的社会适应，甚至还可能导致退缩、攻击、逃学等各种社会行为问题。因此，必须帮助儿童树立良好的乐群品质。[1]

(一)日常生活中促进儿童乐群

1. 家长应为儿童创造"群"集的机会

人都喜欢群集，两岁儿童就愿与同伴游玩，六岁儿童的乐群心更强。[2] 但现实

① 张淑满,张鸿宇.幼儿乐群性培养策略探析[J].社会心理科学,2012(8):93—94.

② 唐淑.陈鹤琴与中国幼儿教育[J].南京师大学报(社会科学版),1992(3):10—15.

情况是:天然的同伴群体格局被高楼林立的钢筋混凝土打破,儿童与同伴交往的机会越来越少;独生子女由于没有兄弟姐妹,其玩伴更是少之又少。为了葆有孩子"乐群"的天性,家长应给孩子创造"群"集的机会。如:适时带孩子去朋友家、社区游乐场、公园等多元环境,引导儿童与熟悉的长辈交流,与不熟悉的儿童一起游戏,培养儿童对他人亲近、合作的态度。

同时,成人要尽可能参与儿童的交往活动,创造适当的情境促使他们互动。比如:家长应支持孩子邀请小伙伴到家里玩;小伙伴到家里来后,家长应热情款待;小伙伴走后,家长应有意识地、客观地评价小伙伴的长处,建议自己的孩子学习小伙伴的优点,并接纳其不足。

2. 利用生活情境和多种途径,引导儿童掌握一些交往的技能和策略

对于儿童而言,有些社交技能是必须了解的。如:怎样参与到别人的游戏活动中去,怎样对同伴的友善行为做出回应,怎样邀请小伙伴到家里玩,怎样与来访的客人打招呼等。如果成人能借助生活情境来加以训练,会起到事半功倍的效果;同时,当儿童表现出良好的交往技能和合群行为时,成人应及时给予适当的强化。如用拥抱、奖励等形式,对儿童进行表扬,使儿童从成人的肯定、鼓励中获得自信,使积极融入群体的行为倾向得以固定下来,成为自然而然的习惯。当儿童能顺利地与他人交往时,就会感受到被接纳的自豪,从而喜欢并适应群体生活。

3. 在游戏中培养儿童的群体意识

游戏是儿童的天使,游戏为培养儿童的群体意识提供了极好的契机。一般来说,3岁以后,随着儿童自信心的增强和参与游戏活动技能的提高,儿童单独游戏逐渐减少,群体游戏逐渐增加。[①] 在游戏过程中,儿童会逐渐意识到只有遵守游戏规则,并通过协商、妥协等方式解决游戏中出现的矛盾,才能将游戏进行下去。在这个过程中,儿童会不自觉地学会控制自己的情绪和要求,与人交往的智慧也会得到启发,从而能够更好地适应群体生活。

如果有可能,教师也可以让不同年龄的儿童结成游戏群体。在这一群体中,年龄大的儿童可以学习如何关心照顾弟弟妹妹,感受到别人需要自己和自己照顾别人的幸福;年龄小的儿童也有一个可以学习模仿的榜样,从而加速其去自我中心化的进程。

4. 注意随机教育,有机结合各项活动渗透进行

社会领域的教育具有潜移默化的特点,幼儿乐群性的培养应渗透在幼儿日常活动中进行。例如,为了引导和强化良好的乐群品质,使他们能更加主动地为集体和他人做事,在每周的评比活动中设立"值日生好孩子"专项,开展组与组之间

---

① 张明红.学前儿童社会教育[M].上海:华东师范大学出版社,2008:57.

的比赛。通过组与组之间的评比,儿童可以学会评价自己和他人,也懂得小组的事需要全组小朋友共同努力,只要有一个儿童做值日不认真,他们就会互相提醒,唯恐影响整个小组,儿童集体责任感会大大增强,更加关心自己的组、自己的班。

5. 建构"群乐环境"

建构一个快乐的幼儿群体,是乐群教育的重要手段。一个快乐的群体就像一块磁铁,能把幼儿吸引其中,并且在这个"群乐环境"中,幼儿爱同伴、爱集体的情感会得到迅速升华。营造"群乐环境"有多种方式,例如:鼓励幼儿来园、离园时与教师和同伴拥抱一下;幼儿之间矛盾解决后相互拥抱一下;幼儿得到别人帮助后也主动与对方拥抱一下。这一做法会拉近师幼、幼幼之间的距离,使群体成员间更加亲密友爱;另外,还可以鼓励幼儿把自己从家里带来的玩具和同伴交换玩。刚开始时有的幼儿可能不会把自己喜欢的玩具从家中带到幼儿园,或者带来后也不愿与其他幼儿分享,这时教师应及时引导这些幼儿换位思考,让他们试着考虑别人的感受,并对愿意与他人分享玩具的幼儿进行表扬,并让这些幼儿谈谈交换玩具后的感受。只要幼儿体验到共享玩具的快乐,就会变得大方起来,积极主动地与群体其他幼儿互动。同时,幼儿在交换玩具的过程中,会思考如何得到别人的玩具,如何玩到更多的玩具,如何协调才能使大家玩得更快乐,从而充分培养他们与人交往的智慧和技能。身处群乐环境中的幼儿会非常渴望融入所在的群体,极大地促进幼儿情感和社会性的发展。

6. 家长应理智地爱孩子,并懂得放手

为了培养一个人见人爱、合群的孩子,家长首先要为孩子营造一个良好的家庭氛围。切忌事事以孩子为中心,给他以凌驾于众人之上的感觉。在平时的生活中,还应注意向孩子传授平等、友善、分享等良性的观念和信息,使孩子成为一个拥有良好品质的人。同时,家长也要适当放开双手,让孩子融入社会群体当中,帮助他逐渐学会自己处理一些问题。相信这样的教育方式,不但会使孩子拥有好人缘,还会让他们拥有良好的性格与优秀的品质。①

7. 促进儿童良好性格的发展

学前儿童的性格特征是在社会生活条件尤其是在一定的社会关系的影响下,在个人生活实践过程中逐渐形成和发展的。儿童的性格特征是对其所处的社会生活条件和所受教育影响的反映。学前期是儿童的性格开始形成和趋于稳定的时期,父母和教师应该重视对儿童性格的塑造和培养。要结合生活活动、学习活动、游戏活动以及运动等,有意识地培养儿童热情开朗、勇敢自信的性格品质,为

---

① 王颖莉.让宝宝更合群[J].启蒙(3—7 岁),2010(6).

同伴交往奠定良好的性格基础。①

(二)教学活动中促进儿童乐群

1. 刚入园的小班儿童群体观念较差,为此我们设计了"认识我们的家——幼儿园"的主题活动。

活动之一:认识幼儿园的人。(1)认识本班的同伴,记住彼此的姓名及主要特征;(2)知道除了自己班是小班外,另外还有两个小班;(3)参观幼儿园全貌,知道有3个中班的哥哥、姐姐,有3个大班的大哥哥、大姐姐;(4)知道除了本班的教师、小朋友,还有园长、医生以及其他班的老师和小朋友,大家都是幼儿园大家庭的成员。

活动之二:我们都是好朋友。(1)首先让儿童参观其他两个小班的活动,感受到小班的小朋友都是爱学习、守纪律的好孩子,并一起玩"找朋友"的游戏;(2)让中班的小朋友自制一件心爱的礼品送给小班的弟弟、妹妹;(3)让大班的小朋友带小班的儿童进行游戏活动,在游戏中大班的儿童担任主要角色,给小班的儿童起榜样作用。

通过这一主题的系列活动,让小班儿童直观地感受到幼儿园有许多小伙伴,大家生活在幼儿园这个温暖的大家庭,彼此之间是友好、互相帮助的,使儿童初步树立集体观念。

2. 引导儿童在角色游戏中获取有益经验

从儿童的社会化过程来看,除了与同伴的人际互动之外,与成人的人际互动也起着主要的作用。父母可以采取恰当的教养方法,纠正孩子不利于融入群体的行为,以便在孩子受到孤立前防患于未然、在受到孤立时引导、在受到孤立后补救。比如,以家庭为单位,模拟或创设情景,父母、家人以分角色游戏的方式,扮演不同的角色,引导幼儿体会角色的心情和感受,从他人对自己的态度情感中,体会玩伴的心理感受和需要,进而发展融入群体的行为习惯。游戏过程中,孩子的任务分成三步:第一步,以局外人的角色如何融入正在游戏的一个群体?第二步,当融入群体的愿望受挫或者直接被拒绝时,幼儿的合适做法是什么?第三步,如何成功邀请家人玩自己感兴趣的游戏?在与家人的游戏中,幼儿不再把自己有意地放在对立面上,而是积极地去解决造成对立的任何问题。即使遇到被拒绝的情况,幼儿的反应应该是:他人没有义务必须跟我玩,我不会因此而哭泣。相反,我还可能让别人觉得我创造出的游戏有趣而加入进来。当幼儿置身于一个群体当中时,在人际关系的把握上,幼儿会模拟家庭角色游戏中的表现,再现已捕捉获取的对自身发展有益的经验,完美地培育同伴关系。②

① 张明红.学前儿童社会教育[M].上海:华东师范大学出版社,2008:61.
② 丁俊玲.从孤立到融入:论幼儿群体意识的培养[J].现代教育科学,2010(4):30—33.

195

儿童群体生活与社会行为规范

3. 建立乐群品质的培养工程

"涓涓细流汇江河。"儿童的集体意识的形成需要平时一点一滴的灌输,而这种灌输又必须注意渐进性。从教学实践看,当幼儿一踏进幼儿园,教师就应首先带着他们去认识周围的环境(包括教室、玩具、厨房等)。教师利用分组游戏,教给幼儿初步的集体概念,并讲清家里玩具与集体东西之间的区别,教育幼儿要珍惜爱护。等幼儿逐步习惯并适应幼儿园的生活后,教师要针对儿童各自的个性特点,有针对性地引导他们友好相处。可通过大家一起玩,边看图边给小朋友讲故事,一起做音乐游戏等,让幼儿体会集体生活的快乐。在玩乐中学习帮助别人,并以此为荣。进入大班后,教师就应把树立初步的集体荣誉感作为教育的重点,可开展"我说幼儿园好"的口述活动以及想想怎样"帮助新来的小朋友"等活动。离园前,教师可启发幼儿进行"我为幼儿园留下什么"等主题活动,使儿童产生留恋集体生活的情感,并为进入小学、跨入高一层次的集体打下初步基础。

第二节 儿童的秩序、规则与教育

幼儿作为社会中的个体,本身对秩序具有内在的需求,同时客观环境对幼儿的行为也存在要求。从小培养幼儿遵守基本的社会行为规则,既是幼儿教育的重要内容,也是幼儿社会化健康发展的要求。

一、幼儿园的秩序与规则

(一)秩序与规则的含义

秩序指人或事物所在的位置,含有整齐守规则之意。如:遵守秩序、社会秩序良好。秩序敏感期是指幼儿对秩序(指通过时空形式所表现出的事物或要素间和谐统一的运动状态,具体表现形态有均衡、比例、对称、节奏、韵律等)极端敏感的一个非常重要和神秘的时期。[①] 在这一时期,幼儿对事物的秩序有强烈的需求,并逐步获得和发展起对物体摆放的空间或生活起居习惯的时间顺序的适应性,即秩序感。[②] 秩序感一方面表现为自由和谐、有序所带来的一种愉悦、兴奋和舒服,另一方面则表现为当人处于混乱、无序时所产生的焦虑、恐惧、急切改变的情绪体验。[③]

在幼儿教育中,人们常常忽视秩序与规则的区别。规则是人们在日常生活、

---

① 易晓明,朱小蔓.初论秩序感的教育价值及其教育建构[J].教育研究,1998(7):10—15.

② 杜召荣.在家庭中如何培养儿童的秩序感[J].教育导刊(幼儿教育版),2009(2):55.

③ 易晓明.秩序感是儿童道德成长中的重要情感资源[J].学前教育研究,2002(2):14—16.

学习、工作中必须遵守的科学的、合理的、合法的行为规范和准则,它是人与人之间、组织与个人之间、组织与组织之间彼此的约定。遵守规则是个体要立足社会时必须具备的基本素质,更是交往中保证平等、诚信、交往成功的基础。[1] 秩序更侧重的是对个体内部表现出来的一种整体的和谐以及运动状态,而规则是为保证所在环境的稳定对个体的外在约束与限定。[2] 幼儿时期是萌生规则意识和形成初步规则的重要时期。《幼儿园教育指导纲要》中明确指出:"要顺应幼儿秩序感发展,形成良好生活、卫生习惯、社会行为规范的要求,让幼儿理解并遵守日常生活中的基本的社会行为规则。"规则意识与秩序感的关系在于:秩序感是与生俱来的,强调的是一种个体自身、自发的对秩序的感知,其伴随着年龄的增长而逐步完善并趋于稳定;而规则意识是在秩序感发展的基础上建立起来的,是在客观环境与外在要求的作用下产生并形成的。规则意识是幼儿社会性发展中社会认知发展的重要组成部分,社会认知中包括观点采择、心理理论、权威认知和规则认知。

(二)秩序与规则在幼儿园生活中的意义

在生活中,我们处处受到来自家庭、社会、法律、道德等多方面的约束与限制,居住的楼宇要建筑得艺术且有秩序;无论是步行还是驱车出行,要遵守交通规则才能方便你我;与人交友,要依照一定的交友规范,个人具备良好的行为规范是交友的前提。

良好的秩序有利于幼儿在日常生活中学习和交往,可以提高幼儿的生活质量,并为幼儿一生的发展奠定良好的基础。《幼儿园教育指导纲要》中明确指出:"让幼儿理解并遵守日常生活中的基本的社会行为规则。""在共同的生活和活动中,以多种方式引导幼儿认识、体验并理解基本的社会行为规则,学习自律和尊重他人。"其核心内容就是让幼儿自己在理解体验中主动建构规则,在成长中生成并内化规则,为幼儿的社会化打下基础。[3]

从教师的角度来看,规则是幼儿园日常生活活动的保障,为了确保班级教育目标的达成,维护班级教育活动的正常秩序和运转,制定相关的规则是必要的。由于早期幼儿身心发展水平低、自我保护意识弱、判断能力差,这就要求教师必须制定相应的规范确保幼儿的安全与健康发展。[4] 日常生活活动中,如果处于没有规则的混乱状态下,幼儿便无法正常开展活动,他们的内心体验也并不愉快。因此,他们只能通过大吼大叫、哭闹等特殊的方式来表达自己的不满。[5]

① 郑三元.规则的意义与儿童规则教育新思维[J].湖南师范大学教育科学学报,2006(5):45—47.
② 赵琳.3—6岁幼儿秩序感的发展特点[D].沈阳:沈阳师范大学,2011.
③ 袁指挥.早期儿童社会规范教育的合理性研究[M].南昌:江西人民出版社,2009:8.
④ 袁指挥.早期儿童社会规范教育的合理性研究[M].南昌:江西人民出版社,2009:66.
⑤ 张小翠.幼儿园班级规则教育:基于幼儿园日常生活活动研究[D].重庆:重庆师范大学,2011.

（三）儿童秩序感的发展

幼儿对秩序的追求是与生俱来的。幼儿对秩序的敏感,在出生后的第一个月就能注意到。当幼儿看到一些东西放在恰当的位置时,他会兴奋和高兴,这是婴幼儿对周围环境秩序的感知。3个月大的婴儿喜欢与体形对称、比例均衡的人交流,从而获得秩序感,满足心理需求;3岁前的幼儿有着强烈的安全需要,当被置于杂乱无章、陌生的环境中,幼儿会哭闹;秩序感会随着幼儿的逐渐长大,在心理体验上深化为安全感、归属感。[①]

2—3岁是个体秩序感发展的关键时期,此阶段幼儿对秩序的感受主要体现在可以认识到物品在它的环境中所处的位置。[②] 幼儿开始能够逐渐辨别物体的形状、大小,对上下、前后、左右等空间概念有了感受。3岁儿童可以正确地知觉上下方位;4岁儿童能够正确知觉前后方位;5—6岁儿童的时空秩序感已经形成,能以自身为中心知觉上下、前后方位,并开始对左右方位有知觉。[③] 由内部对秩序的感受逐渐转变为对所处环境的格局及事物状态的关注,有强烈的追求外在事物秩序化的欲望。当已有的规律被打乱时,个体就会用其所能使用的表达方式表现出极度的不安和焦虑,甚至大哭不止。曾经有过这样一个例子:一位妈妈送自己的女儿上幼儿园,在小区门口遇见了正准备开车上班的园长阿姨,园长就请这个小朋友和妈妈上了车,开车到了幼儿园,这个小朋友从上车就情绪大变,一直哭闹,怎么哄都不行,最后这位母亲把女儿带回家,重新步行来到幼儿园,这回这个小朋友的情绪就稳定下来,不再哭闹,变得开心起来。其实,就是因为幼儿已经习惯了每天走路去幼儿园,突然坐车去,打乱了幼儿原有的感觉和空间秩序,所以表现出烦躁和极度不安。

3—6岁幼儿的秩序感随着年龄的增长而逐渐发展,年龄差异显著。5—6岁幼儿在秩序行为层面上存在性别差异,且女孩的秩序行为明显多于男孩;3—6岁幼儿秩序感知、秩序理解与秩序行为之间存在显著的正相关,秩序感知与秩序理解的发展对幼儿秩序行为的产生有着重要的影响;4—5岁是幼儿秩序感知发展的关键期,幼儿秩序行为发展的关键期是4岁。[④]

儿童对时间秩序的感受和把握是随着年龄的增长,由近及远、由短及长地发展的。5—6岁儿童对一日之内早、午、晚时序能进行正确的区分,4岁儿童仍有一定困难;4—6岁儿童对一日前后延伸的时序和时序的相对性感受水平较低,直到7—8岁才有明显的飞跃,并且他们能够识别跨周和跨年的季节延伸时序,能感受到时间有规律的交替变化。

① 杜召荣.在家庭中如何培养儿童的秩序感[J].教育导刊(幼儿教育版),2009(2):55.
② 江平.秩序教育——学校道德教育的基础性话题[J].教书育人,2002(23):2—3.
③ 高月梅,张泓.幼儿心理学[M].杭州:浙江教育出版社,1993:127.
④ 赵琳.3—6岁幼儿秩序感的发展特点[D].沈阳:沈阳师范大学,2011.

而在日常生活中,儿童对秩序的敏感常常有两种表现形式:一是对秩序的维护,成人常常借此机会夸奖儿童;二是对非秩序的焦虑表现,大哭大闹,此时成人往往采取强硬的手段,制止儿童的异常情绪波动。

二、规则意识与规则行为的培养

皮亚杰关于幼儿规则与幼儿道德的理论指出:幼儿在将规则纳入主体认识结构中时,必须先形成"规则意识",即将规则内化。对于刚刚萌生规则意识的幼儿来说,他们在日常生活中还不能自觉地遵守规则,在他们身上经常出现思想与行为脱节的现象。教师有必要采取一些行之有效的途径和方法,帮助幼儿提高规则意识、养成规则行为。

(一)通过榜样示范,在潜移默化中提升幼儿的规则意识

榜样示范法是一种重要的教学方法,它是指先为学习者树立榜样,而后由榜样向学习者示范,学习者再从中模仿而进行学习。心理学有关研究证实,通过榜样示范,学习者的态度、行为方式、动机和技能都能得到有效改善或提高。[①]

(二)通过自定规则,让幼儿自觉地养成规则行为

《幼儿园教育指导纲要》明确提出:"幼儿园教育应尊重幼儿的人格和权利,尊重幼儿身心发展的规律和学习特点。"因此,在引导幼儿增强规则意识和养成规则行为时,教师应该强调发展幼儿的自主意识。在一日活动中,教师可以根据实际情况大胆放手,以尊重为原则、以引导为手段,允许幼儿自己去思考规则和要求,探索规则和要求的合理性。

(三)通过图标暗示,帮助幼儿理解和遵守规则

《幼儿园教育指导纲要》指出:"在共同的生活和活动中,教师要以多种方式引导幼儿认识、体验并理解基本的社会行为规则,学习自律和尊重他人。"幼儿年龄小,自控能力差,对于一些必须遵守的强制规则缺乏足够认识,因此常常出现行为上的偏差,这时教师不能一味批评,可以利用直观形象的图标帮助儿童认识和理解规则。

(四)通过体验后果,让幼儿增强规则意识、养成规则行为

"自然后果法"是法国启蒙思想家、教育家卢梭在幼儿道德教育方面提出的教育方法。它是指当幼儿有过失行为时,成人不是去人为地限制儿童的自由,而是用过失产生的后果去约束儿童的自由,从而使儿童明白其危害,并下决心不再犯错的方法。实践证明,这是用来培养幼儿规则意识的一个比较有效的方法,它能帮助孩子内化规则,有效地控制自己的行为。

---

① 王小明.榜样示范法的心理学研究[J].浙江教育科学,2007(4):22—23.

三、幼儿园的秩序与规则活动目标及设计

(一)幼儿园秩序与规则活动目标

秩序与规则都强调相关次序问题。相比较而言,我们更愿意把公共场所的次序理解为规则,把幼儿生活中的次序理解为秩序。设计规则与秩序活动没有根本的区别,但对秩序或规则的要求存在一定的年龄差异,对大班幼儿的要求比中班、小班幼儿要高一些。

1. 幼儿园秩序活动的目标:

小班:在提醒下,能遵守游戏规则。

中班:感受规则的意义,并能基本遵守规则。

大班:理解规则的意义,能与同伴协商制定游戏和活动规则。

2. 幼儿园规则活动的目标:

小班:知道不经允许不能拿别人的东西,借别人的东西要归还。

中班:不私自拿不属于自己的东西。

大班:爱惜物品,用别人的东西时要知道爱护。

(二)幼儿园秩序与规则活动设计

幼儿时期也是规则与秩序的形成时期,培养幼儿的秩序感主要是通过相关活动展开,特别是游戏活动。如:案例"小小'图书馆'"让儿童亲身体验规则与秩序;案例"往返跑"设计的是一个体育游戏,让幼儿通过参与体育游戏来体验规则的存在;案例"生活中的'一米线'"通过日常生活中的观察以及幼儿的游戏来体验规则与秩序问题。

案例　火车快跑(小班)

活动目标

1. 让幼儿知道生活中应该遵守一定的规则和秩序。

2. 引导幼儿在游戏中学会轮流和等待。

活动准备

火车的图片;火车轨道(画一个圆圈作为火车轨道)。

活动过程

1. 教师讲《火车快跑》的故事,与幼儿讨论:火车头的作用是什么? 火车车厢的作用是什么? 火车车厢能够做火车头跑在最前面吗? 如果大家都争着去当火车头,没有人做车厢,我们还能运东西吗? 大家都争做火车头,小火车能开动吗? 最后"小车厢们"认识到应该怎么做?

2. 联系幼儿园的日常生活(如洗脸、上厕所),进一步引导幼儿自觉地遵守秩序,学会轮流和等待。

3. 让一个幼儿做"火车头",其他幼儿做"车厢"一个接一个跟在"火车头"后面,沿着"轨道"前行,看谁做得最好,能够紧紧跟随"火车头",沿着"轨道"让火车安安全全地到达目的地。在游戏过程中,做"车厢"的幼儿问:"火车开到哪里去?"做"火车头"的幼儿回答:"开到×××去。"到站时"火车头"就说:"×××站到了,请小朋友下车。"每次到站,"火车头"将由扮演第一节"车厢"的幼儿充当,原来的"火车头"回到队伍的最后面,成为最后一节"车厢"。

4. 可能出现的违规行为:没有沿着轨道行进;"火车头"到站的时候不愿换下来,车厢掉队。

故事内容

火车快跑

有一辆小火车,它有一个火车头和十几节车厢,每天都跑得飞快,小车厢们在火车头的带领下,手拉手排队出站,别提多高兴了,小动物们都很爱坐上小火车出去游玩。可是有一天,车站里面闹哄哄的,小火车跑不动了,为什么呢?原来小火车的车厢和火车头正在争吵呢。一节火车车厢对火车头说:"凭什么每天都是你跑在最前面,而我们却只能跟在后面,不行,我也要做火车头!"听他这么一说,别的车厢也都闹开了:"我也要做火车头!""我也要做第一!""我也要排在最前面!"大家争来争去互不相让。最后,小火车都没有办法再开动了,小动物们去不成想去的地方,都很着急,一起批评小车厢们争来争去没有秩序的行为。小车厢们也认识到了自己的不对,回到自己的位置,重新排好队,小火车又开始欢快地开动了。

(案例提供:河南师范大学新联学院　冀永慧)

案例　小小"图书馆"(中班)

设计意图

班级"图书馆"建立以来,幼儿在分享多种多样的图书、享受各种阅读活动乐趣的同时,时不时也会有不和谐的小插曲。有时人满为患打破本来的宁静,有时幼儿为一本书发生争执,有时又发现几本书孤零零地躺在地上无人问津……这些现象提醒我们,让幼儿体会到,有一个有序的阅读环境是多么重要!

在这个活动中,我们从班级的"图书馆"由幼儿自己做主的原则出发,和幼儿共同商讨建立活动的规则,让幼儿尝试运用简单的符号表现活动的规则,然后作为大家共同遵守的准则呈现在"图书馆"中。一方面让幼儿在环境的提示下主动地遵守规则,另一方面让幼儿在实践中积累有关多种符号运用的经验。

活动目标

1. 了解并理解班级"图书馆"的活动规则,知道在"图书馆"看书要遵守共同制定的规则。

2. 借助已有的活动经验,提出需要的规则,并尝试用简单的符号表现活动规则。

3. 在集体讨论中,能大胆表达自己的想法。

活动准备

1. 经验准备:创建班级"图书馆",在借书、还书、自由阅读等活动中引导幼儿发现问题,体会没有规则的不方便;带领幼儿参观图书馆,了解图书馆的公共规则。

2. 物质准备:1—2本幼儿阅读时损坏的书。

活动过程

1. 出示损坏的图书,引出讨论的话题。

指导语:(1)这些"图书馆"里的书怎么了? 书怎么会破呢?

(2)你们希望书被弄破吗? 为什么?

(3)大家应该怎么做,才能保护好这些书呢?(请个别幼儿演示做法,或集体做一做。)

教师根据幼儿的讲述进行整理,并记录在大记录纸上。

2. 引导幼儿回忆在"图书馆"活动时的不便和问题,讨论活动的规则。

指导语:(1)你在"图书馆"看书的时候,还遇到过什么不开心的事情?

(2)我们到"××图书馆"参观,大人们是怎样看书的? 你觉得我们应该怎么做呢?

若幼儿说得不够全面,教师可以补充描述自己发现的现象(如争抢图书、图书扔到地上无人问津、图书馆里拥挤的样子等)引发幼儿讨论,并制定规则。

(3)应该怎么做才能让大家专心、愉快地看书呢?(请个别幼儿演示做法,或集体做一做。)

教师分类,有条理地整理并记录幼儿的讲述。

3. 引导幼儿讨论如何运用简单的符号表示规则。

(1)教师将整理好的规则读给幼儿听。规则尽量简洁,最多不能超过6条。

(2)教师提出问题:遇到不认识的字,怎么能让大家都能看懂呢?

(3)引导幼儿根据每条规则讨论表示的符号或图案,根据幼儿的讲述设计简单的符号,画在对应的规则旁边。

4. 让幼儿看着符号说一说图书馆的规则要求,并激发幼儿共同遵守的愿望。

指导语:(1)有了这些符号,大家能看懂了吗? 谁来说说在图书馆里应该怎么看书、借书、还书呢?

(2)把它放在哪里,可以经常提醒自己呢?

（3）这是大家一起制定的，以后请大家经常看看，相互提醒哦！

5. 图书馆规则参考。

（1）小鞋子，放整齐。（2）一本书，手中拿。（3）轻捏书角细细看。（4）找到标记送回家。（5）换图书，先说请。（6）别人同意我再拿。（7）借还书，要爱惜。图书对我笑哈哈。

（案例提供：南京市北京东路幼儿园　俞燕婷）

案例　往返跑（大班）

设计意图

规则在生活中十分重要，俗话说"没有规矩不成方圆"，在幼儿园的其他活动中我们也应该遵守相应的规则。大班幼儿动作灵活、控制能力明显增强，合作意识也逐渐增强，规则意识逐步形成。在这一时期，他们非常喜欢进行一些竞赛性的活动，因此在体育游戏中更多地安排一些有竞争的游戏，能够培养幼儿的集体荣誉感和上进心。本次活动就通过"往返跑"的形式，让幼儿在练习和比赛中理解竞赛时应该遵守的规则，只有这样才能保证活动的顺利进行。

活动目标

1. 提高幼儿跑的能力，发展幼儿耐力、灵敏、协调的身体素质。

2. 理解往返跑的含义，能够灵活地变换方向跑。

3. 培养团队间的集体荣誉感，理解竞赛时应该遵守的规则。

活动准备

1. 场地：直线跑道。（含起点、终点标志）

2. 道具：发令旗、口哨等。

活动过程

一、开始部分。

1. 和小朋友相互问好。

2. 师幼共同进行热身活动：

头部运动——扩胸运动——腰部运动——腿部运动——全身运动。

二、基本部分。

1. 介绍"往返跑"的技巧。

指导语：（1）你们知道什么是往返跑吗？然后先请一名幼儿示范往返跑，教师再示范往返跑。

（2）你们发现老师和他跑的有什么地方不一样？你们看到老师是怎样转身的吗？

幼儿观看教师"急停"和"转身"的动作，教师引导小朋友发现动作的要领是一个"下蹲摸地转身"的动作。

儿童群体生活与社会行为规范

2. 幼儿集体练习"下蹲摸地转身"的动作。

幼儿跟着教师在原地做"下蹲摸地转身"的动作。

3. 幼儿个别示范。

让做得好的小朋友出来做示范给其他小朋友看。

解决问题:(1)跑到什么时候转身合适?

(2)以什么样的速度跑可以节省时间?

往返跑动作的要领是:达到转弯处前2—3步时的步子要大,上体直或后仰,后腿蹬力稍小;最后一步向转身方向内扣,然后转体180度,重心移至转身后的前脚,继续跑动。

4. 排列队形,组织幼儿在跑道上体会动作要领。

幼儿自由练习,注意转身时脚下的动作。

5. 竞赛游戏"看谁跑得最快"。

游戏规则:

(1)将小朋友分成人数相等的4组,每次只能派一个小朋友参加。

(2)在相距10米的平行线之间来回跑1次。前一名幼儿跑完后和后一名幼儿拍手才能出发,前一名幼儿自动回到队伍的最末尾排队。

(3)往返跑过程中要摸到地上的圆点。

(4)哪一组的幼儿先跑完,哪一组就获得胜利。

根据实际情况决定比赛次数,但不宜超过三次。

三、结束部分。

(1)简单分析动作要领,强调动作技巧。

(2)奖励获胜组,带领幼儿做放松运动。

(3)表扬竞赛活动中遵守规则、守纪律的小朋友。

活动延伸

1. 教师应引导幼儿以积极的心态来面对比赛结果,并知道"胜不骄、败不馁"的道理。

2. 教师可根据幼儿实际情况增加游戏的难度:增加往返跑的长度、控制比赛的时间、增加小组的数量等。

(案例提供:南京市第一幼儿园　叶雨)

案例　生活中的"一米线"(大班)

设计意图

"一米线"在日常生活中十分常见,主要用于人流集中的场所,目的是控制大型活动的排队秩序,通过科学摆放引导队列的行进。如银行在距营业柜台或窗口一米处画线,并在一旁挂牌,以提醒顾客在线后排队等候。本次活动就以"一米线"为线索,通过游戏和情景表演的形式,潜移默化地让幼儿理解规则在生活中的重要作用,使幼儿愿意从自身做起,能够遵守身边的规则和秩序。

活动目标

1. 了解生活中"一米线"的名称和作用。

2. 理解规则在社会生活中的作用。

3. 愿意从自我做起,遵守身边的规则。

活动准备

一米线图片、迷宫图片。

活动过程

一、教师出示图片,幼儿讨论。

1. 引导幼儿针对图上的场景进行谈话。

指导语:(1)这是在哪里? 你从哪里看出来的?

教师引导幼儿通过标志牌认知。

(2)这个迷宫的起点和终点在哪里? (见下图)

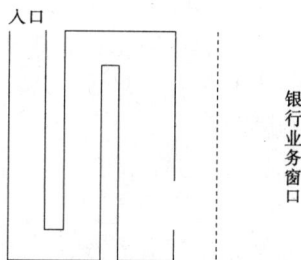

图 7-1 教学图片

2. 引导幼儿结合自己的生活经验进行谈话。

指导语:你们去过银行吗? 去银行做什么呢? 银行里有什么呢?

二、引导幼儿了解银行的"一米线"规则。

1. 重点引导幼儿观察图片中银行的具体情景,并进行讨论。

指导语:银行中的人在干什么? 他们都站在哪儿? 如果你是取钱的人,你喜欢别人站在你身边吗? 为什么?

2. 引导幼儿寻找"一米线",了解银行的规则。

(1)指导语:等待取钱的顾客应该站在哪儿呢? 他们为什么要站在"一米线"后等待?

引导幼儿知道在银行取钱遇到人多时,要站在"一米线"后等待。

(2)指导语:哪些人的行为是正确的?哪些是不正确的?

引导幼儿理解只有遵守规则才不会影响他人。

(3)指导语:生活中的"一米线"的作用到底是什么呢?人们应该怎样做呢?

三、迁移幼儿生活经验,寻找更多的规则。

1. 引导幼儿思考生活中遇到的其他"规则"。

指导语:(1)在小朋友喝水、小便的时候也经常排队,排队的时候要注意什么?

(2)区角活动时如果有很多小朋友都想玩同一游戏,应该怎么办?

引导幼儿愿意从自己身边的小事做起,遵守规则。

2. 师幼共同讨论遵守规则的方法。

我们应该怎样遵守规则呢?

活动延伸

1. 家园共育:请家长带领幼儿到公共场所,共同寻找生活中人们应该遵守的规则。家长还可以与幼儿共同收集社会生活中遇到的规则图标,告知幼儿它们的名称和作用。

2. 引导幼儿将自己生活中遇到的规则,以及自己发现的、希望建立的规则,用图画的方式表现。同时,可引导幼儿收集有关规则的图片或卡片,在区域活动中与大家共同认识、了解,便于在生活中遵守。

(案例提供:南京市第一幼儿园　叶雨)

四、儿童秩序感的培养与教育

1. 创设有秩序的环境

幼儿园室内环境和户外环境都要整洁有序。在室内,教室各个区域应划分明显,物品材料的选择应适应幼儿生长发育的阶段,教具的陈列要具有结构性和秩序性,遵循由易到难、由具体到抽象、从左至右、从上至下的原则。同时,教师不要随意改变各种教具、物品的摆放位置,以免扰乱幼儿已经形成的关于物品应该如何摆放的记忆模式,引起不安情绪。在户外,要合理布局大型玩具,布置和谐美观的绿化,让幼儿感受到自己置身于一个有序的环境中。家庭环境也应如此,要具备有序的空间分割、整洁舒适的家居布置、相对固定的物品摆放,这些都有助于增强幼儿的秩序感。

在时间的安排上,要为幼儿的一日生活制定合理、有规律的作息制度,这样幼儿就会知道一天内什么时间做什么,从而形成秩序感和安全感。[1]

---

[1]　李娟.解读幼儿的秩序敏感期[J].教育导刊(下半月),2011(1):40—43.

2. 日常生活教育

实施秩序感的教育应立足于儿童的日常生活。第一,通过走、站、坐、跑、跳、吃等基本动作的练习,协调儿童的大脑、神经以及肌肉的活动,使它们具有整体性和秩序性;第二,让儿童学习一些社会礼仪和规则,养成一种自觉遵守人际规范,维护人与人之间的和谐秩序关系的意识;第三,让儿童学会美化和整理自己的室内、户外环境,养成爱劳动、讲卫生的习惯,同时也获得清洁感、秩序感;第四,对于儿童的睡眠、饮食要适当地控制和调节,保持一定的度,培养他们有规律的生活习惯。

3. 教学活动

让幼儿在知识的学习中丰富秩序感体验。对于数学、科学知识,教师在教学中要尽量遵循形象化的原则,大力展示美的形式,把它们转化为具体可感的形象和生动的模式,让幼儿在感受和谐、对称、均衡、节奏的形象和模式时获得丰富的秩序美感,并且轻松自如地内化知识。只有人自身各种心理结构达到一种均衡、和谐的状态,才会更好地感受和追求自然秩序、社会秩序,因为艺术最直接、最集中地体现了秩序的形式,而且人们艺术创造的过程也是追求秩序的过程。综合的艺术教育模式十分有利于儿童从多角度感受秩序,尤其能极大地丰富他们对秩序形式美的体验。①

4. 儿童规则的类型与教育

从规则的弹性来看,可以将规则划分为"不变的规则""适应性的规则"和"临时的规则"三种类型。②

不变的规则就是以法律的形式呈现的规则。对于学前儿童而言,这类规则的教育,通常涉及以下内容:"不能打人""不能偷东西""不能损坏公物和他人的财产",以及一些基本的交通规则,如"红灯停、绿灯行","不在马路上跑和玩"等。对于这一类型的规则教育,一是及早进行,当孩子开始敲敲打打、灵活使用自己的四肢时,就要引导孩子什么东西是可以敲打的,什么东西是不可以敲打的;二是坚持永不改变的原则,不变的规则在何时何地对任何人都有约束力,应该坚持一贯地执行下去,不能"朝令夕改";三是以身作则,父母以身示范,为幼儿树立尊重规则的好榜样。

适应性的规则是指在某一具体时间段内,适合相应年龄段幼儿的规则。这类规则的内容就是通常我们所说的"家规"和"幼儿园常规",主要涉及公德、安全、惜物、劳动任务、个人卫生、作息时间等内容。如:不乱扔果皮纸屑、不攀折花草树木;不随地吐痰,不涂抹公共建筑,要爱护公物;不乱扔、不损坏玩具,游戏后能放回原处;按时完成教师布置的任务;不争抢玩具,珍惜爱护游戏材料;按时休息,不影响他人等。

① 易晓明,朱小蔓.初论秩序感的教育价值及其教育建构[J].教育研究,1998(7):10—15.
② 莫秀锋.试论规则的类型与儿童的规则教育[J].学前教育研究,2007(1):20—23.

对于这一类型的规则教育,一是坚持及早教育,所谓"习惯成自然",坏的行为习惯一旦形成就很难改变;二是坚持适时调整的原则,规则的教育要随儿童身心成长的变化而不断调整和修改,"规则不在于多或少,关键在于是否必要和合理",只有适合幼儿年龄特征的规则才是有意义的,也才能被幼儿接受和内化。①

临时的规则是指为了顺利地、较好地实现某一短期目标而制订的规则。游戏规则常属于此类规则,此类规则的教育要体现灵活性原则。临时的规则应该依据实际活动和参与者的需要,进行不断地修订与完善,与前两种类型的规则相比,临时的规则更具有弹性。

第三节　儿童的诚实与教育

一、儿童诚实的概述

(一)诚实与说谎的含义

诚实是一种言行一致、表里如一的道德品质。有研究认为:诚实在儿童亲社会性中所占比率达到 17.12%,是幼儿亲社会性的一个重要组成部分。② 对儿童诚实的研究通常与说谎相联系。

说谎是儿童不诚实的外在表现,是指有意说不真实的话。20 世纪初,皮亚杰对说谎概念及其道德评价的研究为日后有关说谎的研究奠定了基础。近些年由于心理理论的迅速发展,说谎概念及其道德评价的研究再一次掀起热潮。目前对于谎言概念研究比较统一的看法是,如果一个谎言成立,一定会涉及以下三个要素:第一,言语是否符合真实(事实);第二,说话者是否有意欺骗(意图);第三,说话者是否相信自己说的话(信念)。然而,由于对这三个因素在说谎中的权重观点不一致,形成了关于说谎发展的命题理论和原型理论,其中原型理论在说谎研究领域中占主导地位。斯威特斯(Sweetser)提出了有关说谎的民俗模型,这一模型向原型理论提出了挑战。民俗模型认为:对于说谎的判定不仅取决于事实、意图和信念三个要素的出现,还和交谈发生的背景紧密相连,即社会文化背景与习俗会在一定程度上影响说谎概念及其道德评价的发展。国内学者在对亲社会情境和反社会情境下儿童对说谎的理解及其道德评价的研究中发现,文化习俗对道德

---

① 高美娇.幼儿园规则教育中的常见问题及思考[J].幼儿教育,2006(2):22.
② 刘群,张金荣.幼儿亲社会性质化研究[J].齐齐哈尔师范高等专科学校学报,2008(4):134.

评价有一定作用,在一定程度上证实了民俗模式。① 卡普兰(J. M. Kaplan)根据说谎动机把谎言分为白谎和黑谎:白谎即我们常说的善意的谎言,是指为了避免伤害他人或取悦他人而说的假话,以他人为中心的,具有亲社会性;黑谎是指为了隐藏自己的过错行为或避免惩罚而说的假话,是利己主义的说谎。②

(二)诚实对儿童发展的意义

诚实是人的美德之一,是每个人都应当遵守的准则和规范,学前期是道德观形成的关键时期,因而此时对儿童进行诚实教育至关重要。

1. 诚实是儿童形成完整人格不可或缺的要素

诚实是一个人品行的重要体现,诚实的养成首先在于儿童时期习惯的养成。说谎是儿童诚实的阻碍,一旦儿童从小养成说谎的坏习惯,就很可能影响其整体品质的完善。有些青少年罪犯误入歧途的原因就是在小时候偶尔说谎而没有被及时制止,最终导致其品行败坏,长大后酿成大错,可见学前期对诚实的培养至关重要。

2. 诚实有助于儿童建立良好的人际关系

任何人都不希望受到他人的欺骗,因此诚实的人通常能获得他人的信任。社会是一个由人组成的整体,信任是人与人之间的纽带,人际关系的维护是双向性的,只有待人真诚才能交到真心的朋友。儿童对这种关系的理解尚不深刻,我们成人也没有必要对其讲这些深奥的道理,但是我们必须抓住儿童品德形成的关键时期,注意教会他们要说实话,不说谎话,告诉他们只有这样才能有小朋友愿意和他们一起玩儿,只有这样教师和家长才会喜欢他们。

(三)儿童诚实的特点

儿童诚实的特点在其说谎的特点中有所体现,我国学者徐芬等人对儿童说谎做了大量研究,结果表明儿童说谎具有区别于入学后儿童的一些特点:(1)3 岁和 4 岁儿童在说谎概念的理解上年龄差异显著,与 4 岁儿童相比,大部分 3 岁儿童还不能正确判断说谎或说真话;在对说谎的道德评价上,年龄差异并不显著。③ (2)自 4 岁开始儿童能够明确地理解说谎或说真话,并作出相应的道德判断。(3)儿童时期对说谎概念的判断及其道德评价不受行为情境的影响,习俗性特征对说谎概念判断的影响始于 9 岁。(4)与是否说谎相比,在说谎的策略上,年龄差异显著,即 4 岁儿

---

① 徐芬,张晓贤,章潇怡,徐敏.在亲/反社会情境下儿童对说谎的理解及其道德评价的研究[J].应用心理学,2001(1):13—18.
② 彭晶.小学生撒谎的成因分析及矫正策略[D].湖北:华中师范大学,2010.
③ 张文静,徐芬,王卫星.幼儿说谎认知的年龄特征及其与心理理论水平的关系[J].心理科学,2005(3):606—610.

童比 3 岁儿童在说谎时更有策略;但性别差异不显著。[①] (5)儿童是否说谎与儿童对说谎或说真话概念的理解没有关系,与对说谎或说真话的道德评价也没有关系。具体地说,有说谎行为的儿童,无论是在说谎或说真话概念的理解上,还是在道德评价上,与没有说谎行为的儿童没有显著的差异。[②] (6)学前儿童违规行为的发生受诱因的影响并且有年龄差异。诱因对儿童的吸引力越大,出现违规行为的年幼儿童越多。显示出年幼儿童的道德意志比年长儿童的道德意志薄弱,部分 5 岁儿童已经对外界诱惑具备了一定的自控力。[③]

(四)影响儿童诚实行为发展的因素

说谎的确是一种不好的现象,但对于儿童来说"说谎即是坏孩子"的观点也未免有些太武断。有一些教师和家长对于儿童说谎的现象过度担忧,从而对其品德做出了错误的判断,这种做法是不科学的。学前期儿童的说谎与已入学儿童的说谎是有本质区别的。一般说来,学前期儿童说谎具有以下几个因素:

1. 儿童自身因素

(1)混淆事实与想象

学龄前儿童心智发展尚不成熟,常常分不清实际发生的和头脑中想象的,因此他们有时会把希望的事情当作已经发生了的,很多说谎行为就是在这种情况下产生的。例如:小美告诉老师上周末父母带她去动物园玩了,而实际上她父母由于工作忙根本抽不出时间带她去玩,小美只能一直在头脑中反复想象着和父母去动物园的情景,这样她就渐渐分不清事实和想象,把心中期待已久的愿望当成了现实,认为自己真的去动物园玩过了。在这种情况下,儿童并不是故意要说谎,这种说谎完全是无意识的行为,是由其心理发展水平所导致的。一般来说,这类说谎随着年龄的增长和认知的发展会逐步减少,大约 5 岁以后就消失了。成人应当仔细区分儿童的这种说谎行为,以免对儿童造成不必要的伤害。

(2)认知发展的局限导致表达错误

学前期儿童形象思维占主导地位,因此他们对很多抽象概念无法理解,加之其有意记忆发展缓慢,就导致他们对很多概念的记忆是有误的,对他人表述时自然就是不准确的。例如:老师问小亮是谁给他买的新衣服,小亮可能回答说是小姨,实际上是他的小姑给他买的衣服。在这种情况下,我们甚至不能说这是说谎,而只能认为这是儿童在这个认知发展阶段所存在的普遍的错误。随着年龄的增

① 徐芬,王卫星,张文静.幼儿说谎行为的特点及其与心理理论水平的关系[J].心理学报,2005(1):13—18.

② 张文静,徐芬,张瑞平.幼儿说谎行为的发展及其与说谎认知的关系[J].应用心理学,2007(3):606—610.

③ 王平.学前儿童对说谎的理解与评价及与实际行为的相关研究[D].山东:曲阜师范大学,2005.

长和认知的发展,儿童的这种"说谎"现象会逐渐消失。

(3)逃避说教与惩罚

人有一种自卫意识,儿童也不例外,当他们感觉恐惧或将被侵犯时,就会采用说谎的方式来逃避惩罚以达到保护自己的目的。有些成人对儿童的过失总是非打即骂,导致他们有一种畏惧心理,每当犯错误的时候最先想到的是逃避责罚而不是主动承认错误、承担责任。这类谎言的产生,儿童和成人都有过错,成人必须改变对儿童的态度,并帮助儿童明白怎样做才是正确的。

2. 外界环境因素

(1)成人解决儿童过失行为的方法不当

自我防卫是导致儿童说谎的因素之一,而造成儿童对过失产生畏惧心理的重要原因就是成人粗暴的解决方式。一方面,很多成人不信任儿童,当发现某件过失行为导致的结果后,不仔细问清事情的前因后果和是否在场就强逼儿童承认错误,如果儿童不肯就范则进行体罚,这样会造成儿童心理和精神上不可弥补的创伤,这种严重伤害儿童自尊的行为所导致的后果就是儿童学会通过说谎话来逃避责罚。另一方面,如果成人对儿童偶尔的说谎行为视而不见甚至认为这是他们聪明、可爱的表现,那么也会助长儿童说谎行为的发生。

(2)成人不良的榜样行为

学前期的儿童具有很强的模仿能力,他们模仿的对象就是成人。然而在生活中,有很多家长和教师自身存在不诚实的行为,这类行为在儿童眼中就是学习的模板。例如:明明的妈妈答应只要明明不打扰妈妈做饭,睡觉前就给明明讲一个故事,但睡觉前明明的妈妈拒绝给明明讲故事。生活中这样的例子屡见不鲜,正是成人这种不负责任的言行使儿童失去对成人的信任,毁坏了成人在儿童心中的形象,同时也使儿童学会了欺骗他人。

(3)社会环境的干扰

群体压力这一社会性因素会导致从众心理。迫于从众心理的压力,幼儿可能会产生有意说谎的行为。另外,当前幼儿获取信息的渠道越来越广,一些社会媒体公布的虚假信息不仅具有欺骗性,还带有误导性。这也是导致幼儿说谎的客观因素。[①]

二、幼儿园诚实教育活动目标及设计

(一)幼儿园诚实教育活动目标

幼儿的诚实行为通常与他们的心理成熟程度相联系,但在一定年龄阶段,由

---

① 刘伟,张振.儿童说谎行为及其干预方法的研究综述[J].吉林省教育学院学报,2010(11):125—127.

于幼儿想象能力的发展,有时候与说谎是联系在一起的。社会对儿童在诚实方面的要求也有一定的差异,对小班的幼儿一般没有具体要求。具体目标如下:

中班:知道说谎不对。

大班:做错事敢于承认,不说谎。

(二)幼儿园诚实教育活动设计

幼儿园诚实教育通常从中班开始,而且多与日常生活相联系,尽可能让幼儿从他们能理解的事情或经验出发。目前关于诚实教育活动的多数情况,是从儿童对诚实行为的认识开始,如案例"做个诚实的孩子"。

案例 做个诚实的孩子(中班)

设计意图

诚实守信是立身之本、做人之道,必须从小培养。常言道:"童真无邪。"但研究表明,幼儿往往从很小的时候就会撒谎。通常来讲,幼儿3岁之前出现的撒谎行为大多是无意识的,但3岁之后幼儿的行为就是有目的的,会为了不同的目的而说谎。在日常生活以及同家长交流的过程中,发现幼儿经常有撒谎的行为。在幼儿的意识里,只要自己喜欢的玩具就是自己的,从而占为己有,答应给别的小朋友玩却不遵守承诺。另外,现在的幼儿大多是独生子女,也不懂得与他人分享玩具。因此,在幼儿园的教学活动中,有必要开展诚实的教育活动,鼓励幼儿做一个诚实的、让大家喜欢的好孩子。

活动目标

1. 让幼儿知道撒谎是不对的,要做一名诚实的好孩子。

2. 幼儿乐意倾听故事,能和同伴大胆讨论如何做一名诚实的孩子。

活动准备

《吃苹果》的故事图片、被弄坏的玩具和图书等。

活动过程

一、欣赏故事《吃苹果》,激发儿童的兴趣。

指导语:小朋友们好,今天给大家带来一个《吃苹果》的故事,看完故事后小朋友要告诉老师故事里有谁,发生了什么事?

1. 边展示图片,边讲故事。

2. 指导语:你们喜欢故事中的猪吗? 为什么?

3. 教师小结:猪因为说谎,最后摔断了腿,这个故事告诉我们要做诚实的好孩子。

二、启发幼儿回忆生活中的事情,讨论如何做诚实的孩子。

1. 指导语:你是个诚实的孩子吗? 请小朋友说说自己平时有哪些诚实的表现。

2. 请小朋友说说自己平时有哪些说谎的行为。

3. 讨论：说谎的原因以及如何改正。

三、教师可以出示被弄坏的玩具、撕坏的书、图片，问小朋友如果是自己弄坏的，会怎么做？

四、教师小结。

在日常生活中，我们会遇到很多同样的事情，我们应该做一名诚实的好孩子，这样才会受大家欢迎。

活动延伸

和爸爸妈妈共同欣赏诚实的故事。

领域渗透

1. 音乐领域：学习歌曲《好孩子要诚实》。

2. 语言领域：故事讲述《狼来了》。

故事内容

吃苹果①

有一天，猪在森林里发现了一棵苹果树，苹果树上结满了又红又大的苹果。猪馋得直流口水，但是它的蹄子又短又胖，不能爬树，它只能在树下眼巴巴地看着。

猪跑到驴子家，对驴子说："亲爱的朋友，我在森林里发现了一棵苹果树，树上结满了苹果。咱们一起去吃吧。"驴子高兴地说："谢谢你告诉我这个好消息。"

猪领着驴子来到苹果树下。驴子说："可惜我们都不会爬树，摘不到树上的果子，咱们去找猴子帮忙吧。"猪急忙摇摇头："不行不行，猴子太狡猾了，它会自己把苹果吃光的。"

驴子说："那你说我们该怎么办？"猪说："你用前蹄撑着树干站起来。我站在你的头上，就能抓住树杈。我爬上树以后就把苹果扔下来给你吃。"驴子觉得这个办法不错，于是用头把猪顶了上去。

猪坐到树杈上后，摘下一个苹果，自己大口吃起来。驴子望着它说："亲爱的朋友，给我扔下来一个苹果。"猪没有说话。它吃完一个，又摘了一个，只顾把苹果往自己的大嘴巴里塞。驴子生气地说："你真是一个骗子。"说完，它就离开了。

天快黑的时候，猪吃饱了。可是，没有驴子帮忙，它无法从树上爬下来。远处传来狼的叫声，猪非常害怕，从树上掉了下来，结果它摔断了一条腿。

（案例提供：东北师范大学教育学部　郑雅姿）

---

① 庞国涛.代代相传的寓言故事——诚实守信篇[M].北京:北京理工大学出版社,2008.

儿童群体生活与社会行为规范

案例 小心你的鼻子会变长（大班）

设计意图

诚实是中华民族的传统美德，是一个文明有序的社会必须人人具备的品格，要让诚实在整个社会形成一种风气，必须从孩子抓起，在孩子心中播下一颗诚实的种子，让这颗种子开花、结果。活动以意大利家喻户晓的童话故事《匹诺曹》导入，故事的主人公匹诺曹为了变成真正的小男孩必须学会诚实，而每当匹诺曹说谎时，他的鼻子就会变长，这是对他撒谎的惩罚，通过这一形象来告诉小朋友做人要诚实，不能撒谎。然后由教师做表率，坦承自己不诚实的行为，进而引出小朋友们对自身不诚实行为的反省，实现从"知道"到"做到"的突破。

活动目标

1. 让幼儿知道不应该撒谎，撒谎是不诚实的行为。

2. 做错事敢于承认、勇于改正。

3. 愿意做一个诚实的好孩子。

活动准备

《木偶奇遇记》（又称《匹诺曹》）的电影片段。

活动过程

一、电影导入，激发兴趣。

指导语：在看电影之前，老师先请小朋友们摸一摸自己的鼻子，再看看周围同伴的鼻子，看完动画片告诉老师，动画片中的小主人公匹诺曹的鼻子跟小朋友们的鼻子一样吗？它的鼻子有什么特点？

1. 欣赏电影。

观看《木偶奇遇记》中"匹诺曹因撒谎而使鼻子变长"的电影片段。

2. 展开讨论。

指导语：（1）匹诺曹的鼻子与小朋友们的鼻子一样吗？不一样在哪里？（不一样，会变长）

（2）匹诺曹的鼻子为什么会变长？（撒谎、不诚实、惩罚）

教师总结：匹诺曹每说一次谎话，他的鼻子就会长长一些，为了要掩盖第一次谎话，他又得再次说谎。就这样，匹诺曹说的谎话越多，他的鼻子就越长。

（3）如果你们自己的鼻子也变长了，你们会喜欢吗？为什么？（长鼻子太丑了，被别人笑话，像个怪物……）

（4）匹诺曹要想变回原来的样子，需要怎么做？（不能再撒谎，要做个诚实的好孩子。）

教师总结：小朋友在日常生活中不应该撒谎，要做个诚实的好孩子。

二、自我反省，树立榜样。

1. 指导语：看完影片，老师有一点担心自己的鼻子会不会像匹诺曹一样也变长，因为老师小的时候也撒过谎，你们想不想知道老师是因为什么撒谎的？（讲述一个撒谎的小故事。比如：因为药太苦喝不下悄悄倒掉，骗妈妈说已经喝完了；自己不小心把客厅的花折断了，却不敢承认；拿到幼儿园的玩具被自己弄坏了，撒谎说是某个小朋友弄坏的……）你们觉得老师做得对吗？为什么？

2. 总结：所以，今天回到家，老师决定跟妈妈承认错误，做个诚实的孩子，老师可不想和匹诺曹一样顶着一个那么奇怪的长鼻子到处跑，被人笑话。

三、秘密大分享。

1. 请小朋友自由发言，说一说自己有过哪些撒谎的行为？

2. 指导语：其实我们每个人都有犯错的时候，但是只要敢于承认、勇于改正就是好孩子。老师已经把自己的糗事都告诉你们了，你们是不是也应该把你们撒谎的小秘密跟老师和其他小朋友分享一下？现在想一想你当时做得对吗？现在你觉得应该怎么做？

3. 结语：小朋友都知道撒谎是不诚实的行为，是不对的，也认识到了自己的错误。今天，还勇敢地在老师和其他小朋友的面前承认了自己的错误，所以你们都是诚实的好孩子。如果你曾经对爸爸妈妈或爷爷奶奶撒过谎，你知道现在该怎么做了吗？

活动延伸

1. 你还知道哪些关于诚实的小故事？和爸爸妈妈收集一下，分享给你的小伙伴听。

2. 幼儿完整观看影片《木偶奇遇记》。

领域渗透

在图书区摆放《匹诺曹》系列故事书，让小朋友自由阅读，或者利用一些生活环节给小朋友讲一讲匹诺曹、守信的狮子王等关于诚实的故事。组织小朋友自己表演木偶剧《长鼻子匹诺曹》，音乐活动可以学习歌曲《好孩子要诚实》。

（案例提供：东北师范大学教育学部　贾慧慧）

三、在日常生活中促进儿童诚实品质的发展

(一)成人采用适当的奖励、惩罚手段

当儿童犯错误后，成人要以正面引导为主，对其进行积极的说理教育，在实施

过程中要避免两个极端：一是不要用暴力手段解决问题，儿童的自尊心是很强的，假若对其进行训斥、打骂会严重挫伤其自尊心，这种惩罚方式会适得其反；二是对儿童的错误也不能置之不问，这种做法也会助长儿童说谎的行为。在为儿童解释清楚说谎的危害后，如果在儿童认识到错误并真心承认错误并保证悔改的前提下，成人可以给予儿童适当的奖励。这里所说的奖励并非单一指向物质奖励，还包括精神奖励。有研究表明，精神奖励比物质奖励更能促进幼儿良好行为的养成。因此，成人可以用一些激励的话语或允许儿童去户外玩儿等手段来帮助幼儿认识到诚实是正确的，是被成人所接受的。

（二）成人为幼儿树立良好的榜样

儿童是模仿的群体，眼睛看到哪里就学到哪里，因此成人的"身教"显得格外重要。首先，父母是孩子最早的教师，对孩子的影响是潜移默化的，父母的行为会引导孩子的行为。有些家长自身素质不高，常在孩子面前说谎，有些甚至让孩子帮忙隐瞒事实，这些行为都将对儿童起着恶劣的影响。其次，幼儿园的教师对儿童的影响也非常大。入园后，儿童每天的大部分时间都是在幼儿园度过的，教师在儿童眼中的形象是非常高大的，教师也是儿童乐于模仿的对象之一。教师必须为儿童树立正面的形象，在长期言传身教的过程中，儿童也会较容易形成诚实的良好品质。另外，教师还可以鼓励儿童向诚实的孩子学习，对诚实的孩子进行适当的表扬，这样儿童就有了同龄的模仿对象，对其发展更为有利。

（三）重视家园结合

学前期儿童分辨是非的能力较弱，很多时候他们还分不清什么是好什么是坏。在这种情况下，家庭和幼儿园必须紧密结合起来，形成一致的教育观念，儿童出现问题后及时沟通，共同帮助幼儿改正错误。如果儿童在一个环境中刚刚产生诚实的萌芽，但转换到另一个环境中这种萌芽又被扼杀了，那么就阻碍了其诚实品质的形成。

四、在其他学科教育中促进儿童诚实品质的发展

（一）在语言教育活动中促进儿童诚实品质的发展

在语言活动中，教师可以选取一些有关诚实的故事来为儿童讲述。在讲述过程中应对故事中体现主人公诚实品质的部分语气加重、速度缓慢地着重讲解。在故事讲完后，可以组织儿童对该故事进行讨论，让儿童就故事中的人物哪里做得对哪里做得不对，什么应该学什么不应该学，并且延伸到生活中应该怎样做等问题进行自由交流。条件允许的话，还可以组织儿童进行故事表演。通过这样一系列活动，儿童对诚实概念的理解就更加深刻了，这种概念的形成有利于内化为行为。

（二）在社会教育活动中促进儿童诚实品质的发展

这类活动，教师可以通过环境的创设、言语的讲解来使儿童理解什么是诚实。

教师可以为儿童举一些不诚实的例子，并把由于不诚实造成的后果讲给儿童，使儿童明白说谎是不正确的，经常说谎的儿童，父母和老师是不喜欢的，这样儿童会尽量减少自己说谎的次数，端正自己的行为。

第四节　儿童的责任心与教育

一、责任心的含义、发展

（一）责任心的含义

责任心也称责任感，是个体在社会生活中，对自身的社会角色所应承担的责任的认知，以及由此产生的情感体验和相应行为。[①] 责任心不仅是公民必须具备的道德品质之一，也是个体社会性品质的重要成分。

责任心与义务相对应，指人们在一定的社会关系中对自身的地位、任务有正确的认识，从而使个人的社会活动同他所应履行的义务相适应，也指人们在履行自己应尽义务的过程中产生的内心体验和情感。[②]

关于责任心的结构有不同的说法，具体如下：

三维结构说：正如道德可以划分为道德认知、道德情感和道德行为，责任心也包括三种心理成分，由责任认知、责任情感和责任行为三个维度构成。责任认知指主体按一定标准对责任心所持有的态度或观点；责任情感是一个人对自己的言论、行动、许诺等持认真负责、积极主动的态度，以及随之产生的情感体验和反应；责任行为指主体在做出责任判断后采取的行动，它监督自己与其他成员遵守群体规范并促使共同活动的顺利进行。[③]

四维结构说：在责任认知、责任情感和责任行为之外，责任心还包括责任意志。其中，责任认知是构成责任心的基础因素；责任情感是对责任的体验，也是构成责任心的动力因素；责任意志是构成责任心的维持因素；责任行为是构成责任心的落实因素。[④]

五维结构说：除了责任认知、责任情感和责任行为，责任心还应包括责任动机和责任能力两种成分。责任动机指一个人负责任的心理倾向，是责任心结构中具有动

---

① 杨丽珠.儿童责任心研究述评[J].辽宁师范大学学报(社会科学版),2004(3).

② 徐少锦,温克勤.伦理百科辞典[M].北京:中国广播电视出版社,1998:12.

③ 朱智贤,陈会昌.7—16岁儿童责任观念的发展[A].发展心理教育心理理论文选[C].北京:北京师范大学出版社,1985:255—273.

④ 燕国材.论责任心及其培养[J].中学教育,1997(10).

力性、积极性的心理成分，它起源于人的责任需要；责任能力是直接影响活动效率，保证活动顺利进行的心理特征，它是责任活动能够顺利进行的前提和保证。[①]

综合这几种说法，责任心的基本构成是责任认知、责任情感、责任行为，这是研究者达成共识的。幼儿责任心由自我责任心、他人责任心、集体责任心、任务责任心、承诺责任心和过失责任心六个维度构成。[②]

(二)培养幼儿责任心的意义

"每一个在道德上有价值的人，都要有所承担，不负责任的东西，不是人而是物。"康德的这句话很好地诠释了责任心的重要性。还有研究者认为责任心是衡量一个人对国家、社会和他人态度的重要标准，也是衡量一个人品德优劣的基本尺度，对个人的行为和社会秩序都能产生重大影响。[③] 戴维(David)等人指出，社会责任心强的人，会显示出更强的合作性，更有可能回报同伴以及推进群体的利益。[④]

责任心作为一种重要的非智力因素在儿童心理发展中具有重要的地位。1972 年联合国教科文组织的年度报告《学会生存》，以及 2004 年以"学会关心"为主题的国际儿童论坛，均大力倡导社会各界关注儿童的责任心的培养。所有儿童的亲社会行为与其社会性责任心之间，存在显著的正相关(Margaret & Jacqueline，1982)。我国也高度重视培养幼儿的责任心。2001 年颁布的《幼儿园教育指导纲要》在涉及"社会领域"的目标时明确提出要培养幼儿"具有初步的责任感"。此外，许多心理学研究者均将责任心的发展水平作为评估个体社会性发展的一项重要指标。还有人认为责任心是儿童社会性发展三维结构中的一个关键维度，其余两个维度分别是自制力和合作性。[⑤]

(三)儿童责任心的发展

儿童责任心的发展遵循着由他律到自律发展的规律，即遵循一条从外在要求到内化品质的发展路径。早在 20 世纪 20 年代，皮亚杰利用"对偶故事法"研究了儿童对行为责任的道德判断、公正观念和惩罚观念，总结出：儿童对待一个行为的责任态度，须经历一个从客观地决定于该行为后果的责任态度(七八岁以前)向主观地由行动动机决定的责任态度(七八岁到十一二岁)的转变。他把这两种责任

① 张积家.试论责任心的心理结构[J].教育研究与实验,1998(4):43—47.

② 姜勇,庞丽娟.幼儿责任心维度构成的探索性与验证性因子分析[J].心理科学,2000(4):417—421.

③ 刘国华.论责任心的教育[J].青年研究,1996(5):16—18.

④ 杨丽珠.儿童人格发展与教育的研究[M].大连:大连海事大学出版社,2008:412.

⑤ 王健敏.儿童社会性三维结构形成实验研究报告[J].心理发展与教育,1996(2):12—18.

态度称为"客观责任感"(或"道德实在论")和"主观责任感"。①

国外一些研究者根据其关于幼儿责任心的大量研究指出:幼儿责任心的发展经历了三个阶段:(1)直接后果责任心是指幼儿应该解决由他们产生的问题;(2)自我规则责任心是指幼儿不应该期望通过被提醒而能对自己的事情负责;(3)持续责任心表现为即使其他幼儿愿意替幼儿解决问题,幼儿仍认为这是自己的事,应由自己负责。②

我国研究者把幼儿责任心的发展划分为强制性责任水平、半理解责任水平、原则的责任水平三个阶段。(1)第一阶段的幼儿常常把某一任务的责任看成是毫无疑问地必须去完成的,他们重视的是成人的外在要求和标准。如"妈妈让我这样说的"。强制性责任水平一般在小班幼儿中比较多见。(2)第二阶段的幼儿逐渐摆脱了成人权威的约束,在一定程度上是基于对责任的理解,基于责任对他人、集体、社会的重要性而做出判断,但这种理解尚不全面、深刻,还没有成为信念。半理解责任水平是幼儿责任心从外部标准向内部价值标准转化的一个必经阶段。(3)第三阶段的幼儿基本摆脱了对成人权威的畏惧,不仅估计到不负责任的后果,而且还考虑到它间接的、长远的影响。这时个体的责任心已内化为自身的价值标准,不易受外界因素的干扰。部分大班幼儿具有此种水平,如"抢别人玩具是不对的"。

国内还有学者在对幼儿责任心的发展进行研究后认为:幼儿责任心的发展随年龄的增长而提高;除在过失责任心方面,大班是发展的关键年龄,在责任心的其他方面,中班是发展的关键期;幼儿责任心发展不存在显著的性别差异;任务责任心、自我责任心、承诺责任心是3—6岁幼儿责任心的主要表现形式,他人责任心、集体责任心、过失责任心是次要表现形式。③

(四)影响儿童责任心发展的因素

儿童责任心的发展不是一朝一夕形成的,既受儿童自身发展的影响,也与教育和外部客观环境密切相关。儿童自身的发展(包括他们的知识水平、品德水平,以及他们实践活动的性质、范围和水平)制约着儿童责任心的发展水平。调查发现,儿童责任心水平与其认知、言语、操作能力等都高度相关。④ 国外研究者通过对儿童的失控行为、责任回避以及心理理论三者之间关系的研究发现,儿童的心

① 中国心理学会发展心理专业委员会.发展心理教育心理论文选[C].北京:北京师范大学出版社,1985.

② Pamela M. Warton & Jacqueline J. Goodnow. The Nature of Responsibility:Children's Understanding of Your Job. Child Development,1991,vol 62 (1):156—165.

③ 庞丽娟,姜勇.幼儿责任心发展的研究[J].心理发展与教育,1999(3):12—17.

④ 姜勇,陈琴.中班幼儿责任心水平影响因素的协方差结构模型分析[J].心理发展与教育,1997(2):24—28.

理理论与责任回避中缺乏自责因素有正相关。这说明儿童责任心发展水平受其社会认知发展水平的影响。[①]

客观因素主要是家庭、学校、教师、同伴对儿童责任心的影响。家庭是一个人社会化的首要场所。有不少研究者认为在儿童责任心的发展中,父母的因素是第一位的。研究发现,幼儿责任心发展水平主要受其父母的年龄、学历、从事的工作性质、业余主要活动因素的影响,此外还与幼儿的家庭结构类型、家庭人际关系、家庭住房特点和家庭亲朋交往频率等因素有关。[②]但是近几年随着群体社会化发展理论的提出,人们开始关注教师与同伴的作用,在幼儿园的中、大班,教师与同伴对幼儿的影响甚至超过和取代了家长的作用。姜勇和陈琴通过实验对中班幼儿责任心发展进行了研究,发现的确是教师和同伴的影响更大一些。[③]因为随着幼儿"向师性"倾向的发展,幼儿心目中的权威人物已由家长转向教师,而且在幼儿园中与同伴交往的时间和机会增加,为幼儿的互相模仿、学习提供了更多的可能性和空间,这使得幼儿能从同伴那里模仿、学习到新的事物。

二、培养幼儿责任心的活动目标与设计

(一)培养幼儿责任感的活动目标

责任心的培养一般是从小就开始的,但制定幼儿责任心的活动目标还是需要考虑幼儿的生活经验与能力发展水平,尽可能结合幼儿的一日生活来制定。相对来说,小班幼儿的责任心要求更具体,大班幼儿的责任心要求相对抽象。具体目标如下:

小班:在成人提醒下,爱护玩具和其他物品。

中班:知道接受了的任务要努力完成。在提醒下,能节约粮食、水电等。

大班:能认真负责地完成自己所接受的任务。爱护身边的环境,注意节约资源。

(二)培养幼儿责任感的活动设计

根据责任心的内容,幼儿的责任心可分为自我责任心、他人责任心、集体责任心、承诺责任心、过失责任心和任务责任心六个维度。这表明幼儿责任心是一个多层次、多维度的复杂系统。无论是幼儿的哪种责任心都表现为责任认知、责任感和责任行为三个方面,其中责任认知是基础因素,责任感是动力因素,责任行为是落实因素。所以在设计活动时,可以责任心的这三种表现形式为角度设计教育活动,促进幼儿责任心的全面发展。同时我们要注意到,责任心的三种表现形式

①　Jon Sutton & Michelle Reeves & Edmund Keogh. Disruptive behaviour, avoidance of responsibility and theory of mind. British Journal of Developmental Psychology, 2000, vol 18 (1):1—11.

②　李洪曾. 幼儿社会责任心的现状及其影响因素的研究报告(下)[J]. 山东教育, 2002(30):11—13.

③　姜勇, 陈琴. 中班幼儿责任心水平影响因素的协方差结构模型分析[J]. 心理发展与教育, 1997(2):24—28.

是相辅相成的有机整体,缺一不可,只有把这三方面的教育看作是一个有机的、统一的整体,才能保证幼儿责任心培养的整体性、全面性和有效性。

活动设计也可从儿童责任心发展的特点入手。责任心在小、中、大班各有其发展的水平和特点:小班幼儿的责任心主要表现为服从教师、家长的要求;中班幼儿已能够认同教师、家长对他们的责任要求;部分大班幼儿的责任心已内化为自己的行为标准。根据幼儿责任心发展从外在要求到内化品质的特点,小班幼儿责任心的培养应重在责任行为的训练,中班重在提高幼儿的责任认知,大班重在培养幼儿的责任情感。

案例　遥控车不见了(小班)

设计意图

儿童期,幼儿会出于喜欢别人的东西,或急需的东西别人有而自己没有,或是对别人的新鲜物品比较好奇等原因,而随便拿别人的东西,或翻别人的东西,这种行为虽然不能定义为"偷",但也是一种不负责任、很没有礼貌的行为。但是,刻板强硬的说教式教育对年龄小的幼儿,特别是小班幼儿未必有效,所以设计这次活动,以一个有趣的木偶剧表演,通过贴近幼儿生活的故事情节吸引幼儿的注意力,引起幼儿的兴趣,从而达到教学的目标。

活动目标

1. 知道不经允许不应该拿别人的东西。
2. 借用他人的物品,知道应该及时归还。

活动准备

小乌龟、小白兔、小老鼠、大熊手偶各一个,玩具遥控车、情境挂图2张。

活动过程

一、表演木偶剧,激发幼儿兴趣。

指导语:今天,老师给大家表演一个有趣的木偶剧,名字是《遥控车不见了》。

小乌龟出场:高高兴兴地来到幼儿园,因为它今天带来了一个新玩具,就是爸爸昨天给它买的遥控车,是一辆红色的吉普车。小白兔、小老鼠出场:看到小乌龟带来了新玩具,也特别喜欢这辆酷酷的玩具车,就跑过来跟乌龟一起玩。自由游戏时间结束了,大熊老师让小朋友们把自己的玩具都收拾好,小乌龟小心翼翼地把自己的遥控车放回了书包里。放学时,小乌龟要收拾它的书包准备回家了,可是,它发现自己的遥控车不见了! 它坐在小椅子上伤心地哭了……你们觉得小乌龟的遥控车去哪了?(让一位小朋友说一说自己的想法。)

二、揭晓谜底、验证猜想。

教师继续表演故事的后半部分。原来是小白兔拿走了乌龟的遥控车,因为它也特别喜欢这辆车,想拿回家里玩,在小乌龟问小白兔有没有看见遥控车的时候,小白兔低着头说:"我也没看见。"大熊老师知道这件事后,就把小白兔叫到身边,跟它说了几句悄悄话。结果,小白兔就主动走到小乌龟身旁,跟小乌龟说:"对不起,是我拿了你的遥控车,我不应该拿你的车的。"

指导语:请你猜一猜,大熊老师跟小白兔说了什么?请小朋友自由发言。(没有经过允许拿别人的东西是不对的,拿了要知道归还。)

三、请你来支招。

指导语:小白兔确实很喜欢小乌龟的遥控车,想再多玩一会儿,可是它不知道怎么做,想请咱们班的小朋友给它出主意,想办法。

回答1:小白兔可以让爸爸妈妈也给它买一个。

回答2:小白兔可以跟小乌龟说,借它玩一会儿。(如果想玩别人的玩具,应该先有礼貌地问对方,可不可以借自己玩一会儿,玩了之后要尽快地还给对方。)

回答3:小白兔可以拿自己的玩具和它的遥控车交换。

四、看一看,说一说。

挂图1:小明可以把小江的新皮球带回家玩吗?为什么?他应该怎样做?

别人的东西即使自己特别需要,特别想玩,也不能随便拿走,因为这东西不是自己的,如果想拿走,必须得到主人的允许,玩完后还要及时归还。

挂图2:小秋做得对吗?他应该怎样做?

向别人借东西时,不仅要得到主人的允许,用完后还要及时归还,否则会让主人着急,给主人添麻烦。

活动延伸

组织幼儿从家里把自己喜欢的玩具带到幼儿园来,和小朋友一起玩,在实际的交往中逐步培养幼儿正确的行为习惯,养成健康的个性品质。

领域渗透

活动结束后,可以请小朋友自己来表演故事,可以用木偶,也可以是角色扮演,在愉悦的游戏氛围中加深对教学内容的理解和掌握。

(案例提供:东北师范大学教育学部　贾慧慧)

案例　今天我是值日生(中班)

设计意图

幼儿进入中班阶段,逐步从关注自我扩展到关注同伴和集体,开展值日生活动,有利于帮助幼儿理解自己与同伴之间的关系,感受自己在集体中的作用,激发为集体服务的愿望,并初步学习如何与同伴共同协商。活动通过观看视频、讨论、操作、练习,让幼儿在已有经验的基础上,理解值日生的含义,了解其职责。在尝试选择劳动任务时运用二维表,在社会活动中渗透数学策略,让幼儿不仅丰富了选择和记忆劳动任务的策略,而且知道了如何用数学知识解决实际的问题。

活动目标

1. 了解值日生的含义,知道值日生是轮流为大家服务的人,有为大家服务的美好愿望。初步确定班级值日生的劳动内容。

2. 学习观察二维表"今天我是值日生",理解表中图标的意思,学习在二维表上插牌选择和明确劳动内容。

3. 能根据自己选择的内容劳动,并坚持完成。

活动准备

1. 经验准备:带领幼儿观看大班幼儿做值日生的情景。

2. 物质准备:视频"大班值日生的一天"、值日生劳动表、值日生插牌(用幼儿照片制作)、劳动抹布若干、水壶。

活动过程

1. 通过谈话引导幼儿回忆有关"值日生"的经验,产生观看视频的兴趣。

指导语:(1)前几天我们去看了大班的哥哥姐姐在劳动,他们都是谁呢?

(2)什么是值日生呢? 值日生为大家做了哪些事情呢?

(3)除了你们说的这些事,值日生还能为大家做什么事呢? 我们一起来看一段录像。

2. 带领幼儿观看视频,引导幼儿进一步了解值日生在值日的这一天里都要为大家服务。

指导语:(1)你们看到值日生还为大家做了哪些事情呢?

(2)现在中班小朋友也能为大家服务了,今天我们就来学做值日生。

3. 引导幼儿观察值日生表,理解图标的含义。

指导语:(1)刚才我们说了这么多事情,怎么能记得住呢? 老师这里有一张表格,我们一起来看看。

(2)我们先来看第一横排,上面有哪些是值日生要做的事情? 你能看懂吗?

(3)一个星期有五天,我们有这么多的小朋友,怎么分工呢? 表上的星期一、星期二在哪里呢? (逐一指读竖表内容)

(4)要想知道谁做哪件事情,怎么办呢?

4. 引导幼儿学习用插牌的方式在表上选择任务。

(1)教师用手指着二维表中间的插袋向幼儿介绍。

指导语:这里有一个个的小袋子,老师这里有你们的牌子,把牌子插在袋子里,插在哪里就表示你是星期几值日,需要做什么事情。一个袋子里只能插一张牌子。

(2)引导个别幼儿示范插牌。

指导语:①谁想上来试试? 你是第几组的? 星期几值日? 插在哪一排上?(幼儿用手指出)

②你想做什么事情? 插在哪里?

教师用手指出横向和纵向的内容,引导幼儿共同检查。

(3)请第二位幼儿上前插牌。

指导语:你是星期几的值日生? 需要做什么事? 请你大声地向我们介绍。

(4)请幼儿分组插牌,每人选一项任务。教师引导幼儿观察选择结果,发现漏选或重复选的,引导幼儿通过讨论进一步了解"不能选重复,每件事都要有人做"的要求。

5. 引导幼儿根据自己选择的内容进行劳动,教师观察幼儿是否按照自己选择的内容劳动,并进行适当指导。

6. 小结值日生劳动,进一步激发幼儿做值日生的愿望。

指导语:我们早上要为大家服务,所以值日生要早早地来幼儿园,才可以既能为大家服务又能锻炼身体。

(案例提供:南京市北京东路幼儿园　俞燕婷)

案例　节约用纸小卫士(中班)

设计意图

节约能源是我们每个人的责任,环保节约型社会的建立需要我们从身边一点一滴的小事做起。纸在我们生活中随处可见,在幼儿园经常能看到这样的现象:美工区的小朋友在一大张画纸上涂一点颜料就要求换另一张纸;上厕所的时候带大量的手纸,有的小朋友甚至把干净的手纸扔到马桶里冲走;用过的废旧纸张随手丢弃,被当作不可回收利用的垃圾处理……浪费纸张的现象比比皆是。所以,设计这一活动,让小朋友知道纸在我们生活中的意义,从小树立环保意识,知道节约能源是我们每个人的责任。

活动目标

1. 了解和认识纸在我们日常生活中的作用和意义。

2. 知道在日常生活和学习中如何节约用纸,利用废弃纸张。

3. 树立节能环保意识,愿意做节约用纸的环保小卫士。

教师和幼儿共同收集各种各样的纸和纸制品,如包装纸制品(纸筒、纸盒、纸袋、纸箱)、包装用纸(卡纸、瓦楞纸、牛皮纸、锡箔纸)、办公用纸(打印复印纸、彩喷纸、绘图纸)、生活用纸、餐饮纸品。幼儿浪费纸的一些视频或图片。

一、展示各种各样的纸,自然导入。

指导语:课前,老师和大家一起收集了各种各样的纸和纸制品,现在我们一起来看一下,它们都是哪些纸?

1. 简单认识各类纸和纸制品。

比如纸筒、纸袋、瓦楞纸、锡箔纸、彩喷纸、卫生纸,知道生活中有各种各样的纸,纸和纸制品随处可见,让小朋友知道我们的生活与"纸"分不开。

2. 了解纸的作用。

指导语:生活中有各种各样的纸,纸可以用来干什么?

幼:白纸可以用来画画,还可以折纸;纸可以做成风筝;墙纸可以装饰家;外卖的薯条是用纸盒子装的;卫生纸可以擦鼻涕……

指导语:纸的本领可真大呀! 小朋友们说了这么多纸的用处,如果我们生活中没有纸会怎么样? 所以说,纸是非常珍贵的,小朋友要懂得节约用纸。老师带来了视频、图片,你们来讨论一下视频、图片中的小朋友的行为对吗? 为什么?

二、观看视频、图片,说一说他们的行为对吗?

1. 画面一:一个小朋友在画画,第一张画还没有完成,就向老师要了第二张纸,结果没画几笔又把纸扔在了旁边,拿了一张新纸开始画画,半个小时的区域活动时间中,他一共用了五张纸,可是没有完整地画好一幅画。

指导语:画面中这位小朋友的行为对不对? 为什么? 应该怎么做?(不能浪费纸,每张纸都要尽量画完;画完一幅后再拿新纸画另一幅画。)

2. 画面二:盥洗的时间到了,小朋友们轮流上厕所,一个小男孩拿了手纸上完厕所后并没有用完,但是把它扔到了马桶里用水冲走了。

指导语:看完这个画面后大家有什么想法呢?

上厕所或者擦手、擦鼻涕的时候,带适量的手纸(教师尽量根据班级情况规定一个标准),如果没有使用,要放回原处留着下次使用,或者给需要的小朋友用。

3. 画面三:手工区的桌子上放有白纸、废旧报纸、广告纸、彩色卡纸、剪刀等材料和工具。一个小朋友正在用白纸折一架飞机,另一个小朋友在彩色卡纸中间剪一个图形,还有一个小朋友在用其他小朋友丢弃的"废屑"剪一个小圆。

指导语:你认为哪个小朋友做得最好? 为什么?

可用废旧报纸折纸,剪图形可以选不同大小的纸,剪的时候要从边缘开始剪,用过的废纸也可以收集起来再利用。

三、集体讨论,制定班级节约用纸规则。(以下规则可参考)

1. 用过一面的纸,还可以用背面来练习画画。可用报纸、用过的复印纸、画报纸替代部分画纸。

2. 剪小图形用小纸,剪大图形用大纸,剪图形时从纸的角落或边缘开始。

3. 利用废旧纸盒、纸杯做手工或者游戏材料。

4. 把马路上和公园里扔的广告纸、旧日历收集起来送到废品回收站。

5. 把废旧报纸收集起来再利用。

6. 不用一次性纸杯、筷子、餐盒。

指导语:制定好的规则需要我们大家共同遵守、互相监督。如果有的小朋友被发现没有遵守我们今天制定的这个节约用纸规则,那就会受到相应的"惩罚",而合理使用纸张的小朋友则会受到表扬和奖励。希望每个小朋友都自觉遵守规则,争做节约用纸的小卫士,好不好? 那我们除了节约用纸,还应该节约什么?(节约粮食、节约用水、节约用电)

活动延伸

动手做一做,用我们收集的纸制品做一个班级废纸收纳箱。将节约用纸的行动贯穿到我们以后的生活和学习中,不断巩固和强化环保意识和行为。

领域渗透

运用各种废旧的纸制品布置主题墙,增设"废纸创意区"展板,展示教师、小朋友和家长收集和制作的相关资料和作品。

(案例提供:东北师范大学教育学部 贾慧慧)

案例 地球清洁工(大班)

设计意图

环保关系着国家的可持续发展,在我国,环保已被列为一项基本国策。幼儿园社会教育的目标之一是要培养幼儿初步的环保意识。大班幼儿对生活中一些环境污染现象已有一定的感受和了解,也掌握了一些动植物的特性和功能。此次活动就以幼儿熟悉的动植物为切入点,引导幼儿形象地了解动植物在大自然中的清洁作用,激发小朋友保护动植物、热爱地球的责任感。

活动目标

1. 了解海鸥、鲫鱼、乌鸦、蚯蚓、树等动植物对环境的清洁作用。

2. 有爱护动植物的意识和责任感。

1. 大猩猩、海鸥、鲫鱼、乌鸦、蚯蚓，以及树（榆树、杨树、柳树）的图片。

2. 地球公公哭泣的图片和地球公公笑脸的图片各一张。

3. 环境受到污染的图片。

活动过程

一、出示图片，引出话题。

1. 出示地球公公哭泣的图片。

指导语：地球公公怎么啦？他为什么难过呢？我们来看一下。

2. 展示环境受到污染的图片。

图 7-2　　　　　　　　　图 7-3　　　　　　　　　图 7-4

3. 教师对一些主要的环境污染现象做一个简单的介绍，让小朋友对环境污染有一个大概的了解。

指导语：这些浓烟大部分是来自工厂，像发电厂、化工厂，还有我们平时乘坐的汽车排放出的尾气也会污染我们的空气；工厂废水没有经过处理就排放到江河湖泊中，还有人会把废弃物或者垃圾堆放在河边，污染了我们的水源；平时购物用的塑料袋，还有一些包装袋、快餐盒这些塑料制品被丢弃在道路两侧和风景区，污染了我们的环境。

指导语：现在小朋友们知道是因为被污染了，所以地球公公很伤心地哭了。环境保护站的小动物们看到地球哭了，特别着急，想出了一个好办法，我们来看看是什么办法呢？

二、听关于清洁工招聘会的故事，解决问题。

指导语：环境保护站的站长大猩猩想到的办法就是招聘一些清洁工，这些清洁工可不是我们在马路上看到的叔叔阿姨，它们是一些小动物和花草树木，我们去看看有哪些动植物来报名参加这次招聘会呢？

1. 分别出示海鸥、鲫鱼、乌鸦、蚯蚓的图片。

指导语：应聘者是什么动物？你们觉得它们适合做地球的清洁工吗？说出你的理由。

儿童群体生活与社会行为规范

2. 教师讲故事。

指导语：听听这几个小动物是怎样介绍自己的。

3. 出示榆树、杨树、柳树的图片。

看着小动物们各个都被聘为地球清洁工了，一直在旁边等待的榆树也不甘示弱，跟主考官介绍自己的本领："我的绿叶会吸收掉空气中的灰尘和有害气体，并呼出氧气，给人们提供新鲜的空气。我做空气清洁工最合适。"榆树旁边的杨树、柳树也急着说自己可以净化空气、美化环境，还可以减少噪音，要和榆树一起做空气清洁工。

"行，当然行！"大猩猩一一记下了它们的名字，对大家说："你们都是合格的地球清洁工。有了你们，地球的环境一定会变得更加美好！"

三、模仿游戏。

让小朋友模仿海鸥、鲫鱼、乌鸦、蚯蚓和树的动作，表演这些动植物是如何做地球清洁工的。

教师小结：正是有了这些地球清洁工，才使我们的地球回到了原来干净漂亮的样子。你看，地球公公终于开心地笑了。（出示地球公公笑脸的图片）所以，我们是不是应该爱护这些动物和植物呢？

四、联系生活，发散思维。

保护地球公公的只有这些动植物吗？动脑筋想一想，我们周围还有谁也会保护我们的环境？（环保工人）

活动延伸

地球上有这么多"清洁工"，那么我们是不是也应该为保护地球公公做些什么呢？你打算怎样来清洁地球？把你的想法跟小伙伴或者爸爸妈妈、老师交流分享，可以说一说、画一画、写一写。

领域渗透

此次活动通过一篇科学小品文形象化地向小朋友介绍了几种动植物在清洁地球环境方面的不同本领，以讲故事的形式说明了动植物在保护地球生态环境方面所起的巨大作用，反映了动植物和人类之间的密切关系。通过幼儿自己的表演和模仿激发他们对动植物的喜爱之情，唤起爱护动植物，保护地球的意识和责任感。

故事内容

地球的清洁工 [①]

动物环境保护局要招收一批清洁工。听到这个消息，很多动物争先恐后地跑

---

① 改编自冀教版语文教材第三册课文。

来报名。

主考官大猩猩问："请说一说，你们都有些什么本领？"

海鸥第一个发言："我能把人们乘船时扔到海里的剩菜吃掉，我做海洋清洁工最合适。"

"我呀，生活在淡水河里"鲫鱼说，"河里的水草、水虫和垃圾是我最爱吃的食物，我做江河里的清洁工最合适。"

乌鸦走上前说："别看我的模样丑，我挺爱吃地上的蝇蛆、地蚕什么的，我做地面清洁工最合适。"

"我能吃掉地下的垃圾，再把它们变成肥料，让植物长得更茂盛。"蚯蚓说，"你们看，我做地下清洁工怎么样？"

"嗯，可以，可以。"大猩猩点点头。

这时，一个黑不溜秋的小家伙发言了："请写上我的名字。"

"你，屎壳郎？"乌鸦瞅了他一眼，"嘿嘿！小不点儿，你也想当清洁工？"

"是啊，我能把牧场上的牛羊粪滚成粪球儿，埋到地底下。我做牧场清洁工不行吗？"屎壳郎理直气壮地说。

"行，当然行！"大猩猩一一记下了它们的名字，对大家说："你们都是很合格的地球清洁工。有了你们，地球的环境一定会变得更加美好！"

（案例提供：东北师范大学教育学部　贾慧慧）

三、在日常生活和其他领域活动中培养幼儿的责任心

（一）在日常活动中让儿童了解自己应承担的责任

儿童主要的活动场所是家庭和幼儿园，要培养幼儿的责任心，首先应该要让幼儿明确自己的责任。罗伯特（Robert）等人的研究发现儿童能够承担责任，也应该让儿童承担一定的责任。[1]

幼儿在家庭中应该承担的主要责任有：能独立进行必要的自我服务劳动，如自己洗漱、穿脱衣服、独立进餐、如厕等；用完东西要放回原处，及时关掉水龙头，对父母或长辈提出的要求或分配的任务，能够认真完成；勇于对自己行为的后果负责，敢于承认过失并尽力改正。国外研究者主张让儿童承担家务劳动或照顾年龄小的孩子来培养儿童的责任心。[2]

①　Robert D. Strom & Harold W. Bernard. Educational Psychology. Brooks/Cole Publishing Company Monterey California, 1982:398.

②　Hetherington, Eileen Mavis & Parke, Ross D. & Locke, Virginia Otis. Child psychology: A contemporary viewpoint (4th ed.). New York: McGraw—Hill. 1993:593—594.

幼儿在幼儿园中应该承担的主要责任有：遵守幼儿园和班级制度，遵守生活常规，积极参加各项活动；与同伴友好相处，能帮助有困难的小朋友或照顾比自己小的弟弟妹妹；自己收拾玩具、学习用品；认真完成教师布置的任务，如值日生工作、天气预报、照顾植物或小动物等；爱护集体、园所环境，不乱堆纸屑、果皮，爱护花草树木等。国外研究者主张应赋予 3－6 岁幼儿一定的责任，教育他们学会负责，并针对 3－4 岁和 5－6 岁幼儿的身心发展水平及特点，分别提出了不同的教育措施。如：对 3－4 岁幼儿来说，应鼓励他们成为问题的解决者，表扬幼儿的负责任行为；而对 5－6 岁幼儿应允许他们从错误中学习，为幼儿布置工作任务，并通过文学和故事等教育幼儿学会负责。[①]

教师和家长要抓住生活中点点滴滴的教育契机，培养幼儿的责任心。如：在区域活动中，某个小朋友把玩具材料扔得到处都是，教师便可以让小朋友讨论这样做对不对？为什么？应该怎样做？以发生在幼儿身边的事情为素材，引导幼儿认识社会中每个人都应该承担各自的责任。不同工作岗位上的叔叔阿姨认真负责，才给大家的生活带来了方便和舒适，像医院的医生、护士，马路上的警察、清洁工，幼儿园里的教师等等。

(二)榜样示范,让幼儿懂得怎样负责

教师和家长应以身作则，潜移默化地"告诉"幼儿哪些行为是负责的，哪些不是。父母尊重、关爱老人，孩子就会模仿给自己的妈妈拿拖鞋、搬椅子，帮爷爷奶奶捶背等。父母或教师犯了过错，应向他人（包括幼儿）表示真诚的歉意，并及时改正，这种勇于承担过失的态度和勇气会给孩子做出正确积极的榜样，赢得孩子的信赖。若家长或教师在孩子面前表现出对某人某事的不满，发牢骚，孩子也会学着挑剔别人，推卸自身的责任。成人任何不负责任的言语或行为都会给幼儿带来消极负面的影响。

(三)提供环境,给幼儿负责的机会

父母或长辈毫无原则的溺爱与过度保护会剥夺儿童负责任的机会。孩子是非常愿意做事情的，如擦桌子、打扫卫生、分发碗筷，家长在幼儿表现出做事的意愿时，应给予肯定和鼓励，给幼儿做家务、自我服务腾出空间，给幼儿规定一些家务劳动并提出质量要求，逐渐树立幼儿的责任意识。创设民主型的家庭生活氛围，尊重幼儿在家庭中的权利和地位，提高幼儿参与家庭事务管理的意识和承担家庭责任的自觉性，增强对自我责任和家庭责任的认知和行为能力。

---

① Miller, S. A. & E. B. Church. Learning to be responsible. Scholastic Early Childhood Today, 2001 (15):32－35.

(四)通过教学活动培养幼儿的责任心

教师设计的有组织、有计划、有目的的教学活动是培养幼儿责任心的有效载体和途径。作为教师,可以将责任心的培养渗透于幼儿园各个领域的活动中。如:音乐活动"不再麻烦好妈妈"(歌词:妈妈,妈妈你歇会吧,自己的事儿我会做了,自己穿衣服呀,自己穿鞋袜呀,自己叠被子呀,自己梳头发呀……)让幼儿在音乐中感受自己的成长,认识自己的责任;社会领域活动"刷牙",通过学习刷牙的方法,让幼儿养成饭后漱口刷牙的好习惯,培养幼儿的自我责任心;"轮流玩"也是一个培养幼儿学会等待,遵守承诺,对自己的言行负责的活动;体育活动"运西瓜",以分组比赛的形式来激发幼儿的集体责任心,每个人都应尽自己最大的努力为集体争光;语言类的活动,如讲故事《拔萝卜》、学儿歌《快乐娃娃》,也可以以主题活动的形式来开展幼儿责任心的教育,如以"节约"为主题,讲述《小水滴在哭泣》的故事,也可以角色扮演故事中的人物,还可以参加社会实践活动。

第八章 具有初步的归属感

著名幼儿教育家张宗麟先生在《爱国主义教育在幼稚园》一文中指出："爱国主义教育不但在幼稚园可以进行，而且应该在幼稚园时代开始；但是必须先做到教师对爱国主义要有正确的认识。"爱国主义是我们对祖国的一种最深厚的特殊感情，必须从小就进行培养。从幼儿心理发展角度看，学龄前幼儿的思维特点是具体性和形象性。这个阶段幼儿的情感处在不稳定时期，感情易冲动，易外露，空的理论教育对于幼儿不易理解和接受。因此，家长和教师要把爱国主义教育具体化，应以情感教育为主，从教育幼儿爱自己的家庭、爱幼儿园和爱家乡开始，逐步引导他们爱国旗、爱祖国。

第一节 幼儿园爱家、爱国活动

一、幼儿园爱家、爱国概述

教育最根本的目标和任务首先是培养身心健全的人。身心健全的人首先必须具有良好的情感素质。幼儿情感的早期培养是培养一个人良好情感素质的关键，有着重大的意义。幼儿情感的发展是一个长期的、积累的过程，它必须在共同的教育目标指引下，充分发挥家庭、幼儿园、社会的作用。[①] 幼儿有关爱的情感发展脉络与其社会化发展进程一致，以对父母长辈、对老师、对同伴的爱为基础，进而发展到对集体、对家乡、对祖国的爱。[②] 因此，幼儿爱家、爱国的教育不仅是一个潜移默化的过程，还是一个循序渐进、由点到面、由易到难、由浅入深的过程。《幼儿园教育指导纲要》明确指出"爱父母长辈、老师和同伴，爱集体、爱家乡、爱祖国"是社会领域的教育目标之一。其教育内容与要求包括"充分利用社会资源，引导

---

① 林倩，钟晓红.促进幼儿情感教育的几点思考[J].江西广播电视大学学报,2007(4):71—73.
② 廖贻.把握核心要素激发爱国情感[J].幼儿教育,2009(9).

幼儿实际感受祖国文化的丰富与优秀,感受家乡的变化和发展,激发幼儿爱家乡、爱祖国的情感"。

(一)儿童对家庭的热爱之情

培养幼儿对家庭的热爱,不仅关系到一个家庭和睦氛围的营造,而且还能为幼儿爱他人、爱祖国、爱人民奠定良好的情感基础。幼儿对家庭的爱起始于对家庭中成员的爱,尽管幼儿与家庭中的其他成员朝夕相处,但并不意味着幼儿能自然而然地习得对他人的爱。尤其是在当今许多独生子女的家庭中,有的家长不正确的教育教养方式,对幼儿过度地迁就和溺爱,把幼儿当成家中的"小太阳",造成幼儿以自我为中心,只懂得"接受爱"而不懂得如何"表达爱"和"施予爱"。因此,我们有必要从小培养幼儿对家庭及家庭成员的爱,让他们懂得"爱不仅仅是接受,爱还应包括给予"。此外,儿童对家庭的爱,还包括幼儿喜欢家庭环境、家庭氛围,他们对家庭心存眷念,这种情感不会被家庭的物质条件所决定,不会因家庭贫富状况的转变而更改。

相关研究表明:3—4 岁幼儿对爱的理解主要是和父母有关的爱,这一阶段的幼儿能用简单的肢体语言表达爱的情感;4—5 岁幼儿已经能够理解朋友间的友爱,这一年龄段的幼儿爱的对象不再仅仅限于父母,而是扩展到了其他家人、幼儿园的教师和小朋友,并且这一年龄段的幼儿喜欢用举例子的方式来表达自己对爱的理解;5—6 岁的幼儿已经能够区分爱的"给予"和"接受",并且有了明显的性别意识,更加具有爱心,能够体会他人的情感。[①]

因此,根据学前儿童身心发展规律,家长和教师在培育过程中,首先应给予幼儿爱和关怀,给其以情感体验,让幼儿能感受到他人的爱,形成安全的情感依恋,这是开展教育和实施情感培育的基础。其次,家长要为幼儿营造安定和谐的生活氛围,让幼儿能在和睦的家庭中健康茁壮地成长,在此过程中还要给幼儿提供施予他人爱和关怀的机会,让幼儿在体验爱、感受爱的同时还要施予爱,懂得感恩他人的爱。在这样的家庭环境中,有利于形成幼儿与家长间互尊互爱的、良好和谐的亲子关系,不仅有利于培养儿童对家庭环境及其成员的喜爱,还有利于幼儿将这种爱延伸为对他人、对祖国、对人民的爱。

家庭成员之间互敬互爱的情感、父母榜样的力量对幼儿起着潜移默化的作用。因此在家庭里,父母应当规范自己的言行举止,引导幼儿共同创造一个民主、和谐、文明、礼貌、充满友爱的现代家庭环境。此外,父母与幼儿还应在情感上进行双向交流,培养他们尊敬长辈,热爱自己的父母和家庭。苏联教育家苏霍姆林斯基说得好:"如果一个孩子连他的妈妈都不爱,他还会爱别人、爱家乡、爱祖国

① 母远珍,王弟.3—6 岁幼儿"爱"概念的发展研究[J].现代教育科学,2011(4).

吗？爱自己的妈妈这么容易懂、容易做，而且为日后进行爱祖国的教育打下基础。"①

（二）儿童对祖国的热爱之情

古今中外，爱国主义历来被视为凝聚民族精神、动员和鼓舞人民团结奋斗的最鲜明的旗帜和牢固的精神支柱。任何一个民族，都应该有一个精神支柱，没有精神支柱的民族是无所作为的，甚至是要被历史淘汰的。离开了爱国主义，丢掉了爱国主义，一个国家就不成其为一个国家，一个民族就不成其为一个民族。没有了旗帜，没有了精神支柱，就无以立于世界民族之林，无以维护自己国家领土和主权的完整，无以维护祖国的统一、民族的团结和建设自己的国家。为此，任何国家和民族都十分注重对国民进行爱国主义教育。②

爱国主义是一个国家的广大民众对自己的国家的一种神圣崇高美好的感情，它蕴藏于广大人民群众的精神世界之中。人总是诞生在一定的国度里，生活在一定的民族中，国家和民族的社会环境不断培育着爱国主义情感，使其凝聚、升华。这种深厚感情包括：热爱自己的民族、热爱自己出生的土地；尊重自己民族的优良传统和共同语言；珍视自己民族的光荣历史和对人类所做的贡献；有强烈的民族自尊心和自豪感；忠于自己的祖国和人民，竭尽全力为祖国服务，必要时能够做到为祖国的利益而牺牲自己的一切。这种深厚的感情经过千百年的积累和传递，逐渐成为一个民族的崇高意识和文化传统的核心。③ 国内研究者曾指出："在动荡不安、前途未卜的世界上，国家利益成为各民族凝聚力的首要整合因素，爱国主义精神成为各个国家团结、动员民众，维护国家统一，促进社会发展的巨大精神源泉。"④

爱国主义不仅是人们千百年来形成的对自己的祖国和民族的深切热爱之情，是一个国家、一个民族的精神支柱和人们深层的政治和道德品质，而且是一种能胸怀世界、兼顾国际利益并能超越狭隘民族主义的爱国情感、行为、思想观念和精神。然而，这种爱国主义绝不是天然形成的、一蹴而就的，而是与长期的爱国主义熏陶和教育分不开的。所以，要弄清爱国主义教育的内涵，就要弄清教育的含义。

教育是人类社会中抚育新生一代的特殊的社会实践活动。爱国主义教育可定义为：一定社会的教育者，根据国家、民族或政党的要求，通过一定的教育内容、方法和手段，对受教育者施加有目的、有计划、有组织的爱国主义思想影响，培养人们的爱国主义情感，增强人们的爱国意识，引导人们开展爱国行动的一种教育实践活动。作为一种教育实践活动，爱国主义教育过程就是教育主体、教育客体、

---

① 方琴.怎样对幼儿进行爱国主义教育[J].雁北师院学报（文科版），1995（1）：77.

② 张新桥.中华民族爱国主义传统及其当代主题[D].石家庄：河北师范大学，2003.

③ 唐霞.中美爱国主义教育现状比较研究[D].北京：中共中央党校，2011.

④ 房宁.爱国主义教育需要以科学世界观、历史观为指导[J].北京社会科学信息，1996（13）：3.

教育介体和教育环体四个要素之间相互作用和变化发展的辩证过程,是不断解决四个要素之间矛盾运动的无限发展过程。从心理学角度出发,我们把在上述四个要素作用下的爱国主义教育,具体划分为三个递进发展并相互作用的过程,即激发公民的爱国情感、培养公民的爱国主义思想意识和引导公民的爱国行为。其中,激发爱国热情是基础环节,培养爱国主义思想意识是中心环节,引导爱国行为是结果和最终目标环节。爱国主义教育过程的三个层面构成了一个相互联系又相互促进的、连续的、循环发展的、螺旋上升的体系。爱国主义教育功能首先表现为对人们进行爱国的认知教育,继而才是爱国情感的培育和巩固、升华,最后才是促进人们的行为外显。由此,我们可以界定:爱国主义教育是一项塑造人的教育实践活动,其目的是通过爱国主义的意识形态理论灌输和陶冶、培养人们对祖国的情感,树立对祖国的信念和信心,产生爱国的行为并稳定成爱国的行为。这是从最基本层次对爱国主义教育内涵的理解。①

因此,教师与家长在对幼儿进行爱国主义教育的过程中,应给予幼儿爱国主义的认识,只有对祖国有了科学、客观的理解之后,幼儿才会萌发出对祖国的热爱之情,也为幼儿自觉实施爱国主义行为打下良好的基础。值得注意的是,在对幼儿进行爱国主义教育的时候,不能采取褒扬自己的祖国而贬低其他国家或种族的方式,不能陷入盲目的排外思想之中。

在教育过程中教师与家长应该认识到,对幼儿进行爱国主义教育与培养幼儿的国家认同感密切相关。国家认同感(或民族认同感、国家身份感)是人们对自己的国家成员身份的知悉和接受。一个人如果热爱自己的国家,首先表现在其知道自己生活在这个国家,知道自己是这个国家的一名成员,而且乐于成为自己所在国家的成员。国家认同感有一个从简单到复杂的形成和发展过程。在人们的幼年时期,儿童的国家认同感只是认识到自己国家的存在,把自己看成是自己国家人群中的一分子。而成年人的国家认同感,内容更加丰富,体验也更加复杂,高级社会情感在其中占有更多的分量。由此,对儿童进行爱国主义教育,就应当充分认识到国家认同感发展的这一实质。②

在信息时代已经到来的今天,国与国之间的经济联系日益紧密,不同民族、种族、不同文化背景的人们交往日趋频繁。"地球村"的形成,使人类的生存环境越来越具有"公共"的性质,人类的相互依赖也在增多。因此,在全球化时代,应培养人们的全球意识,培养不同的国家、不同的民族之间的相互依存与合作意识,学会对不同文化、不同价值观念的相互尊重与宽容的态度,树立国际理解与国际竞争意识,提倡理性爱国。

---

① 唐霞.中美爱国主义教育现状比较研究[D].北京:中共中央党校,2011.
② 佐斌.论儿童国家认同感的形成[J].教育研究与实验,2000(2):33—37.

二、幼儿园爱家、爱国的活动目标与设计

(一)幼儿园爱家、爱国活动目标

幼儿的归属感培养主要体现在对家庭、家乡、祖国的热爱之情上,具体包括我爱我家、我的家乡真美丽、我们的国家等方面。相关目标如下:

1."我爱我家"活动目标:

小班:知道和自己一起生活的家庭成员及与自己的关系,体会到自己是家庭的一员。

中班:喜欢自己所在的幼儿园和班级,积极参加各种集体活动。

大班:愿意为集体做事,爱护自己所在集体的荣誉,为集体的成绩感到高兴。

2."我的家乡真美丽"活动目标:

小班:感受家庭生活的温暖,爱父母,爱长辈。

中班:能说出自己家所在地的名称,知道自己家乡的一些有名的物产和有趣的事物及故事。

大班:能说出自己的家乡和现在居住地的省、市、县(或区)名称,能感受到家乡的变化和发展。

3."我们的国家"活动目标:

中班:知道自己是中国人;尊重国旗,知道国歌。

大班:知道自己的民族,知道中国是一个多民族的家庭,各民族之间要互相尊重、团结友爱;爱祖国,为自己是中国人感到自豪。

(二)幼儿园爱家、爱国活动目标设计

对幼儿归属感的培养主要从爱家庭、爱家乡、爱祖国等方面展开。通常与相关领域活动如音乐活动、美术活动、语言活动等相联系,因此需要更多地融入相关主题活动(特别是相关节假日)中,以此吸引幼儿的兴趣,进而提高幼儿参与的积极性。

案例 我家有几口(小班)

设计意图

家像一个宁静的港湾,浓浓的亲情会使幼儿感到安全,得到温暖。家是共同生活在一起的人们的集合,孩子从出生起就和家人亲亲密密地生活在一起,幼儿在家里常常有着特殊的地位,是被宠爱、被保护的对象。然而作为一个独立的个体,孩子也应该学会感激、学会报答、学会关心、学会爱。让每一个幼儿从小成为和谐家庭中的一员,这也是让他们学习做人的一个良好起点。为此我们开展了

"我家有几口"的教学活动,教学中我们借助幼儿的全家福照片,让幼儿数数家里有几口人,说说家人是怎样关心自己的,通过给家人发奖品的方式激发幼儿爱父母、爱祖辈的情感,帮助幼儿学会用自己的方式表达对家人的爱。

活动目标

1. 知道自己家的人口数量及家庭成员的称谓。

2. 借助照片,说出家人对自己在生活和学习上的关心、爱护。

3. 知道要关心家人,为他们做力所能及的小事。

活动准备

1. 幼儿每人带一张自己家的全家福照片、一张家人关心自己的照片(外出游玩、喂药、讲故事等)放在椅子后面的布袋里。

2. 贴画每组若干,装在小筐里放在桌子中间,以及歌曲《好娃娃》。

活动过程

1. 幼儿观察"全家福照片",介绍自己的家庭成员数量及称呼。

(1)介绍家庭成员。

指导语:今天每个小朋友都带来了两张照片,请你先拿出全家福的照片,跟大家说说照片上的人是谁?

教师将幼儿的照片放在实物投影仪上让全体幼儿欣赏。

(2)知道家庭人口数量。

指导语:你们家的照片上有几口人?请你数数看。

教师引导幼儿在小组间相互欣赏照片,并数一数、说一说自己家有几口人。请3—5名幼儿在集体中交流。

2. 幼儿观察"家人关心自己的照片",感受家人对自己的关心、呵护。

指导语:你们每天都和家人生活在一起,家里人是怎么关心你的?我们一起来看看另一张照片。

(1)幼儿在小组中自由交流。

指导语:你的爸爸妈妈或爷爷奶奶是怎么关心你的,请你看着照片和旁边的小朋友说一说。

(2)幼儿在全班交流家人关心自己的事例。

指导语:谁来跟大家说一说家里的人是怎么关心你的?

(3)给家人发奖品。

指导语:家人每天都很关心你们,他们很辛苦,请你给家里每个人发一个贴画奖励他们吧。

请幼儿从桌上的小筐里取出一条贴画,给家人每人发一个。

具有初步的归属感

3. 幼儿相互启发,知道在家里要关心家人,做力所能及的小事。

指导语:家里人非常关心我们,那我们怎样关心自己的家人呢?

引导幼儿根据自己的生活经验说说自己是怎样关心家人的。

4. 演唱歌曲《好娃娃》,表达对家人的爱的情感。

(案例提供:南京市北京东路幼儿园　陈德玲)

案例　我家是个动物园(小班)

设计意图

日本大岛妙子的《我家是个动物园》是一本十分有趣的绘本,绘本内容充满了幽默的情趣,作者把家比作动物园,把家里的每个人都比作一种动物,并以特别的口吻介绍了自己的家人,语言诙谐幽默。绘本画面也抓住了幼儿对动物的喜爱这一特点,结合人与动物间的相似之处,将人物形象动物化。通过这个故事将幼儿已有的经验进行调动和组合,让他们愿意了解自己生活中最熟悉的家人,了解他们的父母及家人的喜好和生活习惯,感受家庭生活的温暖。

活动目标

1. 理解绘本中动物与人物的对应关系,了解祥太家人的特征。

2. 感受故事诙谐幽默的语言风格,能用简单的语言说出家人的特点。

3. 愿意了解父母及家人的喜好和生活习惯。

活动准备

1. 经验准备:幼儿已了解常见动物的特点(外形、习性等);幼儿知道家庭成员的称谓,了解自己的家庭情况。

2. 物质准备:PPT、故事图片、幼儿的全家福照片。

活动过程

一、图片导入,鼓励幼儿大胆猜想故事内容。

1. 出示祥太图片,激发幼儿兴趣。

指导语:今天教室里来了一位日本小男孩,我们一起用掌声请出他。

2. 出示其他图片,了解故事人物。

二、播放 PPT,幼儿感受故事的主要内容。

1. 教师边播放 PPT,边讲故事。

指导语:他们家住的到底是谁? 你还听到了哪些动物?

2. 教师引导幼儿对故事线索进行讨论。

指导语:你最喜欢他们家的哪个人? 为什么要把他(她)说成是动物呢?

支持幼儿在理解线索的基础上熟悉故事中诙谐幽默的语言结构。

3. 匹配动物与人物卡片,讨论二者的对应关系。

请幼儿说说故事里的"我"、爸爸、妈妈、爷爷、奶奶等家庭成员,他们像什么?教师提供相应的图片,对应地摆放在展示板上。

4. 再次欣赏故事。

讨论交流:你喜欢祥太的家吗?祥太家里真的有这些动物吗?你觉得他的家怎样?(指导语:原来祥太说我家是动物园,不是家里真的住着这些动物,而是指家里人像这些动物。祥太用这种方法在告诉我们,他们的家是一个温馨、快乐的家。)

三、幼儿了解自己的家人,并进行介绍。

出示全家福照片,请幼儿想一想在自己的家中,爸爸、妈妈、爷爷、奶奶等家庭成员,他们像什么?他们有哪些有趣的特征?

活动延伸

制作《我们班是个动物园》班级绘本。

故事内容

我家是个动物园

我叫祥太,是个小男孩。其实呢……我是只小猴子,最爱吃香蕉,爬树很拿手,也很会模仿别人。这是我爸爸,龙太先生。其实呢……他是只大狮子,最爱吃肉,不爱吃蔬菜。早上他脾气不太好,头发乱蓬蓬的,叫起来像狮子吼。这是我妈妈,明美女士。其实呢……她是只大浣熊,不管看到什么东西,都马上收去洗。有一次,妈妈差点连我也一起洗了。这是我爷爷,一郎先生。其实呢……他是只长颈鹿,个子高高的,散步的时候,我骑在爷爷肩膀上,看街上的风景在不停地变幻。这是我妹妹,茜茜。其实呢……她是只小白兔,总是竖起耳朵听别人说话。她很天真,很可爱,但吵架的时候,一定要小心她的踢人功。最后,介绍我的曾祖母,阿花老太太。其实呢……她是只猫头鹰,总是打着盹,半睡半醒。虽然她平常只会说"啊""嗯",只要和她在一起,大家都觉得很温暖、很祥和。她没有牙齿的嘴巴,笑起来呵、呵、呵的。我的家是热闹的动物园。有空请来玩,不收你的门票哦!

(案例提供:南京市第一幼儿园　叶雨)

案例　做月饼(大班)

设计意图

人们在过中秋时都有吃月饼的习俗,月饼最初是做祭品用的,后来人们逐渐

把中秋赏月与品尝月饼结合在一起,寓意家人团圆的象征。月饼最初是在家庭制作的,到了近代,有了专门制作月饼的作坊,月饼的制作越来越精细,馅料考究,外形美观,在月饼的外面还印有各种精美的图案。根据大班幼儿的年龄特点,他们有初步团、捏、搓的技能,有制作月饼的能力。这个活动能帮助幼儿和家长在做做玩玩中感受节日的气氛。

活动目标

1. 知道中秋节是我国的传统节日,初步了解月饼的含义,进一步了解中秋节的传统习俗。

2. 通过制作和品尝月饼,会用"先……再……最后……"描述制作月饼的过程。

3. 能注意倾听讲解,观看示范,体验和家人共同过节的气氛。

活动准备

1. 教师和学校家委会成员提前和烘焙工作室联系,并亲自到现场了解月饼制作的材料。教师可通过自己制作提前了解制作月饼的简单工序,商谈价格、确定烘箱数量等事宜。

2. 活动当天提前将所有的材料按人数分配好,放在一旁的桌子上备用。每人一份材料:小面团;将月饼馅按一组两种馅放在小盘中备用;模具分发到盘中。

3. 活动前确定烘箱的摆放位置,不能让幼儿触碰到,注意安全,避免烫伤。

活动过程

1. 调动已有经验,了解中秋节吃月饼的来历和寓意。

指导语:(1)今天爸爸妈妈要来和我们过一个什么节?

(2)中秋节我们要吃什么呢?

(3)中秋节为什么要吃月饼? 有什么意义呢?

(4)哪位爸爸妈妈知道,谁愿意来介绍一下呢?

2. 学习制作月饼。

(1)激发幼儿制作月饼的愿望。

指导语:你们吃的月饼是哪里来的呢? 月饼是用什么做出来的,是怎么做的呢?

教师介绍面点师,幼儿向面点师问好。

(2)面点师介绍制作月饼的工具和材料。面团、馅、制作工具用实物投影仪展示。

(3)面点师示范讲解,教师引导幼儿和家长观看制作的方法。

面点师演示制作方法:先将小面团搓圆,压扁成饼状,再将馅包在面饼的中间团成圆形,然后放在模具中压成月饼,放在写好名字的油纸上待烘烤。

在面点师讲解示范的过程中,幼儿和家长一起徒手练习操作。

重点观察月饼的馅是怎样包进去的,以及用模具压月饼的要点。

(4)回忆制作的过程,进一步明确要求。

指导语:月饼是怎样做出来的,先做什么,再做什么,最后做什么,谁来说一说?请个别幼儿和家长讲述。

请幼儿用语言给爸爸妈妈描述制作过程。

3. 幼儿和家长共同制作月饼,体验和家人共同过节的气氛。面点师和教师进行巡视。

(1)教师观察并指导幼儿。

幼儿选择一个自己喜欢的馅,在家长的帮助下包馅。

幼儿选择一个自己喜欢的模具,为月饼造型,观察压出的花纹。

(2)教师观察指导家长。

观察家长能否先看幼儿自己制作。

家长注意不要限制幼儿,不要太过于关注月饼制作的美观与否。

(3)家长配合面点师将做好的月饼放入烤箱烘烤。

4. 烘烤装袋,体验和家人共同制作月饼获得成果的幸福感。

(案例提供:南京市北京东路幼儿园　马岚)

案例　升国旗(中班)

设计意图

让幼儿从小萌发爱祖国、爱家乡的情感,通过让幼儿观看、绘画升国旗,增进幼儿尊敬国旗、爱祖国的情感。

活动目标

1. 知道五星红旗是我国的国旗,知道升国旗时要肃立、行注目礼。

2. 通过教师示范和讲解,初步学习背面人的画法。

3. 在绘画活动中,激发幼儿对国旗的崇敬精神。

活动准备

天安门升国旗的相关视频、黑色水彩笔每人一支、蜡笔、作业纸。

活动过程

1. 出示国旗,引起幼儿的兴趣。

指导语:这是什么? 是哪个国家的国旗?

2. 观看视频,知道升国旗的礼仪。

指导语:(1)天安门国旗护卫队的叔叔升国旗的时候行什么礼?(军礼)

(2)我们小朋友应该行什么礼?

教师小结:不同的人在升国旗的时候行不同的礼。小朋友在升国旗的时候应该行注目礼,眼睛要始终望着国旗,目光随着国旗冉冉升起。

3. 播放国歌,幼儿练习行注目礼。

4. 教师示范讲解"背面人"的画法。

(1)请一幼儿背对大家站立,引导幼儿观察背面人的特征。

指导语:当他背对着我们的时候,我们能看到他身体的哪些部位?

(2)教师示范,引导幼儿观察头部的绘画方法。

指导语:画一个背对着我们,头还抬着的小朋友。画头部的时候,先画好头发,再画眼睛和嘴,最后画耳朵。(见下图)

图 8-1 范画

5. 幼儿绘画,教师指导。

(1)指导语:你可以画一个人,也可以画两个人,你可以画男孩子,也可以画女孩子,看看谁画的背面人,能让我们一眼就看出是男孩子还是女孩子。

(2)提醒幼儿注意画面整体布局,保持画面整洁。

(3)提醒幼儿将用过的蜡笔及时放回蜡笔盒中。

6. 作品展览,引导幼儿讲述自己的绘画内容。

活动延伸

1. 在美工区引导幼儿用剪贴的方式制作国旗,巩固幼儿对国旗的认识,增进热爱祖国的情感。

2. 在音乐区播放关于国旗的歌曲,让幼儿跟随音乐自由演唱。

(案例提供:南京市北京东路幼儿园 刘晶)

案例 我的家乡南京(中班)

设计意图

通过请来专业的导游老师,为幼儿讲述家乡南京的风景名胜,让幼儿对南京的历史文化有进一步的了解。从引导幼儿回忆已有的经验,到由导游老师讲述更多有趣的南京故事,通过互动、倾听、讲述,激发幼儿对家乡的文化风俗进一步了解的热情,初步建立作为南京人的自豪感。

活动目标

1. 能说出自己家乡所在地的名称,知道家乡的一些有名的物产及有趣的历史故事。

2. 通过和导游老师的互动,欣赏观察图片,尝试从交流、倾听、观察中了解更多关于家乡的故事。

3. 对于家乡的故事感兴趣,注意倾听同伴的发言,敢于大胆表达,增强自己作为南京人的自豪感。

活动准备

1. 班级老师和导游老师共同备课。

2. 幼儿收集南京的特产,了解一些南京的风景名胜。

活动过程

一、导入:回忆经验,提出问题。

1. 介绍导游教师。

(1)指导语:今天我们请来了一位老师,谁愿意来问一问他应该怎样称呼?

(2)幼儿欢迎导游老师,请导游老师坐下。

2. 幼儿回忆已有的关于家乡南京的经验。

指导语:(1)我们班最近开展了有关"家乡南京"的活动,我们已经知道了一些南京的特产,南京还有一些好玩的地方,谁愿意讲给大家听听。

(2)你们去过南京这么多好玩的地方,那这些地方为什么这么有名呢? 好多的游客到了南京都要去这些地方玩一玩,为什么呢? 今天,我们就请导游老师给大家说一说这些好玩地方的有趣故事。

(3)为什么要请导游老师来说呢? 你们知道导游是做什么的吗?

(4)知道了这些故事,你们下次再去这些地方玩的时候,就可以告诉你们的爸爸妈妈,这个地方还有一个好玩的故事呢。所以,在导游老师讲的时候,大家可一定要认真看,仔细听。

二、导游老师与幼儿互动。幼儿通过看图片、听故事,增加更多关于南京风景名胜的了解。

1. 导游老师演示、讲解,进一步丰富幼儿关于家乡南京的认识。从以下几方面展开:

(1)南京的地理位置。(请幼儿指认)

（2）南京名字的来历。

（3）用以下几处名胜的故事作为参考：明孝陵的故事；玄武湖的故事；鬼脸城的故事；秦淮河的故事；中华门的故事。先请幼儿讲述自己对这几处名胜的了解，并在讲故事的过程中，请幼儿对一些相关内容进行猜测，与幼儿进行互动交流。

2. 教师引导幼儿回顾导游老师讲的内容，尝试用自己的语言讲述自己的收获。

指导语：（1）刚才导游老师讲了这么多有趣的故事，你觉得哪一个给你的印象最深？为什么？

（2）关于上面的几个好玩的地方，你还有什么问题想问导游老师？

三、提出新的问题，激发幼儿进一步探索家乡南京文化风俗的兴趣。

指导语：（1）刚刚导游老师上课之前，我们小朋友说了很多自己去过的南京好玩的地方，有些地方是今天导游老师没有说到的，但是这些地方一定也有好多有趣的故事，你们想不想知道呢？

（2）有机会，你们自己去通过各种方法找到答案，讲给我们大家听，好不好？

（3）幼儿和教师感谢、送别导游老师。

四、活动小结，激励幼儿对自己是一名南京人而感到自豪。

指导语：（1）南京是我们的家乡，南京有这么多好玩的地方、好吃的东西，南京真是一个好地方，大家都爱南京。你们觉得，自己作为一名南京人，有什么样的感觉？

（2）那我们今后一定要好好地爱护我们的家乡，保护家乡的环境，让家乡变得更美丽！

活动延伸

在日常生活中，鼓励幼儿爱护身边的环境和风景名胜，做一名合格的环境小卫士。

（案例提供：南京市北京东路幼儿园　尚蒙妮）

案例　大黄猫进城（大班）

设计意图

通过故事的引入，让幼儿开始关注自己生活的城市，发现城市中人们生活的环境都在不断地发生变化，感受城市的发展变化带给人们的便利之处。并通过变化前后的图片，从另一个视角激发幼儿感受自己生活的城市的发展变化，引发对自己居住城市的热爱。

活动目标

1. 知道自己居住的城市的名称，并能用较连贯的语言介绍自己居住的城市的风景名胜、特产等。

2. 通过讲故事、观看图片的方式感受城市的变化。

3. 体验城市的发展变化带给人们生活的便利之处。

活动准备

1. 请家长协助幼儿收集城市发展变化的图片、资料、地图，帮助幼儿了解城市的风景名胜、特产等。

2. 故事图片、两幅地图。

活动过程

1. 教师通过图片展示，初步了解城市的特点。

指导语：你们知道我们生活的这座城市的名称是什么吗？在这座城市里有哪些好玩的地方和好吃的特色小吃吗？

2. 教师讲述故事，让幼儿初步了解故事中城市的变化。

小猫为什么差点找不到小狗家？城市里有哪些变化？

3. 教师通过图片展示（居住城市的新旧图片，如居住环境、道路建设、人们的衣着服饰），帮助幼儿了解城市日益更新的变化。

指导语：我们的城市也在变化着，猜猜这是哪儿？

教师提升：原来这也是我们的城市，城市的马路变宽了，楼房越建越高，还建设了地铁、过江隧道等等，让我们的生活更加便利，以前人们出去玩只能走路、骑自行车，而现在可以自己开车也可以乘坐地铁，快速地到达目的地。

4. 教师通过展示新旧城市地图，帮助幼儿进一步感受城市的发展变化。

指导语：(1)故事里，小猫带着地图去找小狗，你们知道地图有什么用吗？有了地图，小猫为什么还是找不到小狗家？

(2)城市在不断地发展变化，地图也会不断地更新改变着，我们一起来看看新旧城市地图，看看你有什么发现。

5. 教师引导幼儿进一步拓展话题，说一说城市变化给生活带来的方便。

指导语：你喜欢城市的变化吗？为什么？

活动延伸

教师可以请幼儿用绘画的方式表现自己眼中的"城市的变化"；将幼儿、家长收集的新旧城市发展的各类图片、文字资料布置在教室的展板上，帮助幼儿进一步感受城市的发展以及带给人们生活的改变；在角色游戏中还可以尝试开展"我是城市小导游"的活动，通过"小导游"对城市图片的介绍，发现城市的美、城市的特点。

领域渗透

第2、4环节的设计渗透到科学领域"认识地图"，初步知道地图的作用，引发幼儿对地图上不同标记（如方位标记）的学习兴趣，并尝试学会看地图。

具有初步的归属感

故事内容

大黄猫进城

大黄猫和小狗是好朋友,大黄猫住在乡下,小狗住在城里。

有一天,大黄猫想念小狗,想去城里看望小狗。她想:"哎呀!好久没到城里去了,就带上小狗画的地图去吧!"

大黄猫进了城,站在蝴蝶路口惊呆了:"哇,城市变化多大呀!原来的小街变成了又宽又大的马路。"大黄猫也认不出来了,原来的旧车站变成了又大又漂亮的新车站。大黄猫真担心自己会迷路,她赶紧从车站出来,看着地图继续往前走。

她发现原来的稻田上盖起了一栋栋高楼大厦。"哇!大鸟街上新开了各种百货公司、餐厅和酒店,好热闹啊!""原来地图上的星星餐馆到哪里去了呢?"

大黄猫走啊走,来到了青蛙路。这时她看到了一所幼儿园和一个美丽的公园。她想:"这是地图上没有的呀,我会不会走错路了呢?"正在她担心的时候,忽然看到了那个熟悉的邮局。大黄猫记得小狗就住在邮局后面,她继续往前走终于看到小狗家的路标了。

总算见到了小狗,大黄猫对小狗说:"才几年的时间,城市真是大变样啦!我真害怕迷路呢!"

小狗看到大黄猫手上的地图,大声叫了起来:"大黄猫,这是过去的地图啦!"城市里每天都在盖新房、铺新路,旧地图当然没有用了。

于是,小狗又给大黄猫画了一张新地图。

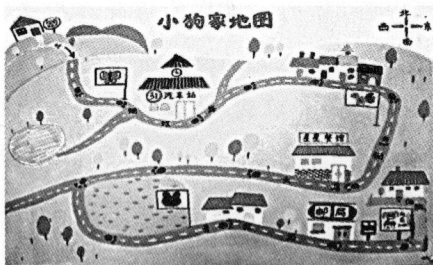 

图 8-2 旧地图　　　　　　　　　图 8-3 新地图

（案例提供:南京市游府西街幼儿园　张媛媛）

三、在生活与其他学科教学活动中促进儿童的爱家、爱国情感

不论是幼儿爱家还是爱祖国,其情感的培育都要从小开始。最佳期研究表明,少年时期是培育爱祖国情结的最佳时期,因为这阶段他们对民族文化的感受性和敏感性最强烈,而且体验具体,容易接受暗示。对父母的抚爱、教师的热爱、小伙伴的友爱和家乡的一草一木都具有强烈的感受性和细致的观察力。童年的

印迹容易刻骨铭心,转化为情结潜入于无意识之中,让人终生难忘。从小就给孩子创造温馨的环境、友爱的氛围,让他们从小就对生存环境产生强烈的愉悦感、幸福感和安全感,从中体验祖国的可爱、人民的可亲。在少年时代,让他们了解爱祖国情结文化中的历史故事以及爱国志士的榜样作用,教育效果更好。[①]

（一）家庭教育

家庭往往是幼儿接受启蒙教育的第一场所,在幼儿的成长过程中具有举足轻重的地位。家庭教育的特点在于它把父母家人有目的、有意识的教育同家庭日常生活的客观影响结合起来,具有长效性和潜移默化性。家庭是爱国主义教育不可缺少的途径。[②] 在家庭教育中,家长要为幼儿营造和睦的家庭氛围,幼儿在温暖的家庭环境中感受到父母对自己的爱、体验到爱的同时,懂得父母养育自己的辛劳,心怀感恩,从而萌发对父母及长辈的爱。古人云:百善孝为先。培养幼儿爱家、爱国的情感首先得始于培养幼儿对家长的爱,家长可通过给幼儿讲述"乌鸦反哺、羔羊跪乳"等故事,让幼儿懂得不仅自己需要爱,父母也需要自己给予爱。同时,家长应为幼儿提供表达对家庭、对家庭成员热爱之情的机会,比如让幼儿在家庭中帮助父母做一些力所能及的家务,在父母辛劳工作一天之后给父母捶捶背、捏捏腿等,都是在培养幼儿表达爱的能力。家庭可通过带幼儿外出旅游等方式,让幼儿欣赏家乡的美景,领略祖国的大好河山,即在激发儿童爱父母、爱家庭的基础上,进一步培养他们对家乡、对祖国的热爱之情。

（二）幼儿园教育

1. 将爱国主义教育内容渗透于幼儿园各领域的教学活动之中

这是对幼儿进行爱国主义教育的主渠道。要从各学科教材内容和教学方法的实际出发,使爱国主义教育成为与学科教学水乳交融的一个部分。[③] 例如:在幼儿园语言、音乐等领域的活动中,可通过欣赏儿歌《我的好妈妈》《我爱我的家》来激发幼儿对父母的爱,并引导其如何表达对父母的爱,通过欣赏《我爱北京天安门》《祖国多美丽》等以爱国为主题的歌曲培养幼儿的爱国主义热情,也可以通过幻灯片或图片的形式展示祖国的壮美河山、名胜古迹等;在科学领域的活动中,让幼儿认识国旗、国徽及我国版图的概貌,初步了解我国的国情及各民族风情、优秀的历史文化等。

2. 将爱国主义教育内容贯穿于各类丰富多彩的主题活动之中

幼儿园可组织与"爱家庭、爱家乡、爱祖国"相关的主题活动,在活动中激发幼儿爱父母、爱家乡、爱祖国的情感,让他们在活动中体验爱、感受爱、施予爱。例

① 唐霞.中美爱国主义教育现状比较研究[D].北京:中共中央党校,2011.
② 相咸珍.如何对幼儿进行爱国主义教育[J].学前教育研究,1994(6):53—54.
③ 同上。

具有初步的归属感

如：在"爱家庭"的主题活动中，给幼儿讲述"香九龄，能温席"的故事，教幼儿唱诸如"爱我你就陪陪我，爱我你就亲亲我，爱我你就夸夸我，爱我你就抱抱我"等歌谣，让他们懂得应积极表达自己内心的爱，帮助幼儿理解父母对自己的爱，同时引导幼儿表达自己对父母、对家庭的爱。

(三)社会教育

除了家庭和幼儿园场所之外，社会环境对幼儿爱家、爱国等情感的影响也起着不可忽视的作用。社会环境对幼儿的影响主要是来自于广播、电视、电影、文学读物、网络等大众传媒。例如，幼儿喜爱的《闪闪的红星》《小兵张嘎》《鸡毛信》等经典爱国主义题材电影。此外，广为传唱的《爱我你就抱抱我》《我爱我的家》等歌曲可以通过电视这一媒介使其家喻户晓。

第二节　幼儿园的多元文化教育

一、儿童认识其他民族的特点

(一)多元文化

"多元文化"这一术语，在20世纪20年代就已出现，但它作为一种社会思潮引起人们的关注，还是在20世纪五六十年代以后。当时，"多元文化"指代的是两种文化现象：一是殖民地和后殖民地社会的文化。在这种社会中，既存在着殖民国家的统治文化(特别是欧洲文化)，也存在着原住居民的种族或民族文化，两种差异悬殊的文化并存。二是指不同的民族文化，即具有不同社会和文化来源的民族虽然共存，但各民族之间以及各民族群体之间的文化特性有着较大的差异。[①]

1995年，联合国教科文组织在澳大利亚召开了"全球多元文化大会"。该组织提交给大会的报告对"多元文化"的内涵做了如下总结：多元文化包含各族群平等享有"文化认同权、社会公平权以及经济受益需求"。[②] 美国学者古迪纳夫(W. H. Goodenough)指出："多元文化在当今已成为正规的人类生活经验，所有的人都生活在一个多元文化的世界之中。"我国著名学者费孝通用"全球性的战国时代"来形容全球的文化多元化趋势，提出各种文化应该"各美其美，美人之美，美美与共，天下大同"。[③]

---

① 郑金洲.教育文化学[M].北京：人民教育出版社，2000：218.

② 李明欢."多元文化"论争世纪回眸[J].社会学研究，2001(3)：99—105.

③ 王俊敏.人类学研究与文化沟通[J].北京大学学报(哲学社会科学版)，1996(1)：11—20.

多元文化主义坚持文化的多样性和差异性,强调建构多元文化的教育环境,培养所有学生进入多元文化世界的适应力与发展力,因而要求对一元文化课程予以改造,发展新型的多元文化课程。[1]

(二)多元文化教育

当今世界全球化已经成为不可逆转的潮流,并且以越来越快的速度席卷世界的每一个角落,各民族文化的交流与交融更加广泛和深入,但同时文化的碰撞和文化价值的冲突也相伴而生。由于社会历史发展的进程和文化生态环境的差异性,各民族形成不同的文化模式,而不同特质的文化在价值观、道德观、人生观、精神信仰以及生活方式等方面具有差异性。如果每一个民族都从民族中心主义、文化本位主义出发,用自己民族的价值观去评判其他民族的文化,则必然会产生民族间的偏见和冲突。教育与文化的关系极为密切,从发生学的角度来看,教育在很大程度上就是一种文化活动。因为文化的多元性,必然催生出一种新的教育理念——多元文化教育。[2]

多元文化教育,其实质是通过持续不断的课程改革和其他教育改革途径,培养学生的跨文化适应能力,帮助学生从其他文化角度来观察自己的主流文化,使他们获得适应本民族文化、主流文化以及全球化社会所必需的知识、技能、态度,消除在性别、种族、民族、宗教、社会阶层、特殊性等方面存在的偏见与歧视,使每个学生都有同等的学习机会,都能体验学习的成功。[3] 在全球化的背景下,多元文化主张的教育策略是:1. 培养学生的跨文化适应能力,帮助学生学会站在其他文化的角度来观察自己民族的文化,并获得最大限度的自我理解。同时,它还要求各民族学生要正确地理解其他民族的文化,以促进不同民族间的相互了解和尊重。2. 给学生提供文化选择的权力和机会,使他们获得适应本民族文化、主流文化以及全球文化所必需的知识、技能和态度。3. 培养学生学习语言、进行阅读及思考、立论等技巧。4. 消除对亚文化和少数民族的歧视,以及由此而产生的心理上的压力。5. 多元文化教育的根本目标是进行改变整个学校或教育环境的教育改革运动,以达到使来自不同人种、民族、社会集团的学生都能享有平等教育的目的,提高所有学生的学习成绩,促进学生的全面发展。[4] 多元文化教育的目的,就是以尊重不同文化为出发点,在各集团平等的基础上,为促进不同文化集团间的相互理解,有目的有计划地实施一种共同平等的"异文化间教育"。

多元文化教育是当今教育的一个热门话题。联合国教科文组织 21 世纪教育

---

① 陈时见.多元文化视域下的课程发展[J].西南师范大学学报,2003(6):81—84.

② 牟秀玲.幼儿教师多元文化意识培养之研究[D].上海:华东师范大学,2005.

③ 黄政杰.多元课程取向[M].台北:师大书苑,1998:97—125.

④ 哈经雄,滕星.民族教育学通论[M].北京:教育科学出版社,2001:577—579.

委员会认为,教育的使命就是教学生懂得人类的多样性。同时,还要教他们认识到地球上的所有人之间具有相似性而且相互依存。① 第 44 届联合国大会通过的《儿童权利公约》第 29 条指出对儿童进行多元文化教育的目的应是:"培养对儿童的父母、儿童自身的文化认同、语言和价值观、儿童所居住国家的民族价值观、其原籍国以及不同于其本国的文明的尊重;培养儿童本着各国人民、族裔、民族和宗教群体以及愿为土著居民的人之间谅解、和平、宽容、男女平等和友好的精神,在自由社会里过有责任感的生活。"国际教育大会在通过的第 78 号建议书《教育对文化发展的贡献》中指出对儿童进行多元文化教育的目的应是"从理解自己人民的文化发展到鉴赏邻国人民的文化,并最终鉴赏世界性文化"。②

多元文化教育作为当今世界一种体现文化公平、教育民主的价值观念,在北美大陆经过半个多世纪的酝酿而生成,如今已成为世界各国弱势群体在文化教育上获得尊重、平等、自由的有效途径。美国学者班克斯对多元文化教育的观点是:"多重的声音、多重的观点。"即各个民族的文化都有其存在的理由和价值,都应平等地受到尊重;教育要注意倾听不同民族的声音,维护不同群体的利益,需要各民族文化之间不分贵贱相互借鉴、相互补充,以获得教育和个人的协调、和谐发展。③美国学前教育专家乔治·莫里森(George S·Morrison)认为,多元文化教育是帮助儿童理解、欣赏、尊敬其他种族、性别、社会经济、语言和文化背景的人,使儿童能够在一个不同文化的世界中生活、学习、交往和工作的教育。英国学前教育专家希拉里·浮士德(Hilary Faust)认为,多元文化教育是反种族偏见的教育,它不仅能满足少数种族儿童的需要,而且也能为所有儿童提供反映英国社会多元文化特性的教育。在澳大利亚,多元文化教育被认为是多元化的澳大利亚的教育,学前教育专家朱丽叶·阿普尔顿(Julie Appleton)进一步指出,多元文化教育是对儿童进行公平、敏感性和归属感的教育。国际 21 世纪教育委员会委员鲁道夫·斯塔文哈根提出:"真正多元文化的教育应当既能满足全球和国家一体化的迫切需要,又能满足农村或城市具有自己文化的特定社区的特殊需要。"国际教育大会第 43 届会议指出,多元文化教育是跨文化教育、文化间教育。④

《幼儿园教育指导纲要》中指出:"初步接触多元文化,能发现和感受生活中的美,萌发审美情趣。"其中,5—6 岁儿童具体教育目标与主要教育内容为:"知道一些不同地域、不同种族的人们以及他们的风俗习惯,有多元文化的意识。"《幼儿园教育指导纲要》指出:要尊重每一个儿童,照顾到每一个儿童的差异,促进每一个

① 庞丽娟.文化传承与幼儿教育[M].杭州:浙江教育出版社,2005:107.
② 李生兰.学前儿童多元文化教育初探[J].早期教育,2003(6):4—6.
③ 庞丽娟.文化传承与幼儿教育[M].杭州:浙江教育出版社,2005:144.
④ 李生兰.学前儿童多元文化教育初探[J].早期教育,2003(6):4—6.

儿童在原有基础上发展。"和而不同"的实质就是倡导不同文化间的对话。"和"实际上就是求同存异,而"同"则是为同而灭异。"和而不同"主张的是在尊重差异的前提下追求和谐统一。"和"的主要精神就是协调不同,达到新的和谐统一,使各个事物都能得到新的发展,形成新事物。这种追求新的和谐和发展的精神,为多元文化共处提供了思想源泉。所以,多样性与差异性应是当今全世界合理的文化生态结构。任何形式的一元论调都是对全球文化生态的破坏,会导致世界的停滞与倒退。因此,在文化具有差异性和多元性的客观前提下,多元化的课程应走向共生与共存,形成"各美其美,美人之美,美美与共,天下大同"的课程格局。①

幼儿园课程也应是多元的。因为,在当今社会,异质多元的文化系统不断地相互碰撞和交融互动,任何一个民族社会群体中都并存着归属于不同文化系统的文化特征。因此,幼儿不可避免地同时受到异质的本土文化和外来文化的影响,这势必对幼儿的发展产生影响,也势必形成多元化的幼儿园课程。多元化的幼儿园课程就是要培养所有幼儿对多元文化世界的适应力和发展力,为他们建构一个多元文化的教育环境,帮助他们理解具有差异性的文化。同时,教育者要平等地对待来自多种文化背景的教育对象。多元化的幼儿园课程坚持以多元文化观为课程的价值取向,其目的是帮助幼儿理解自己的民族文化,并在初步认同本族文化的基础上,包容、理解、尊重和珍惜其他民族的文化,从中吸取精华,以获得多元文化社会所必需的价值观念、情感态度、知识与技能,具有和平共处及维护文化平等和社会公平的意识与信念。

幼儿园多元文化建设包括三个层面:园本化、本土化和国际化,三者是一个相互联系、相互促进的系统。1.园本化的幼儿园多元文化。园本化的多元文化主要体现在幼儿园教职工、家庭和社区三个方面。2.本土化的幼儿园多元文化。任何一个民族都不能抛弃自己丰富灿烂的文化传统,民族文化传统往往影响着幼儿园文化的选择。3.国际化的幼儿园多元文化。在世界日新月异的今天,面对世界经济一体化,政治文化多元化,教育不可避免地卷入这一潮流,这也向幼教界提出了新的课题。因此,这就要求我国广大幼教工作者树立国际化的观念,吸收借鉴并学习国外先进办园文化,这也是必经之路。②

对学前儿童进行多元文化教育,其价值主要体现在以下几个方面:有助于发展儿童的外语能力;有助于加深儿童对民族文化的认识和情感;有助于培养儿童了解他人的能力;有助于提高儿童尊重别人的能力;有助于儿童身心的健康成长;有助于把儿童培养成世界公民。

---

① 庞丽娟.文化传承与幼儿教育[M].杭州:浙江教育出版社,2005:425—426.
② 王延伟,刘云艳.论幼儿园多元文化建设[J].基础教育研究,2005(6):42—44.

幼儿园有必要开展多元文化教育。多元文化教育的实质是立足于本土文化认同的世界文化启蒙教育。这种教育同样强调体验式学习、环境的教育功能。幼儿园不仅应建构多元文化教育网络,而且应在环境创设、一日生活中渗透多元文化教育的理念,培养幼儿的多元文化意识是幼儿园教育适应时代要求的必然选择。而幼儿园实施多元文化教育的实质是让幼儿在逐渐把握本民族文化特色,形成对本民族文化的归属感的同时,能以客观、公正、开放、包容的态度对待外来文化,培养其初步的文化认知感与判断力。

(一)幼儿园多元文化教育目标

严格意义上说,幼儿园的多元文化教育也是幼儿园爱国教育活动的一部分。在幼儿园进行爱国教育还需要与幼儿的思维方式相联系,多元文化教育还处于比较粗浅的阶段。具体目标如下:

小班:初步理解中国人、外国人的概念。

中班:初步了解中国人、外国人之间也应该友好相处。

大班:初步了解中国人、外国人之间也可以相互学习。

(二)将多元文化内容纳入幼儿园七个领域活动之中

在多元文化社会中,教师应具有多重角色:教师是学生的关怀者、教师是多元文化的理解者、教师是本土知识的专家、教师是多元文化教育环境的创建者、教师是行动研究者。在对幼儿进行的多元文化教育中,教师扮演着不可替代的角色。教师可将多元文化的内容合理地纳入七个领域活动之中。例如:在科学活动中,引导幼儿认识各国的国旗,帮助幼儿初步形成国家的意识,知道世界上不止存在中国一个国家,也避免幼儿产生世界上只有"中国"和"外国"两个国家的错误认识;在音乐和美术活动中,通过对不同民族服饰、歌舞、手工艺品的鉴赏来深化幼儿对各民族的理解和尊重。

案例　我是"中国小娃娃"(小班)

设计意图

一次园内组织户外春游活动时,班里有一位小朋友叫道:"哎,为什么那个小朋友和我们长得不一样呢?"老师循着孩子的声音望去,原来是外国游客来中国旅游。不一会儿,班里的其他幼儿都纷纷跑来问老师:"他们为什么和我们长得不一样? 这是为什么?"老师紧接着问:"他们是什么人? 我们又是什么人?"孩子们被老师问得一头雾水,不知道怎么回答。

带着疑问,班里的小朋友展开了激烈的讨论、积极的思考和探索。通过设计本次"我是中国小娃娃"活动,来充实和丰富幼儿的社会知识和社会经验。

活动目标

1. 通过观察和比较活动,幼儿初步了解中国人与外国人在肤色、外貌、语言以及饮食习惯等方面的不同。

2. 让幼儿知道自己是中国人。

3. 通过本次活动,萌发幼儿为自己是中国人而感到自豪,培养幼儿从小热爱祖国的情感。

活动准备

1. 幼儿春游活动场景视频;中国人的交流对话、外国人的交流对话、中国人与外国人的交流对话;奥运会上中国金牌得奖场景视频。

2. 中国娃娃照片两张;不同人种的图片(黄种人、白种人、黑种人)。

3. 食物图片(饺子、汉堡)。

活动过程

一、导入。

1. 师幼互相打招呼、问好。教师播放录像(春游幼儿活动场景)。

指导语:小朋友,还记不记得这是什么地方呀? 我们在这里还遇到了什么人?

2. 教师引导幼儿带着问题进行活动。

二、展示照片。

1. 出示两张中国小朋友的照片。

(1)指导语:小朋友,你们看到了什么? 互相观察小朋友之间的头发和肤色,和照片上的一样吗? 那我们是什么人呢? (黑头发、黑眼睛和黄皮肤,我们是中国人)

(2)指导语:现在,小朋友知道了自己是中国人,那你们知不知道世界上还有什么人呢? 你们见过没有? 知不知道他们是什么样子的? 今天,老师就和小朋友一起去看看还有哪些人?

2. 出示外国人的照片。

(1)白种人照片。

引导幼儿观察图片。

指导语:小朋友,你们看到了什么? 你们以前见过这种人么? 他们和我们有什么不一样的地方? 哪里不一样了? 他们又是什么人? (幼:白种人、外国人、黄头发、白皮肤……)

(2)黑种人的照片。

引导幼儿观察图片。

指导语:小朋友,你们看到了什么?你们以前见过这种人么?他们和我们有什么不一样的地方?哪里不一样了?他们又是什么人?(幼:黑种人、外国人、黑头发、黑眼睛……)

三、师幼互动环节。

1. 指导语:(1)刚才老师和小朋友一起观察了哪几种人呀?他们都有什么特征?

(2)今天老师和小朋友一起认识了外国人,他们和我们中国人有着不一样的皮肤,不一样的头发。

(3)那小朋友你们知不知道他们还有什么和我们不一样的地方吗?(语言、饮食)

2. 播放各个国家人的交流对话视频。

指导语:小朋友,你们看到了什么?听到了什么?他们说的是什么话?你们能听懂吗?想不想学?

小结:中国人与外国人在语言交流上不一样,中国人说汉语。

3. 出示饺子和汉堡的图片。

指导语:小朋友,这是什么?你们怎么知道它们的名字?你们在哪里见过?它们是什么味道?你们知道它们是怎么做成的吗?我们中国人喜欢吃的是哪一种食物?

教师小结:每个国家的人都有自己喜欢的食物。饺子是中国人的传统食物,汉堡是外国人的食物。

四、活动结束会。

1. 播放奥运会上中国金牌得奖场景视频。

2. 教师引导幼儿观看奥运会,主要让幼儿观看中国奥运健儿的精彩表演和给中国争得的荣誉。教师引导幼儿为中国加油喝彩。

活动延伸

教师带领幼儿制作和品尝一种或几种中国和外国的传统饮食。通过让幼儿自己动手操作感受到成功的喜悦,从而加深幼儿对各国饮食文化的了解。

领域渗透

1. 以社会领域为主,通过让幼儿在观察和比较中初步了解中国人和外国人在肤色、外貌、语言以及饮食方面的不同,让幼儿知道自己是中国人。通过观看奥运会,教师和幼儿激烈地加油呐喊,从中激发幼儿的爱国情怀。

2. 在美工活动设计中,教师引导幼儿进行食物制作和品尝,既锻炼幼儿手部小肌肉的精细动作,又让幼儿从中感受到成功的喜悦。其次,再进行对人物的创作,让幼儿充分发挥想象力,再现中国人和外国人的外形区别。(手工制作或绘画)

3. 语言活动的延伸,教师通过在活动中对幼儿的细心观察,发现幼儿对于人与人之间的语言交流很感兴趣,同时结合小班幼儿的年龄特征(喜欢说、爱说),对本次活动做进一步的延伸。

(案例提供:山西省朔州市经济开发区机关幼儿园　任瑞霞)

案例　话端午,包粽子(中班)

设计意图

农历五月初五,是中国民间的传统节日——端午节。端午节是中华民族古老的传统节日之一。包粽子、吃鸭蛋、插艾蒿、划龙舟等都是端午节的特色。同时,端午节也一直是一个多民族的全民健身、防疫祛病、避瘟驱毒、祈求健康的民俗佳节。为了让幼儿园的小朋友也能了解端午节的由来,感受端午节浓浓的民俗风情,教师在中班开展"话端午,包粽子"的活动。

活动方式

亲子互动,邀请了会包粽子的奶奶、外婆、妈妈来班里参加活动。

活动准备

1. 以一线通的方式告知家长本次活动的目的、意义。

2. 请会包粽子的家长报名,协助收集有关端午节的民间传说故事、端午佩戴的物件及含义。

3. 包粽子的糯米、粽叶、包扎绳以及煮粽子的电饭锅。

活动过程

1. 了解端午节的由来。

(1)调动幼儿的经验,让幼儿自己说说端午节的由来。

(2)请一位家长向幼儿讲述爱国诗人屈原不堪屈辱,投江自尽,后来老百姓为纪念屈原而延续下来的包粽子的习俗。

2. 欣赏端午的服饰、挂饰。

中国传统节日中,端午可是最讲究"穿"的节日,头戴虎头帽,脚蹬虎头鞋,可爱又复古的中式衣服,背后是栩栩如生的"五毒"图案,胸口还挂着一个绣着小老虎的避邪香囊,这身装扮是旧时端午的服饰,可以看出从头到脚都洋溢着快乐吉祥的节日气氛。为了让幼儿也能亲眼看见这些服饰,教师事先向家长征集这些物品,在活动中让幼儿欣赏。

3. 包粽子、煮粽子、品粽子。

吃粽子是端午节少不了的习俗。为了让幼儿了解包粽子的过程,欣赏到各式

具有初步的归属感

各样的粽子,我们在活动中也安排了包粽子的环节。

以小组为单位,将会包粽子的家长分配到各组,现场包粽子给幼儿看。由于家长们的家乡在不同的地区,因而包出的粽子形状各异:有枕头粽、小脚粽、四角粽、小猪粽等,让幼儿大开眼界。幼儿忙着观察粽叶,忙着给奶奶、外婆递粽叶、递线绳,忙着往做好模子的粽叶里灌米,忙得不亦乐乎。

粽子包好后,开始在班上用电饭锅煮粽子。粽子的香味是独特的,粽子煮好后满屋子弥漫着粽子的浓浓香味,幼儿感叹着说:"粽子好香啊!"

下午起床后,幼儿在"五月五,是端阳,插艾草,挂香囊,吃粽子,撒白糖,龙舟下水喜洋洋"的儿歌声中开始品尝自己包的粽子。为了让幼儿品尝到多种口味的粽子,应事先在超市购买豆沙粽、猪肉粽、蛋黄粽、把包粽等,并切成小块放在盘中让幼儿自主品尝。

"话端午,包粽子"是我们对幼儿进行爱祖国教育的系列活动之一,活动中我们尽可能创造让幼儿有参与、直观感受的机会。因为只有这样,幼儿对节日的民俗民风才会印象深刻,也才能对祖国文化的博大精深有初步的认识,进而激发幼儿爱祖国的情怀。

图 8-4　教学场景图

(案例提供:南京市北京东路幼儿园　陈德玲)

案例　多彩的服饰(中班)

设计意图

培养幼儿的多元文化意识是幼儿园教育适应时代要求的必然选择,我们有必要帮助幼儿在逐渐把握本民族文化特色,形成对本民族文化归属感的同时,能以客观、公正、开放、包容的态度对待外来文化,培养其初步的文化认知感与判断力。因此,我们设计了"多彩的服饰"活动,旨在通过介绍中外民族服饰来帮助幼儿了解不同文化中人们不同的生活方式,让每位幼儿在情境化的活动中认识多元的世界,感受世界文化的多样性,学会用欣赏的眼光、接纳的胸怀对待不同民族的风土人情,并能够从中体会到无限的乐趣。

活动目标

1. 进一步认识与了解中外民族服饰。

2. 对多元文化中的"人"有更深刻的认识,认识到人们应当互相包容,友好相处。

3. 感受不同文化的差异与风情,激发幼儿热爱多元文化的情感和探索多元文化的兴趣。

活动准备

1. 经验准备:对中外文化差异有一定了解。

2. 物质准备:有关日本、美国和印度服饰的图片。

活动过程

一、引发幼儿兴趣。

1. 指导语:我们的国家是一个多民族国家,那么我们一共有多少个民族呢?(幼:56个)我们来看看这些民族都有哪些不同吧。

出示有关各民族服饰的图片。如汉族的汉服、蒙古族的哈达、维吾尔族的帽子等,并作简单讲解。

2. 指导语:这几个民族的服饰都很有特色,各个民族之间都不一样,他们的服饰看起来美极了。仅仅我们国家就有这么多民族,就有这么多种服饰,那么其他国家也像我们国家一样有这么多的民族吗?他们的服饰与我们的有什么不同呢?下面我们就一起来探索其中的奥秘吧。

二、各国服饰图片展。

1. 日本的和服、木屐。

指导语:小朋友们,日本是距离我们国家不远的岛国,和我们不同的是,日本的传统服装是和服。(出示图片)只要有重大节日的时候,日本人都会穿上和服来庆祝。你们看他们脚上穿的鞋是不是和咱们穿的不一样,这种鞋叫木屐,木屐就是用木头做的鞋子,鞋底用木板做成,前面用一根带子系着,可以套在脚上行走。我们可以从这几张图中看出和服的特点是优雅、庄重。

2. 美国的牛仔裤。

指导语:我们很多小朋友身上都穿着牛仔裤,那么你们知不知道牛仔裤最早

是出现在哪个国家的呢？牛仔是指美洲牧场上照顾牛、马的人，牛仔裤原是美国人为应付繁重的日常劳作而设计出的一种工作服。后来，牛仔裤不仅限于工作服，而且成为生活服装并在全世界流行起来。牛仔裤分很多样式，我们来看一些牛仔裤的图片，看看你最喜欢哪种？

3. 印度纱丽。

指导语：印度是一个美丽的国家，那里的女人喜欢穿纱丽，这是印度的传统服饰。我们来看一张图片，这个图片上的少女穿的就是纱丽。纱丽是用印度丝绸做成的，一般长 5.5 米，宽 1.25 米，我们可以看到这件纱丽上有刺绣，纱丽通常一直围到衬裙上，然后将末端搭在肩上。每逢喜庆的日子，印度妇女都会穿上自己喜欢的纱丽，印度少女在结婚的时候都会穿上华丽的纱丽，佩以其他一些装饰，非常漂亮。

三、结束环节。

1. 把刚才三个国家服装的图片从头至尾再给幼儿出示一遍，加深他们的印象。

2. 指导语：我们刚才看了三个国家有关服饰的图片，这也仅是其中的一小部分，由于时间关系，很多国家的图片我们没有办法展示，也许在今后的活动中我们可以继续了解。通过这些图片我们可以知道，每个国家都有自己的特色，这些特色都是他们引以为豪的地方。作为中国人，我们应当热爱我们自己国家的特色，包括语言、服饰、食物等等。同样，作为其他国家的人，他们也深深地爱着他们的祖国。而我们共同生活在地球上，虽然我们的距离很远，但是我们应当像朋友一样分享我们各自的特色，就像我们都穿着牛仔裤一样。我们每个小朋友，都来自不同的家庭，都有各自的爸爸妈妈，但是你们却在幼儿园成为好朋友，地球就像"幼儿园"一样，让各个国家聚到了一起，所有国家的人都是朋友。

活动延伸

幼儿回家记得给各自的爸爸妈妈讲讲今天了解到的三个国家的服饰，并查一查其他国家比较特别的服饰，第二天来幼儿园的时候可以讲给教师和其他小朋友听。

领域渗透

这是一节社会领域的活动，主要是介绍不同国家的服饰，可以与美术领域、音乐领域和语言领域结合起来。例如：美术领域或音乐领域的渗透，在活动中可以让幼儿画出他们最喜欢的服饰，或者每介绍到一个国家的服饰就播放那个国家特有的歌舞音乐，让幼儿欣赏不同民族风情的音乐；语言领域的渗透，教师可以在介绍完后，让幼儿对不同国家的服饰进行复述，以此来提高他们的口语表达能力。

（案例提供：东北师范大学教育学部　康蕾）

案例 丰富多彩的见面礼(大班)

设计意图

伴随着各国各民族文化的不断交流和相互渗透,我们正逐步迈向多元文化社会,因此有必要帮助幼儿进一步深入了解其他国家的文化,提升幼儿对于不同文化的尊重及欣赏。同时面对文化差异,帮助幼儿保持正确的态度,既尊重自己民族文化的价值,又尊重其他民族文化的价值,彼此相互包容,相互学习。

活动目标

1. 学会使用几种常见的见面礼仪。
2. 学会尊重并欣赏不同的文化。

活动准备

各国各民族见面礼仪图片若干、PPT。

活动过程

一、谈话,引出活动主题。

1. 指导语:小朋友们见面要打招呼,你们是怎么做的呀?

2. 请幼儿示范打招呼。

3. 指导语:你们知道不同国家不同民族的小朋友见面时是怎样说"你好"的吗?

二、创设聚会情境,学习基本的见面礼仪。

1. 指导语:上个月老师参加了一个聚会,聚会上有来自世界各国的朋友。在聚会开始之前老师学习了不同国家的人打招呼说"你好"的方式,所以在聚会上交到了许多新朋友。小朋友跟着老师一起学习吧。

2. 教师讲述并模拟当日聚会场景,表演出四种见面礼仪。

"老师一进屋子就遇见一位美国小朋友,举起右手向他打了个手势说'Hello!'"教师对着一名幼儿做出相应的动作;"接着老师又认识了一位来自日本的小朋友,她对我鞠躬问好。"教师对着一名幼儿做出鞠躬礼的动作;"然后我又见到了两位从泰国来的小朋友,他们双手合十相互问好。"教师对着幼儿做出合十礼的动作;"一位中国锡伯族的小姑娘向我走来,拱手问候'您好'。"教师做出拱手的动作。

3. 教师示范讲解,幼儿集体学习各国各民族见面礼仪的动作规范。

指导语:(1)当碰到美国小朋友,我们举起手臂左右摆动,这叫作"招手礼"。

(2)鞠躬是中国、日本、韩国、朝鲜等国家传统的、普遍使用的一种礼节。鞠躬主要表达"弯身行礼,以示恭敬"的意思,现在最讲究鞠躬礼的是日本。当遇到日本小朋友时,我们行"鞠躬礼"。男生双手自然下垂,贴放于身体两侧裤线处;女生的双手下垂搭放在腹前。

259

具有初步的归属感

（3）对泰国小朋友我们则行"合十礼"问好。行合十礼时，一般是两掌相合，十指伸直，举至胸前，身子略下躬，头微微下低。

（4）"拱手礼"在我国已有两三千年的历史，从西周起就开始在同辈人见面、交往时采用了，现在是我国锡伯族人民日常的生活礼节。行礼时，双腿站直，上身直立或微俯，双手互握合于胸前。一般情况应右手握拳在内，左手在外。

4. 复习各国各民族见面礼仪。

指导语：（1）请大家回忆在聚会中不同国家不同民族的小朋友都用哪些方式打招呼？用动作表示出来。

（2）日本小朋友之间是怎么表示"你好"的？

（3）泰国的小朋友们又是怎么跟大家说"你好"的？

（4）当你同锡伯族小朋友见面时，你会怎么做？

5. 练习各国见面礼仪。

指导语：请用你喜欢的方式向小朋友们打招呼，并说明使用的是哪个国家或民族的见面礼仪。

活动延伸

该活动侧重于帮助幼儿熟悉自己民族的文化，同时认识、理解、欣赏其他民族的文化。通过教师对各国各民族见面礼仪的介绍，拓宽幼儿的视野，激发幼儿想要了解其他国家或民族文化的兴趣，收集有关信息并与同伴分享。

领域渗透

请幼儿在活动后，和搭档一起选择自己喜欢的国家，做一次特色的介绍，将介绍画下来并装订成册，形成自己的创意宣传册。

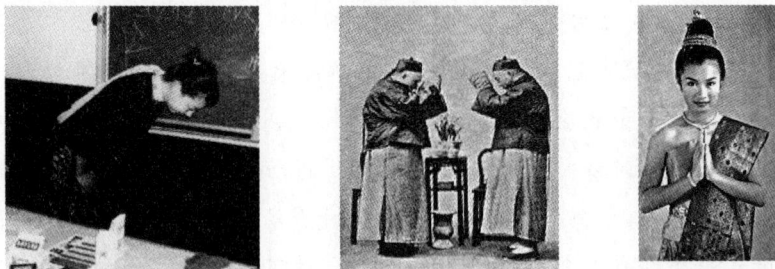

图 8-5　教学图片：见面礼仪

（案例提供：东北师范大学教育学部　陈婷）

（三）通过幼儿园环境的布置对幼儿进行多元文化的熏陶

教师可充分利用幼儿园的环境，通过环境的布置来增加幼儿对多元文化的认识，使幼儿在环境中潜移默化地受到影响。如以服饰或文化为内容的卡片或民族工艺品等在教室区角环境中的展示,从而达到既美化教室环境、丰富教室文化,又能让幼儿了解到我国多民族现状的效果。通过幼儿园墙壁绘画,描绘 56 个民族友好交往、和睦共处的图画,让幼儿在各民族大团结、携手共进的积极环境和氛围中成长。

(四)多元文化的内容渗透于幼儿的日常生活之中

我国幼儿正生活在一个多种文化汇集的多彩时代:传统文化与新文化;中国文化与外来文化;汉族文化与少数民族文化等。这些文化通过生活体验、电视节目、网络资讯、动漫产品、服装、文具和食品等形式进入幼儿的生命之中。不同文化间的交流与碰撞极大地丰富了幼儿的感知和认知,也为他们提供了更多的文化选择机会,他们眼中的世界远比过去的幼儿更为宽广、复杂。① 多元文化课程强调向生活世界的回归,强调自然、社会和人在课程体系中的有机统一,使自然、社会、文化和人成为课程的基本来源,是课程向自然、生活和人自身的回归。②

案例　包饺子(大班)

设计意图

元宵节是中国的传统节日,在这个节日中,我们邀请亲爱的爸爸、妈妈、爷爷、奶奶等,和幼儿一起动手包饺子,在包的过程中,感受中国传统佳节的魅力! 在品尝的过程中,感受我们大一班这个大家庭的温馨和欢乐!

活动方式

亲子合作,邀请爸爸、妈妈、爷爷、奶奶、外公、外婆等家庭成员参加。

活动过程

1. 教师通过谈话的方式帮助幼儿了解今天活动的内容。

指导语:(1)谁知道今天是几号? 是什么节日?

(2)今天爸爸、妈妈、爷爷、奶奶、外公、外婆来和我们一起做什么? 你怎么知道的?

2. 教师介绍某位小朋友的妈妈,引导幼儿问好。

指导语:这是谁的妈妈? 我们一起向这位妈妈问好! 今天××小朋友的妈妈要来教大家包饺子,请仔细看。

3. 妈妈介绍包饺子的材料,示范如何包饺子,教师在一旁适当提问,并引导幼儿进行回答。

指导语:这是什么馅? 先做什么? 再做什么? 怎么把饺子皮捏起来的? 伸出手来学一学。

① 钟灵.幼儿园情境中文化多样性探析[J].科教文汇,2009(1):7.
② 庄周赟,余赞.多元文化背景中的学前课程资源开发[J].科教文汇,2006(9):49—50.

4. 教师通过提问帮助幼儿、家长进一步明确包饺子的步骤。

（1）指导语：饺子怎么包的？要放多少的馅？（满满一小勺）为什么不能放太多或者太少？

（2）家长们可以帮助孩子一起把饺子皮捏紧，饺子不能张"嘴巴"。

5. 教师组织家长、幼儿分组洗手，并请家长将自带的饺子馅、饺子皮放在自己的小组。

6. 家长、幼儿分组包饺子，教师巡回指导。

（1）提醒家长检查幼儿包的饺子是否捏紧。

（2）及时将包好的饺子放在大餐盘中，并在餐盘中撒上面粉，避免黏盘。

（3）根据每组饺子皮、饺子馅的使用情况，进行适当的调整。

7. 教师组织一两个家长将包好的饺子送到厨房，保育员带领家长收拾桌面和餐具，其他家长带孩子到室外自由活动。

8. 组织家长、幼儿分组洗手，共同品尝饺子。

活动延伸

可在区域活动中，让幼儿用油泥进一步学习包饺子。

温馨提示

1. 教师可用报名表的方式向家长介绍活动内容和注意事项，引导家长根据自己的需要报名并准备相关材料。（见表格）

表 8-1　活动安排表及说明

小　组	一次性碗筷（由1位家长负责，准备12份）	饺子皮（由1位家长负责，准备3斤）	饺子馅（由4位家长负责，各准备8两）
第一组			
第二组			
第三组			
第四组			
第五组			
第六组			

活动说明：
　农历正月十五上午9：00，家长带孩子一同入园，参加"庆元宵，包饺子"的亲子活动。
　包饺子活动按小组进行，每位组员分工准备活动需要的材料。所需材料分别为：一次性碗筷12份（1位家长准备）；饺子皮3斤（1位家长准备）；饺子馅（4位家长分别准备，各8两，可以准备不同口味的饺子馅）。每位家长自由选择自己能准备的材料，并在表格中签名，请注意：签孩子的名字。
　请各组家长协商分工，不要重复或遗漏需准备的材料。谢谢配合！

2. 和个别家长明确示范讲解包饺子的相关事项。

3. 和厨房事先联系好煮饺子的相关事宜，并准备放饺子的餐盘6个。

（案例提供：南京市北京东路幼儿园　马骏）

参考文献

[1]贝蒂·扬斯.自信心的培养[M].南宁:广西人民出版社,2002.

[2]克劳蒂娅.美国人的家庭教育[M].北京:专利文献出版社,1997.

[3]戴安娜·麦克德莫特,C.R.斯奈德.儿童希望书——如何让你的孩子充满自信[M].金连柱,迟俊常,译.海口:海南出版社,2003.

[4]马乔里·J·克斯特尔尼克.儿童社会性发展指南理论到实践[M].北京:人民教育出版社,2009.

[5]墨森.儿童发展和个性[M].缪小春,等,译.上海:上海教育出版社,1990.

[6]皮亚杰,英海尔德.儿童心理学[M].吴福元,译.北京:商务印书馆,1980.

[7]皮亚杰.儿童的道德判断[M].济南:山东教育出版社,1984.

[8]李生兰.幼儿园与家庭、社区合作共育的研究[M].上海:华东师范大学出版社,2003.

[9]裘指挥.早期儿童社会规范教育的合理性研究[M].南昌:江西人民出版社,2009.

[10]陈少华.情绪心理学[M].广东:暨南大学出版社,2008.

[11]陈帼眉,冯晓霞,庞丽娟.学前儿童发展心理学[M].北京:北京师范大学出版社,1995.

[12]陈帼眉,姜勇.幼儿教育心理学[M].北京:北京教育出版社,2010.

[13]程正方,高玉祥,郑日昌.心理学[M].北京:北京师范大学出版社,2008.

[14]车丽萍.自信及其培养[M].北京:新华出版社,2004.

[15]但菲.幼儿社会性发展与教育活动设计[M].北京:高等教育出版社,2008.

[16]林泳海.幼儿教育心理学[M].北京:商务印书馆,2006.

[17]刘守旗,等.当代青少年心理与行为透视[M].合肥:安徽人民出版社,1998.

[18]刘金花.儿童发展心理学[M].上海:华东师范大学出版社,1997.

[19]高月梅,张泓.幼儿心理学[M].杭州:浙江教育出版社,1993.

[20]黄希庭.人格心理学[M].台北:台湾东华书局出版社,1998.

[21]邱国梁,江界华.青少年品行障碍及其矫正[M].北京:教育科学版社,1997.

[22]杨丽珠.儿童人格发展与教育的研究[M].大连:大连海事大学出版社,2008.

[23]叶奕乾,等.普通心理学[M].上海:华东师范大学出版社,1997.

[24]张文新.儿童社会性发展[M].北京:北京师范大学出版社,2006.

[25]张明红.学前儿童社会教育[M].上海:华东师范大学出版社,2008.

[26]杨丽珠,吴文菊.幼儿社会性发展与教育[M].大连:辽宁师范大学出版社,2005.

[27]章志光.社会心理学[M].北京:人民教育出版社,1996.

[28]周宗奎.现代儿童发展心理学[M].合肥:安徽人民出版社,1999.

[29]安秋玲,陈国鹏.儿童应对权威的矛盾解决策略研究[J].心理科学,2004(05).

[30]曹中平.社会角色游戏中幼儿合作行为的观察研究[J].现代教育研究,1994(01).

[31]车丽萍.国外关于自信的研究综述[J].心理科学进展,2002(04).

[32]车丽萍.自信的概念、心理机制与功能研究[J].西南师范大学学报(人文社会科学版),2002(2).

[33]陈时见.多元文化视域下的课程发展[J].西南师范大学学报(人文社会科学版),2003(06).

[34]陈琴.4—6岁儿童合作行为认知发展特点的研究[J].心理发展与教育,2004(04).

[35]陈会昌.儿童攻击性与家庭教育——儿童社会性发展[J].父母必读,1996(03).

[36]陈会昌,马利文.中小学生对尊重的理解[J].教育理论与实践,2005(12).

[37]陈会昌.儿童社会性发展的特点、影响因素及其测量[J].心理发展与教育,1994(4).

[38]陈世平,乐国安.中小学校园欺负行为的调查研究[J].心理科学,2002(03).

[39]崔丽莹.幼儿合作行为的发展与影响因素研究述评[J].学前教育研究,2010(04).

[40]马利文,陈会昌.尊重的心理学本质与内涵[J].教育理论与实践,2005(08).

[41]马剑侠.学前儿童攻击行为的发展特点及矫正[J].教育评论,2002(02).

[42]程学超,谷传华.母亲行为与小学儿童自尊的关系[J].心理发展与教育,2001(4).

[43]程学超,张文新.儿童侵犯行为发展研究综述[J].心理发展与教育,1992(01).

[44]方晓义,王耕,白学军.儿童合作与竞争行为发展研究综述[J].心理发展与教育,1992(01).

[45]房宁.爱国主义教育需要以科学世界观、历史观为指导[J].北京社会科学信息,1996(12).

[46]范彦冰,陈宁.小班幼儿社会交往能力的培养[J].学前教育研究,2001(04).

[47]冯维,黄金凤.儿童欺负行为研究的述评与展望[J].中国特殊教育,2008(02).

[48]冯晓霞.学前儿童与成人交往的发展——M.H 利西娜的个体交往发生论简介[J].北京师范大学学报(社会科学版),1991(5).

[49]郭忠玲.关于 3.5－5.5 岁幼儿分享水平发展的研究[J].学前教育研究,1996(5).

[50]官旭华,石淑华.儿童自我意识[J].国外医学(社会医学分册),2001(1).

[51]胡迎红,马丽雅.幼儿良好情绪的重新建构——培养幼儿情绪自我调适能力的实践探索[J].杭州教育学院学报,2000(5).

[52]黄敏儿.自尊的本质[J].广州师院学报(社科版),1996(2).

[53]纪林芹,张文新.儿童攻击发展研究的新进展[J].心理发展与教育,2007(02).

[54]李生兰.幼儿园社会领域教育路径探寻[J].幼儿教育,2005(12).

[55]李幼穗,张丽玲.儿童合作策略水平发展的实验研究[J].心理科学,2000(04).

[56]李幼穗,赵莹.4－6 岁儿童分享行为的特点及培养策略[J].学前教育研究,2008(2).

[57]刘国华.论责任心的教育[J].青年研究,1996(5).

[58]姜勇,陈琴.中班幼儿责任心水平影响因素的协方差结构模型分析[J].心理发展与教育,1997(2).

[59]庞丽娟,等.论教师影响儿童社会性发展的途径[J].学前教育研究,1997(2).

[60]陈琴,庞丽娟.论儿童合作的发展与影响因素[J].教育理论与实践,2001(03).

[61]庞丽娟,叶子,颜洁.论教师影响儿童社会性发展的途径[J].学前教育研究,2003(2).

[62]庞丽娟.幼儿不同社交类型的心理特征的比较研究[J].心理学报,1993(03).

[63]王春燕.混龄教育对幼儿社会性发展的独特作用[J].研究与探索,2006(7/8).

[64]王芳华.幼儿欺负行为的现象与分析[J].教育导刊,2004(Z1).

[65]魏运华.学校因素对少年儿童自尊发展影响的研究[J].心理发展与教育,1998(2).

[66]魏运华.父母教养方式对少年儿童自尊发展影响的研究[J].心理发展与教育,1999(3).

［67］杨丽珠.试谈儿童自我意识的发展［J］.辽宁师范大学学报（社会科学版），1985(2).

［68］张凤，冯晓霞.儿童同伴冲突解决策略与其心理理论发展的关系［J］.学前教育研究,2011(04).

［69］张文新,等.儿童欺侮问题研究综述［J］.心理学动态,1999(03).

［70］赵章留,寇彧.儿童四种典型亲社会行为发展的特点［J］.心理发展与教育,2006(1).

［71］郑晓鸿.儿童合群性的特点及其发展［J］.心理发展与教育,1987(02).

后 记

　　本套教材的编写集合了 20 世纪末至 21 世纪初从南京师范大学学前教育专业毕业的一大批年轻的大学教师和长期在幼儿教育第一线工作成绩斐然的优秀幼儿园教师。

　　担任主编的是南京师范大学教授、博士生导师许卓娅，并与严仲连、袁宗金、田燕、王银玲、吴巍莹和张玉敏六位博士分别承担各分册的编写工作。社会分册的编者是严仲连。

　　担任本册案例编写的幼儿园团队有：南京市第一幼儿园、南京市第二幼儿园、南京市中华路幼儿园、南京市北京东路小学幼儿园、南京市游府西街幼儿园、南京师范大学幼儿园、吉林省政府机关第三幼儿园、山西省朔州市经济开发区机关幼儿园、东北师范大学教育学部学前教育学院。具体负责案例组稿和统稿的是：幼儿园特级教师贾宗萍、周联；幼儿园高级教师倪琳、易娟、陈一平、周洁、范蓓、刘娟、陈薇薇。具体参与编写案例的幼儿园教师是：北京东路小学幼儿园教师吴邵萍、陈一平、马岚、马骏、王树芳、徐雯雯、成媛、刘晶、张琴、尚蒙妮、谢宁、黄双雷、徐蓓、俞燕婷、方芳、陈德玲、陶蓉；南京师范大学幼儿园：安旻、范蓓、高萍、韩静、季骏、蒋倩、乔桦、杨梅红、王伟阳、周琴、周洁；游府西街幼儿园：李德萍、王萍、刘娟、陈薇薇、付海霞、朱玛丽、周瑾、吴艳、徐玲、郑姗姗、黄悦、禹心悦、杨静、张媛媛；吉林省政府机关第三幼儿园：张惠珍、翟艳春、张春玲、李琦；山西省朔州市经济开发区机关幼儿园：任芳、张凤凤、任瑞霞。东北师范大学教育学部学前教育学院的肖奕扬、郑雅姿、贾慧慧、康蓓、陈婷、李娜等人也参与了案例编写；研究生陈泽婧、种萌萌、贾慧慧、张淑满、康蓓也参与了前期的资料收集和部分章节的撰写工作。

　　在此一并表示感谢！

南京师范大学教育科学学院

许卓娅

2013 年 8 月 31 日